동아시아 도성제와 고구려 장안성

김 희 선

서울시립대 국사학과와 대학원(석사), 한국학중앙연구원 한국학대학원(박사)
서울시립대·부경대 강사. 한일역사공동연구위원회 전문위원
현재 호주 뉴사우스웨일스(New South Wales)대학교 초빙연구원(Visiting Fellow)
논문으로는 〈고구려의 한강유역 진출과 그 방어체계〉(2003), 〈고구려 장안성의 축성과정과 천도의 배경〉(2005), 〈6~7세기 동아시아 도성제와 고구려 장안성〉(2006), 〈북위·수당대 도성과 고구려 장안성〉(2008), 〈고구려 장안성과 신라 왕경〉(2008) 등.

동아시아 도성제와 고구려 장안성

초판 제1쇄 발행 2010. 1. 10.
초판 제2쇄 발행 2011. 10. 5.

지은이 김 희 선
펴낸이 김 경 희

펴낸곳 (주)지식산업사
　　　　본사 ● 413-832, 경기도 파주시 교하읍 문발리 520-12
　　　　　　　전화 (031) 955-4226~7 팩스 (031)955-4228
　　　　서울사무소 ● 110-040, 서울시 종로구 통의동 35-18
　　　　　　　전화 (02)734-1978 팩스 (02)720-7900
　　　　한글문패 지식산업사
　　　　영문문패 www.jisik.co.kr
　　　　전자우편 jsp@jisik.co.kr
　　　　등록번호 1-363
　　　　등록날짜 1969. 5. 8.

책값은 뒤표지에 있습니다.

ISBN 978-89-423-1128-6 93910

이 책을 읽고 저자에게 문의하고자 하는 이는
지식산업사 전자우편으로 연락바랍니다.

솔벗한국학총서 14

동아시아 도성제 都城制 와
고구려 장안성 長安城

6~8세기 도성의 가로구획 街路區劃 방식을 중심으로

김 희 선

지식산업사

이 책이 나오기까지

아낌없이 지도해주신 이우태 교수님과 신종원 교수님,

변함없는 애정과 지지를 보내는 아버지와 가족들,

부족한 글을 책으로 출간해주신 솔벗재단과 지식산업사에

깊이 감사드립니다.

차 례

표 · 그림 차례

들어가는 말

　6세기에서 8세기 사이에 고구려 장안성(長安城)을 비롯한 동아시아의 도성(都城)은 격자형 도로망에 따라 질서정연하게 구획되었다. 마치 바둑판처럼 나누어진 도성 공간은 그 자체로 독특한 경관을 연출하면서 국가권력의 상하 질서를 나타낼 뿐만 아니라 의례(儀禮) 공간으로서 기능하였다.

　도성의 가로구획(街路區劃)[1]은 고대 중국 도성에서부터 그 단초

---

1) 지금까지 도성의 가로구획(街路區劃)은 방제(坊制), 조방제(條坊制), 리방제(里坊制), 격자식(格子式) 분할제, 구역분할제(區域分割制) 등 다양한 용어가 사용되었다. 흔히 중국에서는 '리'(里)와 '방'(坊)이 동일한 실체로 인식된 가운데 '방제'(坊制)로 통칭되었고, 일본의 경우는 북에서 남으로 내려오는 동서대로를 각각 몇 조(條)로 칭했기 때문에 '조방제'(條坊制)라는 용어가 사용되었다. 한국의 경우도 조방제라는 용어를 사용하기도 하였으나, 고대 한국에서는 '조'(條)에 대한 용례가 나타나지 않으므로 조방제라고 호칭하는 것은 타당하지 않다. 따라서 엄격한 의미에서 헤아려보면, 신라 왕경의 경우는 '방'이 '리'의 하위단위였던 것이 분명하

가 마련되었다. 도성 구획의 최소단위인 '방(坊)이라는 명칭은 이미 후한(後漢) 초기 문헌에서부터 나타나기 시작하는데, 이때의 '방은 주위에 견고하고 높은 장단(墻壇)을 두른 소구역으로서, 군사적 방어 내지는 치안 감시를 위한 누벽(壘壁)이었다.2) 실제로 한대의 도성 안에는 종횡으로 교차된 도로를 따라 구획된 크고 작은 서로 다른 방형(方形)의 부분이 확인되는데, 이것이 바로 '방의 맨 처음 형식임을 알 수 있다.3) 이후 '방은 북위(北魏)시대에 이르러 도성의 한 구역 단위로 등장하면서, 북위 낙양성(洛陽城)은 도성 전체가 규격화된 일정한 면적의 '방으로 구획된다. 이때의 '방은 '리'(里)의 대칭으로도 사용되었으며, '리'와 '방은 관습적으로 혼용되었다.4) 수·당대(隋唐代)에 들어서 도성의 가로구획은 더욱 정교하게 시행되었으며, 이른바 도성 중심의 남북대로인 주작대로(朱雀大路)가 갖추어지면서 의례 공간의 기능 또한 완성된 형태를 지니게 되었다.

본래 고대국가의 도성은 독특한 도시경관과 상징적인 장엄의례

므로 '리방제'라고 칭하는 것이 타당할 것이며, 고구려 장안성은 '리'가 행정단위로 쓰였는지 명확하지 않으므로 리방제라는 용어보다는 '부방제'(部坊制)라는 용어가 더 정확하다고 할 수 있을 것이다. 이처럼 고대 동아시아 도성의 도시구획제도를 지칭하는 용어는 리(里)와 방(坊)의 관계 규명이나 조(條)의 정확한 개념 정립 없이 사용되는 가운데 혼란이 가중된 측면이 없지 않다. 이 글에서는 일단 '가로구획'이라는 용어를 통칭으로 사용하되, 이를 국가별로 지칭하는 경우에는 각각 '조방제', '리방제', 부방제' 등으로 구분하여 사용하는 경우도 있음을 밝혀둔다.

2) 宮崎市定, 1962, 〈漢代の里制と唐代の坊制〉, 《東洋史研究》 21-3.
   曾我部静雄, 1963, 〈都市里坊制の成立〉, 《中國及び古代日本における郷村形態の變遷》, 吉川弘文館.
3) 왕유곤(王維坤) 저/ 김종범 역, 1997, 〈중국 고대 도성의 구조와 리방제(里坊制)의 기원에 관하여〉, 《지리교육논집》 38.
4) 박한제, 1990, 〈북위 낙양사회와 호한체제(胡漢體制)〉, 《태동고전연구》 6.

(莊嚴儀禮)를 통해 국가권력의 위엄과 중심을 연출해낸다.5) 도성의
경관에서 베풀어진 의례는 도성에 거주하는 관인뿐만 아니라 지방
인에게도 똑같이 거대한 권력을 몸소 느끼게 하여, 그들의 마음속에
국가에 대한 복속의식을 불러일으키는 힘으로 작용한다.6) 이러한
의례 공간으로서 도성 경관을 유지하는 것이 바로 규칙적인 도로망
에 의해 연출되는 가로구획이라 할 수 있다.

특히 도성의 가로구획과 이에 연동되는 도로는 경역 전체를 규율
하는 공간배치의 원리였다. 즉 도성을 규칙적인 '방'으로 구획하는
것은 단순히 도성 내부의 가로(街路)를 정비하는 차원이 아니라, 국
가와 인민, 나아가 지배자와 피지배자가 어떻게 서열화되는가를 시
각적 형식적으로 명확히 보여주는 수단이었다.7) 따라서 도성의 가

---

5) 靑木保, 1984, 《儀禮の象徵性》, 岩波現代新書.

6) 윤선태, 2002, 〈신라 중대의 성전사원(成典寺院)과 국가의례〉, 《신라문화제학술논
   집》 23, 105~117쪽.

7) 당 장안성의 경우 각각의 방 안에는 일반 주민과 관리의 주택이 배치되어 있었는
   데, 각 방에 따라 주거 수준의 차이가 생겨났다. 즉 궁성과 황성에 이웃하는 방, 특
   히 궁성과 황성 동쪽의 방은 대명궁(大明宮)에 이웃하기 때문에 왕공과 고관 등의
   저택이 많고 매우 번화한 방이었으나, 성의 남부의 남쪽 성벽에 가까운 방은 변두
   리로 주민이 적고 매우 쇠퇴한 곳이었다.(馬得志, 1983, 〈唐代の長安と洛陽〉, 《奈
   良·平安の都と長安》, 小學館) 또한 방 주위에 방장(坊墻)이 설치되어 있어 여(閭)
   를 제외하고는 방 안에 거주하는 주택들은 큰길에 직접 닿게 문을 낼 수가 없었고,
   출입 또한 여를 통해야만 가능하였다. 방의 외측과 도로에 접한 부분에는 주로 귀
   족과 관리의 주택이나 사원 등이 있었고, 일반 백성의 주택은 이들 사이 또는 후면
   에 지어져 방 내부의 골목과 통하였다.(劉敦楨, 1987, 《中國古代建築史》, 明文書
   局) 이러한 사정은 신라 왕경에서도 마찬가지였다. 신라 왕경의 방 내부의 택지는
   대로에 접한 것이 소로에 접한 것보다 규모가 컸던 것으로 확인되며, 도로와 인접
   한 택지 네 변에 배치된 가옥은 대문을 직접 도로 쪽으로 설치한 경우가 많은 반면,
   택지 중앙부에 위치한 가옥들은 도로에서 택지로 통하는 작은 도로 쪽으로 문을

로구획 방식은 인적 물적 자원의 이동수단인 도로와 지배의 거점인 궁성(宮城), 그리고 지배계급과 이를 지탱하는 중하급관료군의 거주지를 일정한 계획성 아래 배치한 고대적인 도시 설계방식이라 할 수 있다.[8]

이처럼 도성의 가로구획은 의례 공간으로서 도성의 경관을 유지하고 고대국가 내부의 권력 서열을 나타내기 위한 수단으로 활용되면서, 북위와 수·당대의 도성을 비롯한 고구려 장안성, 신라 왕경, 일본 후지와라쿄(藤原京) 등 같은 시기 동아시아 도성의 기본적인 도성계획 원리로 등장하게 된다. 물론 각 도성마다 입지조건과 자연환경이 다르고 도성의 외형과 궁성의 배치 등 도성계획에 관한 사고방식이나 축조방식에는 일정한 차이가 나타나지만, 가로구획에 의해 나타나는 독특한 공간구조망은 6세기에서 8세기 사이 동아시아 도성들의 계보 관계를 짚어볼 수 있는 하나의 지표가 될 것이라 생각한다.

지금까지 6세기에서 8세기 사이 동아시아 도성의 가로구획은 대체로 당(唐)의 장안성(長安城)을 모본(模本)으로 하여 마련되었다는

설치하였다. 이는 사찰이나 귀족의 저택 등 격이 높은 건물은 출입이 쉬운 도로변에 배치하는 택지분할의 한 패턴을 반영하는 것으로 보인다.(國立慶州文化財硏究所, 2002, 《新羅王京─發掘調査報告書》 1) 이러한 양상은 일본 후지와라쿄(藤原京)에서도 마찬가지였던 것으로 보인다. 후지와라쿄를 건설하기 전인 지토(持統) 6년(691) 12월에 토지 분양의 기준을 공표한 것을 보면, 신분에 따라 택지가 차등 분급되었고 그 면적 또한 차이가 있었음을 알 수 있다.(《日本書紀》 권30, 持統 6년 12월조)

8) 山中章, 1997, 《古代日本都城の硏究》, 柏書房.

이근우, 2005, 〈신라의 도성과 일본의 도성〉, 《신라문화》 26.

것이 일반적인 견해였다. 고구려 장안성의 경우는 도성 축조 이후에 당의 영향을 받아 뒤늦게 가로구획이 마련된 것으로 알려지기도 하였고,9) 신라 왕경 또한 당나라 장안성의 영향을 받아 통일기 이후에 나 가로구획이 정비되는 것으로 알려졌다.10) 특히 일본 학계에서는 고대 도성의 기원을 당나라 장안성에서 구하는 것이 상식으로 되어 있다. 일본 최초의 도성이라 할 수 있는 후지와라쿄의 경우는 북위 낙양성의 영향이 거론되기도 하였으나,11) 헤이세이쿄(平城京)를 비롯하여 나가오카쿄(長岡京)와 헤이안쿄(平安京) 등은 모두 당의 장안성을 모방하였다는 데12) 별다른 이견이 없다.

그러나 기존의 견해처럼 당의 장안성을 6세기에서 8세기 사이 동아시아 도성의 공통적인 모본(模本)으로 상정하는 것은 다시 생각할 여지가 있다. 물론 당의 장안성은 같은 시기 다른 동아시아 도성 가

9) 藤田元春, 1929, 〈都城考〉, 《尺度綜考》, 刀江書院.
10) 윤무병, 1987, 〈신라 왕경의 방제(坊制)〉, 《두계이병도(斗溪李丙燾)박사구순(九旬)기념 한국사학논집》, 지식산업사. 이 밖에도 대부분의 연구자들이 신라 왕경의 가로구획이 당 장안성의 영향을 받아 이루어진 것으로 이해하였다.
11) 岸俊男, 1976, 〈日本の宮都と中國の都城〉, 《日本古代文化の探究─都城》, 社會思想社.
　　──, 1988, 《日本古代宮都の研究》, 岩波書店.
12) 關野貞, 1907, 〈平城宮及第內裏考〉, 《東京帝國大學紀要》 工科 第3冊.
　　──, 1999, 《日本の建築と藝術》, 岩波書店.
　　喜田貞吉, 1979, 〈本邦都城の制〉, 《喜田貞吉著作集》 5, 平凡社.
　　王仲殊, 1983, 〈日本の古代都城制度の原流について〉, 《考古雜誌》 69-1.
　　金子裕之, 1987, 〈平城宮〉, 《宮都發掘》, 吉川弘文館.
　　岸俊男, 1988, 〈平安京と洛陽・長安〉, 《日本古代宮都の研究》, 岩波書店.
　　王維坤, 1991, 〈平城京の模倣原型〉, 《古代の日本と東アジア》, 小學館.
　　井上滿郎, 1996, 〈Ⅵ 長安と平安京〉, 《長安─絢爛たる唐の都》, 角川書店.

운데 가장 완성적이고 정교한 가로구획을 갖춘 선진적인 도성체제를 갖추고 있었다. 따라서 발해(渤海) 상경성(上京城)13)을 비롯한 일본의 헤이세이쿄·헤이안쿄 등의 모본이 된 것도 부정하기 어려울 것이다. 하지만 고구려 장안성과 신라 왕경, 그리고 일본의 후지와라쿄는 이와는 다른 계보 관계로 파악하여야 할 것이다. 실제로 이들 도성에는 방의 분할방식, 영조척(營造尺), 도로의 규모와 유형화에서 당의 장안성과는 다른 일정한 유사성이 확인되기 때문이다. 고구려 장안성과 신라 왕경의 가로구획 포치(布置) 시기 또한 당의 장안성보다는 앞섰던 것으로 파악된다. 무엇보다 후지와라쿄 조영 시기에는 일본과 당의 관계는 단절된 채14) 신라와 밀접한 교섭관계를 유지하였고, 후지와라쿄의 가로구획 방식에서도 고구려 장안성 내지는 신라 왕경과 유사성이 확인되는 점을 주목해야 할 것이다.

이러한 점은 6세기에서 8세기 사이 동아시아 도성의 계보 관계와 관련하여 시사하는 바가 크다. 즉 고구려 장안성은 6세기에서 8세기

---

13) 발해 상경성은 성벽 축조방식 등에서 고구려의 영향을 일부 엿볼 수 있으나, 전체적인 도성의 구조와 배치 등 도성계획의 원리는 당 장안성과 비슷하다.(리화선, 1993, 《조선건축사》Ⅰ, 발언; 대한건축학회, 1996, 《한국건축사》, 기문당) 연구자에 따라서는 일본의 헤이세이쿄보다 더 당 장안성의 영향을 직접적으로 받은 것으로 논의하고 있다.(村田治郎, 1981, 《中國の帝都》, 綜藝社; 龜田博, 2000, 《日韓古代宮都の研究》, 學生社, 133쪽)

14) 후지와라쿄 조영 당시 당과 교류가 30여 년 동안 단절된 사실에 대해서 일본의 기시 도시오(岸俊男)가 먼저 주목하였다. 그는 후지와라쿄가 당 장안성이 아닌 북위 낙양성의 영향을 받은 것으로 이해하면서 당시 당과 교류 단절에 주목하였던 것이다.(岸俊男, 1988, 앞의 책) 이처럼 당시 일본과 당의 교류가 단절된 사실은 후지와라쿄의 원류 문제와 맞물려 후속 연구자들에 의해서도 주목받고 있다.(林部均, 2001, 《古代宮都形成過程の研究》, 靑木書店; 양정석, 2004, 《황룡사의 조영과 왕권》, 서경; 이근우, 2005, 〈신라의 도성과 일본의 도성〉, 《신라문화》 26)

사이 동아시아 도성제의 흐름에서 당의 장안성과 마찬가지로 또 하
나의 중심 모델로 기능하지 않았을까 생각한다. 북위 낙양성에서 선
험적으로 시행된 가로구획 방식은 고구려 장안성-신라 왕경-후
지와라쿄로 이어지는 하나의 계보 관계와 당 장안성-헤이세이쿄-
상경성으로 이어지는 또 하나의 계보 관계로 전개되었을 가능성이
커 보인다. 그 규모와 운영방식에서 상당히 도식적이고 수미일관한
당 장안성, 발해 상경성, 일본 헤이세이쿄·헤이안쿄 등에 비해 고
구려 장안성을 비롯한 신라 왕경, 일본 후지와라쿄의 경우는 고식적
(古式的)인 데다 각각의 개성을 좀 더 분명하게 드러내고 있기 때문
이다.

이처럼 이 책에서는 도성의 가로구획 방식에 초점을 맞추어 6세
기에서 8세기 사이 동아시아 도성의 연관성을 면밀히 검토해 보고
자 한다. 무엇보다 고구려 장안성에서 신라 왕경, 일본 후지와라쿄
로 이어지는 계보 관계를 밝히고자 하는 것이 이 글의 주된 목적이
라 할 수 있다. 이를 위하여 먼저 북위 낙양성과 수·당 장안성의
도성계획을 비교 검토한 다음, 고구려 장안성, 신라 왕경, 일본 후지
와라쿄의 가로구획 방식과 그 선후관계에 대해 구체적으로 살펴볼
것이다.

먼저 1장에서는 북위 낙양성과 수·당 장안성의 도성계획 원리의
특성을 비교 검토하였다. 북위 낙양성에는 이전의 도성과 달리 남북
중축선과 좌북조남(坐北朝南)의 도성구조가 마련되었으며, 도성 전
체에 전면적인 가로구획이 시행되었다. 이러한 북위 낙양성의 도성
계획 원리는 기본적으로 수·당 장안성에 도입되었으나, 방의 분할

방식과 도로체계, 주작대로의 유무 등 가로구획 방식에서는 일정한 차이점이 확인된다. 반면 북위 낙양성의 가로구획 방식은 고구려 장안성과 유사성을 나타내고 있어, 고구려 장안성, 신라 왕경, 일본 후지와라쿄로 이어지는 도성의 계보 관계와 중요한 연관성을 맺고 있는 것으로 보인다.

2장에서는 고구려 장안성의 축성과정과 천도의 배경에 대해서 검토하였다. 그동안 고구려 장안성의 축성과 천도의 배경으로는 신라의 북상(北上)이 주요 원인으로 거론되었으나,15) 신라의 북상과 같은 외부충격에 의해 갑자기 축성되었다고 보기에는 그 축성기간이 너무 길고, 규모와 도성구조 면에서도 계획도시의 면모가 강하다. 이에 고구려 장안성의 축성이 신라의 북상 당시 급격하게 추진된 것이 아니라, 축성 전에 이미 충분한 검토와 준비를 거쳐 진행되었을 가능성에 무게를 두고 살펴보았다. 이와 함께 고구려 장안성의 가로구획과 도로체계 등에 대해서는 조선 후기의 문헌자료와 북한학계의 연구성과를 활용하여, 고구려 장안성의 방이 십자로에 의해 4분할되었고, 도로 또한 대로(大路)·중로(中路)·소로(小路)로 유형화되었음을 구체적으로 밝히려 하였다. 여기에 가로구획의 측도 기준으로 고구려척(高句麗尺)이 사용된 점도 함께 검토하였다.

무엇보다 2장에서는 고구려 장안성과 북위와 수·당대 도성의 가로구획 방식의 선후관계를 밝히고자 한다. 지금까지 고구려 장안성에 마련된 가로구획 방식의 원류 문제에 대해서는 같은 시기 북위

---

15) 李成市, 1990, 〈高句麗の日隋外交〉, 《思想》 1990-9.

낙양성이나16) 당 장안성(수 대흥성)의 영향이17) 거론되곤 하였다. 그러나 고구려 장안성은 외곽성의 형태상 초축(初築) 당시부터 외곽성의 축조를 염두에 두었을 가능성이 큰 데다, 가로구획의 포치(布置) 또한 축조 당시부터 계획되었을 가능성이 크다. 고구려 장안성의 천도가 당 장안성의 축조시기보다 몇 년 늦기는 하지만, 그보다 30여 년 앞서 축조가 시작되었고 외곽성의 축조 또한 앞섰다는 점을 고려한다면, 당 장안성보다는 북위 낙양성과의 관련성에 좀 더 무게를 두어야 할 것으로 생각한다. 당시 북위와 고구려의 긴밀한 교섭 관계와 불교문화의 교류 양상 등을 고려할 때도 그러한 개연성은 충분히 인정된다. 방의 분할방식과 도로체계 등 가로구획 방식에서도 고구려 장안성은 당 장안성과 차이점을 드러내고 있다. 이에 북위 낙양성의 가로구획 방식이 고구려 장안성의 도성계획에 어떠한 영향을 주었는지, 당 장안성의 도성계획 원리가 고구려 장안성과는 어떻게 다른지를 검토함으로써, 북위 낙양성, 고구려 장안성, 당 장안성의 가로구획 방식의 선후관계를 면밀히 검토해 보고자 한다.

3장에서는 신라 왕경과 고구려 장안성의 가로구획 방식의 연관성에 대해서 살펴볼 것이다.18) 이를 통해 신라 왕경의 방 또한 고구려

---

16) 田中俊明, 2003, 〈東아시아 都城制에서 高句麗 長安城〉, 《백산학보》 67.

17) 세키노 다다시(關野貞)는 수 대흥성의 영향을 받았을 것이라고 보았고(關野貞, 1928, 〈高句麗の平壤城及び長安城に就いて〉, 《史學雜誌》 39-1), 후지타 모토하루(藤田元春)는 당 장안성의 영향을 받았을 것이라고 보았다.(藤田元春, 1929, 앞의 글)

18) 지금까지 고구려 도성과 신라 왕경의 연관성에 대해서는 신라 도성제를 논하는 과정에서 부분적으로 다루어지거나, 전기(前期) 평양성과 관련하여 간략히 검토되었다. 먼저 민덕식은 신라 왕경의 초기 가로구획이 고식적(古式的)이며 독자적인

장안성과 마찬가지로 4분할되었으며, 도로체계도 대로·중로·소로로 유형화되었고, 영조척도 고구려척이 사용되었음을 논증하려 하였다. 그동안 신라 왕경은 통일기 이후에 당 장안성의 영향을 받아 가로구획이 정비되었다고 보는 것이 일반적이었다. 그러나 신라 왕경의 가로구획 상한시기는 6세기 중반 이후로 상정되며, 적어도 통일기 이전에 가로구획에 의한 1차 정비가 단행된 것으로 보인다. 여기에는 가로구획의 측량기준으로서 고구려척을 사용한 것이나 도로체계와 그 규모의 유사성으로 보아 고구려 장안성의 영향을 고려해야 할 것이라 생각한다.

4장에서는 신라 왕경과 일본 후지와라쿄의 가로구획 방식을 비교 검토하였다. 현재로서는 자료의 한계 때문에 고구려 장안성과 후지와라쿄를 같은 선에 놓고 직접 비교하는 것이 쉽지 않으므로, 신라 왕경과 후지와라쿄를 중심으로 고대 한·일 도성의 연관성을 검토할 것이다. 먼저 후지와라쿄의 조영 개시 연대와 후지와라쿄 조영 당시의 나·일(羅日) 관계를 살펴보고, 신라 왕경과 후지와라쿄 도로체계의 규모와 유형화, 주작대로의 유무 여부와 그 기능 문제, 그

모습을 보이는 것은 신라가 당의 영향을 받기 이전에 고구려의 영향을 받아 도시계획에 입각했을 가능성을 나타내는 것으로 보았으나, 고구려 도성과 신라 왕경의 구체적인 연관성에 대해서는 검토하지 않았다.(민덕식, 1989, 〈신라왕경의 도시계획에 관한 시고(試考)〉 상, 《사총》 35, 50~51쪽) 양정석은 북위로부터 영향을 받은 5~6세기 고구려의 사찰 조영방식과 평양 천도 직후의 도성계획이 황룡사의 금당 조영과 주변의 도성계획에 영향을 미쳤을 개연성을 제시하였다. 이와 함께 고구려 장안성의 축조와 황룡사의 중건이 거의 같은 시대에 진행된 것에 대해서 주목하면서도 그 원인과 배경에 대해서는 별다른 언급을 하지 않았다.(양정석, 2004, 《황룡사의 조영과 왕권》, 서경, 196~199쪽)

리고 왕궁의 위치 문제 등을 구체적으로 분석하였다. 이와 함께 고구려 장안성과 관련되는 점에 대해서도 부분적으로 언급하면서 논지를 전개할 것이다.

이를 통해 6세기에서 8세기 사이 동아시아 도성의 특성을 구체적으로 비교 검토하고, 북위 낙양성 – 고구려 장안성 – 신라 왕경 – 일본 후지와라쿄로 이어지는 도성의 계보 관계를 추정할 수 있을 것으로 기대한다.[19)]

---

19) 이와 관련하여 고구려 장안성(後期 平壤城)에 앞서 먼저 전기 평양성 문제가 다루어져야 하지만, 현재 장수왕대에 천도한 전기 평양성은 안학궁성(安鶴宮城)인지 청암리토성(淸岩里土城)인지 그 위치 비정조차 불명확하다. 또한 북한학계에 의해 안학궁성에 가로구획이 시행되었을 가능성이 제기되나(한인호·리호, 1991, 〈안학궁터부근의 고구려리방에 대하여〉, 《조선고고연구》 1991-4), 아직까지 구체적인 실물자료나 발굴자료의 확인이 어려운 상황이다. 무엇보다 이 책에서 다루는 가로구획 방식의 문제는 방(坊)의 형태와 규모, 도로의 실측치와 영조척 등을 바탕으로 논의되는 것이므로, 안학궁성이 전기 평양성이라고 해도 그 구체적인 가로구획 방식을 논의하기는 어려움을 밝혀둔다. 다만 전기 평양성에서 가로구획의 시행 여부는 고구려 장안성에서 가로구획의 포치(布置) 시기와 관련해 아주 중요한 관건이 될 수 있으므로 앞으로의 구체적인 발굴조사를 주시해야 할 것이다. 이와 함께 이 책에서는 백제 사비(泗沘) 도성에 대해서도 구체적으로 다루지 않음을 밝혀둔다. 현 단계에서는 백제 사비 도성 안 공간구성 방식에 관한 구체적 사실을 알 수 없어 가로구획이 시행되었는지조차 명확하지 않으므로, 사비 도성을 다른 도성과 동일선에서 비교하는 것은 무리라고 생각한다. 또한 사비 도성은 일반적으로 남조(南朝) 건강성(建康城)의 영향을 받은 것으로 논의되므로(田中俊明, 1990, 〈왕도(王都)로서의 사비성(泗沘城)에 대한 예비적 고찰〉, 《백제연구》 21), 이 책에서 밝히고자 하는 고구려 장안성 – 신라 왕경 – 일본 후지와라쿄와는 다른 계보 관계로 파악된다. 사비기(泗沘期)에 쓰인 영조척 또한 중국의 척도제를 거의 시차 없이 받아들이고 있어서, 중국의 척도제와 고구려척을 이원적으로 사용하였던 고구려·신라와는 질적으로 다른 모습을 나타내고 있다.(윤선태, 2003, 〈웅진·사비기 백제의 척도제—사비 도성의 공간구성과 관련하여〉, 《고대 동아세아와 백제》, 서경)

1장
북위 北魏 와 수 · 당 隋唐 의 도성제

1.1. 북위 낙양성(洛陽城)의 도성계획

1.1.1. 방의 형태와 규모 및 분할방식

북위(北魏)의 낙양성(洛陽城)은 효문제(孝文帝) 태화(太和) 17년 (493)에 조영되기 시작하여 태화 19년(495)에 정식으로 도성이 완성 되었다. 낙양은 유서 깊은 전통적인 도성지로서 후한(後漢)과 위진 (魏晉)시대를 거쳐 주요 도성으로 기능하였다. 북위대에 이르러서는 도성 전체에 가로구획(街路區劃)이 전면적으로 시행되었고, 도성을 남북으로 연결하는 주요 중축선이 등장하였을 뿐만 아니라, 궁성이 하나로 통일되어 도성의 북부에 위치하는 등 기존 도성의 외형과 배 치와는 다른 획기적인 변화가 이루어졌다.1)(〈그림 1-1〉, 〈그림 1-2〉,

---

1) 일반적으로 중국 도성의 기본 양식은 《주례》(周禮)에 제시된 도성이고, 북위 낙 양성(洛陽城)은 그 변이형으로 이해된다. 《주례》 고공기(考工記) 장인영국조(匠 人營國條)에는 왕궁이 도성의 중앙에 위치하는 중앙 궁궐의 원칙, 왕궁의 왼쪽에

〈그림 1-3〉, 〈그림 1-4〉)

그 가운데 가장 주목할 만한 것이 바로 가로구획의 전면적인 시행이다. 도로망에 의한 격자형의 도시구획에 관한 규정은 이미 《주례》(周禮) 고공기(考工記) 장인영국조(匠人營國條)에 마련되었으나, 규격화된 일정한 면적의 '방(坊)으로 도시 전체를 구획한 것은 북위 낙양성이 최초라고 논의된다.2)(〈그림 1-5〉, 〈그림 1-6〉) 또한 북위 낙양성에서는 '방이 도성의 한 구역 단위로 등장하면서 '리'(里)의 대칭으로 사용되었고, '리'와 '방이 같은 실체로 인식되었다.3)

북위 낙양성의 '방(리)에 대한 관련 기록은 다음과 같다.

종묘와 오른쪽에는 사직이 위치하는 좌조우사(左祖右社)의 원칙, 그리고 왕궁의 앞에는 관서가, 뒤에는 시장이 위치하는 전조후시(前朝後市)의 원칙 등이 마련되어 있다. 그러나 북위 낙양성은 왕궁이 도성의 북부에 위치하고 궁성의 남문에서 도성 남쪽의 성문으로 통하는 남북중축선의 도로가 마련됨으로써, 《주례》의 도성과는 기본적으로 다른 도성계획 원리를 갖추게 되었다. 또한 후한위진 이래의 남궁(南宮)을 폐제(廢除)하여 궁성을 북궁(北宮) 하나로 통일함으로써 민거(民居)와 분리되는 독립적인 궁원 지역을 형성하였다. 이러한 도성계획 원리의 특징에 의해 북위 낙양성은 전통적인 《주례》의 도성과 다른 도성계획을 취한 것으로 인정되지만, 《주례》 고공기에 마련된 리방제(里坊制) 등의 원칙을 따르고 있기 때문에 《주례》의 도성과 기본적으로 동일한 도성계획 원리로 보는 '계승발전론'도 제기되고 있다.(賀業鉅 저/ 윤정숙 역, 1995, 《중국도성제도의 이론─《주례》 고공기의 도성제도》, 이회문화사) 그러나 만약 계승발전론을 수용한다면 북위 낙양성의 최대 특징 가운데 하나인 성내 북쪽 중앙에 위치하던 궁성의 형태가 수당(隋唐) 장안성까지 이어지다가 송대의 도성 개봉성(開封城)의 경우는 다시 성의 중앙에 궁성이 두어지는, 즉 다시 고식(古式)으로 재현되는 이유를 설명할 수 없다.(駒井和愛, 1977, 《中國都城·渤海硏究》, 雄山閣出版社; 朴漢濟, 1990, 〈북위 낙양사회와 호한체제(胡漢體制)〉, 《태동고전연구》 6, 13쪽)

2) Ping-Ti Ho, 1966, "Lo-Yang, A.D. 495~534: A Study of Physical and Socio-Economic Planning of a Metropolitan Area", *Harvard Journal of Asiatic Studies* 26.

3) 박한제, 1990, 앞의 글.
　楊寬, 1993, 〈封閉式的里制和坊制〉, 《中國古代都城制度史硏究》, 上海古籍出版社.

A-1. 경사(京師)는 동서 20리이고 남북 15리로서 호수는 10만 9천 여 리다. 종묘·사직·궁실·부조(府曹)를 제외하고 모두 사방 300보로 1리로 했다. 리(里)에는 네 개의 문이 있고 문에는 이정(里正) 2인, 리(吏) 4인, 문사(門士) 8인을 두었다. 모두 220리였다.(《洛陽伽藍記》4) 권5, 城北條)

A-2. 기내부(畿內夫) 5만 인을 징발해서 323개 방의 공사를 사순(四旬) 만에 끝냈다.(《魏書》 권8, 世宗紀 景明 2년(501) 9월조;《資治通鑑》 권144, 景明 2년 9월조)

A-3. 사주목(司州牧)을 맡게 되자 가(嘉)는 다음과 같이 표청(表請)하였다. "경사(京師) 사면(四面)에 320개의 방(坊)을 건축하고 각 방의 둘레를 1,200보로 하되, 필요한 노동력은 삼정복정(三丁復丁)으로 충당하도록 하십시오.……"(《魏書》 권18, 太武五王 廣陽王嘉傳;《北史》 권16, 太武五王 廣陽王嘉傳)

사료 A-1을 보면, 북위 낙양성의 방은 각 변이 300보(1리)로서 4변의 합계가 1,200보인 정방형의 형태를 갖추었음을 알 수 있다. 즉 1방은 사방 300보로서 1리의 면적을 점유하였고, 모든 방은 규칙적으로 정방형을 이루었던 것이다.

이러한 방은 곧 도성 구역 분할의 기본단위가 되었다. 예를 들어 황실 거주구인 수구리(壽丘里)는 동서 2리에 남북 15리를 점하였고, 대시(大市)는 둘레 8리로 조성된 정방형의 형태를 갖추었다. 기타

---

4) 양현지(楊衒之; 北魏末~北齊)가 찬술한 것으로, 《위서》, 《북사》 등의 정사와 함께 북위 낙양성 전반에 관한 직접적인 사료로 이용된다. 이 책에서는 范祥雍, 1959, 《洛陽伽藍記校注》, 中國佛寺史志彙刊 第2輯 第1冊에 의거 인용하였다.

간선도로망의 배치나 주요 건축물의 배치 등도 모두 방을 기본단위로 하는 구역 분할 시스템과 밀접한 관계에 있다. 뿐만 아니라 이를 바탕으로 도성의 각 부분 사이의 규모의 비율도 조절되었는데, 즉 대성(大城)과 궁성의 남북 종심 비율은 3대 1이 되었고, 외곽성의 남북 종심과 낙하(洛河) 남쪽 연장 부분의 종심 비율은 3대 1 이하로 규제되었다. 외곽성의 동서 너비와 대성의 동서 너비의 비율은 약 3대 1이 되었다. 이렇게 방을 기본단위로 하는 구역 분할 시스템을 바탕으로 도성 전체가 설계된 것이다.5)

그 밖에 방의 숫자에 대해서도 일련의 정보를 얻을 수 있다. 먼저 사료 A-2, A-3을 토대로 320(323)방으로 보는 견해가 있으나,6) 320개의 방수는 《낙양가람기》(洛陽伽藍記)에 기술된 동서 20리, 남북 15리의 낙양성 전체의 면적을 초과하는 데다, 당시 낙양성 안에는 종묘·사직·궁실·부조(府曹) 등이 상당수 차지하고 있었기 때문에 북위 낙양성의 전체 방수는 사료 A-1의 220개가 더 정확할 것으로 보인다.7)

방의 운영상황도 파악되는데, 각 방에는 이정(里正) 2인, 리(吏) 4인, 문사(門士) 8인이 기본적인 운영인원으로서 주민을 직접 장악·통제함으로써, 한 개의 방이 하나의 행정조직일 뿐만 아니라 하나의 통제단위가 되었던 것으로 보인다.8) 무엇보다 각 방마다 4문을 두

5) 賀業鉅 저/ 윤정숙 역, 1995, 앞의 책, 244쪽 참조.
6) 范祥雍, 1959, 앞의 책, 351쪽.
7) Ping-Ti Ho, 1966, op.cit., pp.67~70.
8) 북위 낙양성의 방(坊)이 하나의 통제단위로서 성격을 가진 것은 이전의 평성(平城)에서 비롯된 것으로 논의된다. 평성은 낙양성으로 천도하기 이전에 398년부터

었다고 기술된 것으로 보아 십자로 교차하는 종횡의 도로가 나 있었음을 알 수 있다.

특히 방을 구획할 때에는 방을 둘러싼 도로를 포함하여 구획함으로써 도로폭에 따라 방의 실제 면적이 달라졌던 것으로 보인다. 북위 낙양성의 방은 본래 1리에서 동서·남북의 종횡의 가로가 설계될 때 동서·남북 방향의 도로폭의 반을 빼낸 나머지의 토지를 방장으로 둘러싼 것이다.9) 즉 리(里)의 면적에서 동서남북으로 통하는 도로폭의 반을 뺀 면적의 4주에 담장을 두른 면적단위를 방이라고 하였다. 이 때문에 도로폭의 차이에 따라 방의 면적도 달라져 '리방(里坊)에 크고 작은 구별이 있었다. 특히 북위 낙양성에는 많은 불사(佛寺)가 조영되어, 이것이 '리방'의 크기 변화에 일정한 영향을 미친 것으로 보인다.

494년까지 북위의 수도였다. 흔히 북위 낙양성의 포국(布局)은 평성에서 비롯된 것으로 논의되는데, 특히 가로구획의 영향을 가장 크게 받은 것으로 지적된다.(逯耀東, 1979,〈北魏平城對洛陽規建的影響〉,《從平城倒洛陽─拓跋魏文化轉變的歷程》, 臺北 聯經出版業公司) 이미 평성에서부터 그 단초가 보이기 시작한 가로구획의 방식은 정부가 방내 거민을 확실하게 장악하고 통제할 목적으로 시행한 것으로 보인다. 북위 정부는 평성 거민을 군사적으로 편성했던 것으로 파악되는데, 당시 평성 성내에 천사(遷徙)된 피정복민은 주로 적성(敵性)이 강한 자들이었기 때문에 이들을 통제하기 위해 가로구획을 포치하였던 것이다. 이에 북위 낙양성의 방 역시 형식상으로는 행정조직으로 관리되고 있으나, 중앙이 직접 통솔하는 군관구적(軍管區的) 성격을 겸유하였던 것으로 파악된다.(박한제, 1990, 앞의 글, 22~28쪽)
9) 민덕식, 1989,〈신라왕경의 도시계획에 관한 시고〉상,《사총》35, 65쪽.

1.1.2. 도로체계

북위 낙양성의 도로체계에 대해서는 현재로서는 자료의 한계 때문에 내성(內城)을 중심으로 살펴볼 수밖에 없다. 도성(내성)을 관통하는 대로로는 동서도로 4조(條)와 남북도로 4조가 조영되었던 것으로 보인다.(〈그림 1-7〉)

이는 먼저 성문(城門)에 관한 기록 속에서 살펴볼 수 있다. 북위 낙양성에는 총 13개의 성문이 확인되는데, 구체적으로는 남벽에 진양문(津陽門), 선양문(宣陽門), 평창문(平昌門), 개양문(開陽門)이 있고, 북벽에는 대하문(大夏門)과 광막문(廣莫門), 서벽에는 승명문(承明門), 창합문(閶闔門), 서양문(西陽門), 서명문(西明門), 동벽에는 건춘문(建春門), 동양문(東陽門), 청양문(靑陽門)이 있다.10) 이들 성문은 대부분 후한과 위진의 성문이 있던 자리에 축조된 것이지만, 서벽의 서양문은 원래 옹문이 있던 곳에서 북쪽으로 50여 미터 이동하여 동벽의 동양문과 마주하도록 신설된 것이다.11) 승명문 또한 천도 후 금용성(金墉城)에 잠시 거처하였던 효문제(孝文帝)의 출입이 쉽도록 새롭게 신설된 것이다.12)(〈그림 1-8〉)

도성의 북쪽 중앙에 궁성이 위치하고 있어서 성문과 성문을 완전히 연결하지 않는 대로도 있으나, 《낙양가람기》의 내용과 각 성문의

---

10) 《洛陽伽藍記》序文 참조.
11) 《水經注》穀水.
12) 《洛陽伽藍記》序文.

위치를 고려할 때 동서를 가로지르는 횡가(橫街)와 남북을 가로지르는 종가(縱街)가 각기 4조였던 것으로 파악된다.

이러한 내성 안의 대로는 실제 발굴조사에서도 확인되었다. 현재까지 조사된 대로의 규모와 연결 방향을 정리해 보면 다음과 같다.[13]

먼저 동서대로로는 가장 남쪽에 위치하는 제1 동서대로가 서벽의 서명문(1호 성문)에서 동벽의 청양문(10호 성문)으로 통하며, 도로폭은 약 29미터에서 36미터, 총길이는 2,460미터로 확인되었다. 제2 동서대로는 서벽의 서양문(3호 성문)에서 동벽의 동양문(9호 성문)으로 통하고, 도로폭 약 41미터, 총길이 2,630미터로 확인되었다. 제3 동서대로는 서벽의 창합문(4호 성문)에서 동벽의 건춘문(8호 성문)으로 통하며 궁성의 중앙을 관통하고 있다. 도로폭은 약 35미터에서 51미터, 총길이는 2,510미터로 확인되었다. 이 대로는 궁성을 직통하는 대로로서 가장 넓은 규모를 갖추고 있다. 제4 동서대로는 서벽의 승명문(5호 성문)에서 동쪽으로 이어져 궁성의 북측을 직통하다가 중단되는 것으로 확인되며, 도로폭은 약 17미터에서 22미터이고 확인된 총길이는 약 1,410미터이다.

남북대로로는 가장 동쪽에 위치하는 제1 남북대로의 최북단이 제3 동서대로에서 확인되어 남쪽으로 제2 동서대로, 제1 동서대로와 교차한 뒤 낙하(洛河)의 북안(北岸)에 직접 닿는 것이 확인되었다. 이 대로는 남단의 경우 구체적인 확인이 어려웠으나, 다른 남북대로와 마찬가지로 남벽의 성문에 직접 연결된 것으로 보인다. 즉 남벽

13) 中國科學院考古硏究所 洛陽工作隊, 1973, 〈漢魏洛陽城初步勘査〉, 《考古》 1973-4.

의 개양문으로 통하는 남북대로로 파악되며, 북단에서 확인된 도로 폭은 약 12미터에서 15미터이고, 총길이는 약 2,400미터이다. 제2 남북대로는 북벽의 광막문(7호 성문)에서 남쪽으로 430미터 지점에 이르다가, 동쪽으로 245미터 꺾인 다음, 다시 남쪽으로 제3 동서대로, 제2 동서대로, 제1 동서대로와 교차한 뒤 낙하의 강변에 직접 닿는 것이 확인되었다. 도로폭은 약 14미터에서 29미터이고, 총길이는 4,045미터이다. 이 대로는 북벽의 광막문에서 남벽의 평창문에 이르는 남북대로로 파악된다. 제3 남북대로의 경우는 궁성 남문(閶闔門)에서 시작되어 남쪽으로 뻗어 제2 동서대로, 제1 동서대로와 교차된 뒤 역시 낙하의 북안에 닿는 것이 확인되었다. 도로폭은 약 40미터에서 42미터이고 총길이는 1,650미터이다. 이 대로는 궁성 남문에서 남벽의 선양문에 이르는 주요 남북대로로서 동타가(銅駝街)라고 불린 주요 대로이다. 제4 남북대로는 북벽의 대하문(6호 성문)에서 남쪽으로 320미터 뻗어 제4 동서대로와 교차한 뒤, 서쪽으로 300미터 뻗은 뒤 다시 남쪽으로 제3 남북대로, 제2 남북대로, 제1 남북대로와 교차하고 낙하의 북안에 직접 닿는다. 도로폭은 약 35미터에서 40미터이고, 총길이는 3,620미터로 확인되었다. 이 대로는 북벽의 대하문에서 남벽의 진양문으로 통하는 남북대로로 파악된다. 이를 표로 정리하면 다음 〈표 1-1〉과 같다.

여기서 주목되는 것은, 서벽에 신설된 서양문이 동벽의 동양문과 완전히 마주보게 됨으로써 두 문 사이를 동서로 가로지르는 대로가 등장하게 되었다는 것이다. 이 대로는 궁성의 남쪽을 바로 통과하여 낙양성을 남북으로 나누는 중요한 경계선이 되었다. 북쪽에는 궁성

표 1-1. 북위 낙양성(內城)의 도로 규모

구분	연결 부분	실측치(m)	총길이(m)
제1 동서대로	서명문-청양문	29~36	2,460
제2 동서대로	서양문-동양문	41	2,630
제3 동서대로	창합문(내성 서벽문)-건춘문	35~51	2,510
제4 동서대로	승명문-궁성 후문(중단)	17~22	1,410
제1 남북대로	제3 동서대로-개양문	12~15	2,400
제2 남북대로	광막문-평창문	14~29	4,045
제3 남북대로(銅駝街)	창합문(궁성 남문)-선양문	40~42	1,650
제4 남북대로	대하문-진양문	35~40	3,620

과 금원(禁苑)이 위치하고, 남쪽에는 관아·종묘·사직과 불사(佛寺), 귀족의 저택 등이 배치되었다. 이로써 후한·위진시대와 달리 궁성 지역이 민거(民居)와 분리되어 독립적인 위치를 차지하게 되었다.

무엇보다 궁성이 하나로 통일되어 낙양성 북부에 위치함으로써 궁성의 남문인 창합문이 남벽의 선양문과 마주보게 되었고, 낙양성을 남북으로 관통하는 동타가라는 남북대로가 등장하게 되었다. 이 동타가는 낙양성의 실제적인 남북중축선 역할을 하고 있으나, 도로 폭이 40미터에서 42미터 정도로서 다른 대로(제2 동서대로와 제3 동서대로, 제4 남북대로)와 비슷한 규모를 나타내고 있어, 아직 주작대로(朱雀大路)로 보기는 어렵다고 하겠다. 그러나 북위 낙양성에 이르러 비로소 도성을 남북으로 가르는 중축선이 완성됨으로써, 수·당대 주작대로 설계의 기초가 된 것은 분명해 보인다.

　이상에서 북위 낙양성(내성)의 도로체계는 관련 기록과 발굴자료를 종합해 볼 때, 도로폭 17미터에서 51미터의 동서대로 4조와 12미터에서 42미터의 남북대로 4조가 배치되고, 이를 토대로 각 도로들이 십자로 교차하며 격자형 도로망을 이루었음을 알 수 있다. 그 밖에 방내(坊內)를 4분할하는 십자로가 있었던 것은 분명하나, 다른 도로의 구체적인 도로체계나 도로폭에 대해서는 자세히 알 수 없다.

1.2. 수·당 장안성(長安城)의 도성계획

1.2.1. 방의 형태와 규모 및 분할방식

　당(唐) 장안성(長安城)의 전신은 개황(開皇) 2년(582)에 축조된 수(隋)의 대흥성(大興城)으로, 장안성으로 이름이 바뀐 뒤에도 외곽성이 조영되는 등 계획적으로 확대되었다.[14] 전면적인 가로구획의 시행과 그에 따른 도로체계의 완비, 좌북조남(坐北朝南)의 도성구조 등은 북위 낙양성과 같은 것으로 파악되나,[15] 도성체제의 완성도와

---

14) 당이 수를 무너뜨린 이후 대흥을 장안으로 고쳐 이것을 도성으로 삼은 후, 당 왕조는 계속해서 외곽성을 건설하고 새롭게 대명궁(大明宮), 흥경궁(興慶宮) 등을 건설하였다. 그러나 당의 건설은 수 대흥성의 형상과 배치를 개변(改變)하지 않았으므로, 일반적으로 수 대흥성과 당 장안성을 같은 도성으로 다루고 있다.

15) 那波利貞, 1931, 〈支那首都計劃史上より考察したる唐の長安城〉,《桑原博士還曆記念東洋史論叢》, 弘文堂書房.

규모 면에서 북위의 낙양성을 훨씬 능가하였을 뿐만 아니라, 가로구
획 방식에서는 세부적인 면에서 일정한 차이를 나타내는 것으로 보
인다.(〈그림 1-9〉, 〈그림 1-10〉)

먼저 방의 형태를 살펴보면, 주작대로 양쪽의 방은 북위 낙양성과
마찬가지로 정방형으로 나타나지만, 기타 방은 장방형으로서 그 규
모 또한 각각 다르다. 방의 규모는 크기에 따라 크게 다섯 종류로 분
류되는데, 관련 문헌을 바탕으로 구체적으로 살펴보면 다음과 같다.
즉 황성(皇城) 바로 남쪽 안쪽의 2열 18방은 동서와 남북 모두 350보
이고, 황성 바로 남쪽 바깥쪽의 2열 18방은 동서 450보, 남북 350보
이다. 그 다음 황성 남쪽의 좌우 50방은 동서 650보, 남북 350보이고
황성 좌우의 각 6방은 동서 650보, 남북 400보이며, 마지막으로 역시
황성 좌우의 각 6방은 동서 650보, 남북 550보의 규모를 갖는 것으로
파악된다.16)

실제 발굴조사에서도 그 규모가 확인되었는데,17) 각 방의 남북
길이에 대해서는 문헌의 기재와 실측치에 거의 차이가 없었으나, 일
부 동서 길이에서 차이가 확인되었다. 즉, 주작대로 동쪽의 제2열 방
은 주작대로 서쪽의 제2열 방에 비하면 17미터가 크고 대칭을 이루
지 못하는데, 이는 주작대로가 황성 정가운데가 아니라 서쪽으로 치
우쳐 있기 때문으로 보인다. 또한 황성 좌우의 각 방의 경우는 오른

16) 徐松, 《唐兩京城坊考》 권5.
   愛宕元 譯註, 1994, 《唐兩京城坊考》, 平凡社.
17) 陝西省文物管理委員會, 1958, 〈唐長安城地基初步探測〉, 《考古學報》 1958-3.
   中國科學院考古硏究所 西安發掘隊, 1963, 〈唐代長安城考古紀略〉, 《考古》 1963-2.

쪽의 금광문(金光門) 안 북변의 거덕방(居德坊)만이 실측되었는데, 남북은 838미터, 동서는 1,115미터로 확인되었다. 그러나 문헌기록에 따르면,18) 황성 좌우의 4방은 남쪽에서부터 제1방과 제2방은 남북 각 550보(808.5m)이고, 제3방과 제4방은 남북 각 400보(588m)로 나타난다. 따라서 제1방과 닿는 거덕방의 남북 길이는 문헌기록의 550보와 30여 미터의 오차가 확인된다.19)

여하튼 당 장안성의 방 면적은 대체로 황성의 동서 양쪽 방이 가장 크고, 그 남쪽 방은 그보다 작으며, 주작대로 양쪽 방이 가장 작음을 알 수 있다.

전체적인 방의 수는 관련 기록에 따라 다소의 차이가 있는데,《당육전》(唐六典)에 따르면20) 황성 이남은 동서 10방, 남북 9방이고, 황성의 동서는 각 12방, 양시(兩市)는 4방을 차지하므로 모두 110방임을 알 수 있다. 그러나《구당서》(舊唐書)와 그 밖의 관련 문헌에 따르면,21) 주작대로 동쪽은 54방으로 만년현(萬年縣) 관할에 속하고, 주작대로의 서쪽 또한 54방으로 장안현(長安縣) 관할에 속한다고 하여 108방임을 알 수 있다.22)

방의 분할방식은 북위 낙양성과 마찬가지로 십자로에 의해 4등분

---

18) 宋敏求,《長安志》권7.
19) 佐藤武敏, 2004,《長安》, 講談社, 157쪽.
20)《唐六典》권7, 工部尙書 工部員外郞條.
21)《舊唐書》권38, 地理志.
    宋敏求,《長安志》권7.
    徐松,《唐兩京城坊考》권2.
22) 西安市地方志館, 1990,《唐代長安詞典》, 63쪽.

된 것 말고도 동서 방향의 소로에 의해 2등분되거나, 4분할된 것을 다시 4등분해 16개의 소구획으로 나눈 예가 확인된다. 즉 관련 문헌에 따르면, 주작대로 양쪽의 4열 방은 각각 동서로 2문을 두고, 방의 중앙에는 동서의 도로가 통하며, 그 외의 방은 4문을 두고 중앙에 십자로를 두거나, 우선 십자로로 방 전체를 4개 구로 구획한 다음 다시 4분할하여 16구획을 형성하였음을 알 수 있다.23)(〈그림 1-11〉)

특히 주작대로 양쪽에 나란한 4열 방은 궁성 바로 남쪽에 위치하는데, 여기서 빠져 나온 기(氣)가 궁성에 영향을 미치지 못하도록 북문을 내지 못하게 하였기 때문에24) 2구획으로만 분할된 것이다.

이러한 방의 분할방식은 실제 발굴조사에서도 그대로 확인되었다. 먼저 영녕방(永寧坊) 동반부에서 실시된 부분적인 발굴조사에서, 방 안에는 십자로가 있어 방을 네 개의 부분으로 구획하고 있으며, 각 부분을 또 네 개로 구획하는 십자로가 발견되었다.25) 즉 방 전체가 16구획으로 분할된 것이 확인되었는데, 이는 관련 문헌에 기록된 것과 완전히 부합한다. 또한 회덕방(懷德坊)의 경우는 십자로에 의해 4분할된 것이 확인되었고, 주작대로 우측의 장흥방(長興坊)은 동서 가도에 의해 2분할된 것이 확인되었다. 이 역시 문헌 기록과 일치한다.26)

---

23) 韋述, 《兩京新記》 권3.
    宿白, 1978〈隋唐長安城和洛陽城〉, 《考古》 1978-6 참조.
24) 宋敏求, 《長安志》 권7.
    楊寬, 1987, 《中國都城の起源と發展》, 學生社, 183~184쪽.
25) 馬得志, 1982, 〈唐代長安與洛陽〉, 《考古》 1982-6.
26) 陝西省文物管理委員會, 1958, 앞의 글.

지금까지 살펴본 당 장안성의 방의 형태와 규모, 분할방식을 표로
정리해 보면 다음 〈표 1-2〉와 같다.(〈그림 1-12〉)

표 1-2. 당 장안성의 방의 형태와 규모 및 분할방식

분류	방	규모	분할방식	형태
1	황성 직남 안쪽 2열 18방	동서남북 모두 350보	2분할	정방형
2	황성 직남 바깥쪽 2열 18방	동서 450보, 남북 350보	2분할	장방형
3	황성 이남 좌우 50방	동서 650보, 남북 350보	16분할	장방형
4	황성 좌우 각 6방	동서 650보, 남북 400보	16분할	장방형
5	황성 좌우 각 6방	동서 650보, 남북 550보	16분할, 4분할	장방형

이를 통해 당 장안성의 가로구획은 북위 낙양성의 리방구획이 지
녔던 기본적인 특성을 유지하면서도 방의 규모를 더욱 확대시키고
그 형태와 분할방식을 다양화함으로써 한층 밀도 있는 짜임새를 갖
추었음을 알 수 있다. 무엇보다, 이전의 북위 낙양성이 도로폭을 포
함한 등간격(等間隔)에 따라 구획됨으로써 도로폭에 따라 택지 규모
가 달라졌던 것과 달리, 당 장안성에 이르러서는 도로를 기준으로
가로구획이 마련됨으로써[27) 도로와 택지의 너비를 따로 산정하여

中國科學院考古硏究所 西安發掘隊, 1963, 앞의 글.
27) 한인호, 1993, 〈우리나라 중세도시 리방(里坊)제도에 대하여〉, 《조선고고연구》
1993-1, 28쪽.

일정한 택지 규모를 마련할 수 있었다. 발굴자료나 관련 연구성과에 이에 관한 구체적인 언급이 없어 정확한 파악이 쉽지는 않으나, 주작대로 양쪽 구획의 경우를 보면 도로중심선을 기준으로 같은 간격으로 구획되지는 않은 것으로 보인다. 이에 관해서는 앞으로도 면밀한 검토가 필요하나, 가로구획 방식에서 당 장안성의 도성계획 원리는 북위 낙양성과 일정한 차이점을 드러내는 것으로 생각된다.[28]

1.2.2. 도로체계

당 장안성의 대로는 관련 문헌에 따르면[29] 외곽성으로 둘러진 장안성 전체에 남북 방향의 대로가 11조, 동서 방향의 대로가 14조 조영된 것으로 보인다. 그 안에 성문에서 성문으로 연결되는 대로와[30] 육가(六街)라고 불리는 동서·남북 방향의 각 3조의 간선도로가 포함된다. 도로폭은 100보, 60보, 47보의 세 종류가 확인된다. 이들 대로는 모두 직선으로 뻗으며 상호 수직으로 교차하여 방격상의 도로망을 형성함으로써, 장안성 전체를 108(110)개의 방(坊)과 2개의 시

---

28) 이와 같은 차이가 발생한 이유는 현재까지 명확하지 않다. 다만 후대의 일본의 예를 참고하면 관위제 등급에 따른 택지 분급과 관련된 것으로 보인다. 즉 택지를 균등하게 구획하기 위해 도로와 택지의 너비를 따로 산정함으로써 택지 분급에 따른 문제의 소지를 줄였던 것으로 파악된다.(山中章, 1991, 〈長岡京から平安京へ〉, 《古代の日本》 6 近畿Ⅱ)

29) 徐松, 《唐兩京城坊考》 권1.

30) 당 장안성의 외곽성에는 전부 13개의 성문(城門)이 있는데, 동·서·남의 3면에 각각 세 개의 성문이 있고, 북면에는 4개의 성문이 있다. 그 가운데 흥안문은 대명궁이 건설되면서 대명궁 남쪽의 5문의 하나가 되었다.(徐松, 《唐兩京城坊考》 권1)

(市)로 구획하고 있다.(〈그림 1-13〉)

그런데 실제 발굴조사에서는 남북 방향의 대로는 11조가 모두 조사되었으나, 동서 방향의 대로는 10조만 발견되었다.[31] 즉 외곽성 북성문에 닿아 있는 제1 동서대로에서부터 남쪽으로 향하는 제3 동서대로에 이르는 3조의 동서대로는 발굴조사에서 도로 유지(遺地)가 명확히 발견되지 않았고, 맨 마지막의 외곽성 남성문에 닿아 있는 제14 동서대로 또한 발견되지 않았다.

발굴조사된 10조의 동서대로 가운데 제4 동서대로는 황성(皇城)의 서변 순의문(順義門)과 동변 경풍문(景風門)에 통하는 동서대로로서 서단부만 1천여 미터 발견되었는데, 확인된 도로폭은 75미터였으며 도로 양쪽이 모두 파괴되어 측구(側溝; 배수로)는 발견되지 않았다. 제5 동서대로는 황성 남쪽의 제일 첫 번째 동서대로로서, 외곽성 서변의 금광문(金光門)에서 동변의 춘명문(春明門)으로 통하는데, 도로폭은 120미터이고 외곽성의 금광문으로 향하는 100여 미터 부분에서는 양쪽에 배수로가 발견되었다. 제6, 제7, 제8 동서대로의 3조도 보존상태가 비교적 양호하며, 모두 동서 외곽성으로 통하고 있었다. 배수로는 부분적으로 발견되었다. 도로폭은 제6 동서대로가 44미터, 제7 동서대로가 40미터, 제6 동서대로가 45미터로 확인되었다. 제9 동서대로에서 제13 동서대로까지 5조는 많은 부분이 파괴되어 중앙 부분의 보존상태만 양호하였다. 도로폭은 제9와 제10 동서

---

31) 中國科學院考古硏究所 西安發掘隊, 1963, 앞의 글.
　　佐藤武敏, 2004, 앞의 책, 148~153쪽.(이하 당 장안성의 동서대로와 남북대로에 대해서는 이 글을 참조하였다.)

대로가 55미터, 제11 동서대로가 45미터, 제12 동서대로가 59미터, 제13 동서대로가 39미터이며, 제9 동서대로의 북쪽에서만 배수로가 발견되었고 다른 대로에서는 발견되지 않았다.

남북대로의 경우는 주작대로와 주작대로 양쪽의 4열이 보존상태가 가장 양호하였는데, 편의상 외곽성의 서벽에 닿는 대로에서부터 순번을 붙여 살펴보면 다음과 같다. 먼저 외곽성 서벽에 닿는 제1 남북대로는 도로폭이 20미터로 확인되었다. 제2 남북대로는 파괴가 심하여 금광문 이남에서 약 2천여 미터가 조사되었는데, 도로폭은 42미터로 확인되었다. 제3 남북대로는 도로폭이 63미터이고 서쪽에서 배수로가 발견되었다. 제4 남북대로는 황성 서쪽의 제일 첫 번째 남북대로로서 남단이 외곽성 남변의 안화문(安化門)에 통하는데, 도로폭은 108미터이고 배수로는 서쪽에서만 발견되었다. 제5 남북대로는 북단이 황성의 함광문(含光門)에 통하는 주작대로 서쪽의 남북대로로서, 도로폭이 63미터로 확인되었고 양쪽에서 배수로가 발견되었다.

다음으로 제6 남북대로는 주작대로32)로서 외곽성의 명덕문(明德門)에서 황성의 주작문(朱雀門)으로 통하며, 도로폭은 150미터에서 155미터로 확인되었고, 양쪽에서 폭 3미터의 배수로가 발견되었다. 제7 남북대로는 대로의 북단이 황성의 안상문(安上門)에 통하는 주

32) 남북 일직선으로 배치된 승천문(承天門; 궁성 정문), 주작문(朱雀門; 황성 남측 정문), 명덕문(明德門; 외곽성의 남측 정문)으로 통하는 대로로서, 주작문을 관통하고 있기 때문에 주작대로로 불리었으며, 승천문에서 시작되었기 때문에 천가(天街)로 불리기도 하였다.

작대로 동쪽의 대로로서, 도로폭이 67미터로 확인되었고 배수로는 동쪽에서 일부만 확인되었다. 제8 남북대로는 외곽성 남변의 계하문(啓夏門)에서 대명궁의 홍안문(興安門)으로 연결되며, 도로폭은 134미터로 확인되었고 양쪽에서 배수로가 발견되었다. 제9 남북대로는 제5 동서대로와 교차하는 부분에서 남쪽으로 2천여 미터 부분만 양호하였는데, 도로폭은 68미터이고 양쪽에서 배수로가 발견되었다. 제10 남북대로 또한 제5 동서대로 이남의 약 2천여 미터만 조사되었는데, 도로폭은 일정하지 않으나 가장 넓은 부분이 68미터로 조사되었으며 배수로는 발견되지 않았다. 제11 남북대로는 외곽성의 동벽에 닿는 대로로서 도로폭은 25미터로 확인되었다.

이러한 발굴조사에서 확인된 동서·남북대로의 규모는 관련 문헌에 기재된 규모와는 일정 부분 차이가 보인다. 즉 관련 문헌에는 대로의 도로폭이 100보(147m), 60보(88.2m), 47보(69m)의 세 종류로 나타나지만, 실측치는 대부분 그보다 작게 나타난다. 특히 문헌에는 남북대로 11조가 모두 100보로 기재되어 있으나, 그보다 규모가 큰 주작대로(제6 남북대로)를 빼고 실측조사에서 100보에 준하는 대로는 제4 남북대로(108m)와 제8 남북대로(134m)뿐이다. 실제 문헌에 적힌 대로 외곽성 안의 모든 남북대로를 100보로 조영했다고 보기는 어려울 것이며, 외곽성 남벽의 성문으로 통하는 주작대로와 제4·제8 남북대로만이 그에 준하는 대규모로 조영되었던 것 같다. 또한 다른 남북대로와 동서대로 또한 문헌에 적힌 규모와 달리 성문을 지나지 않는 대로의 폭은 39미터에서 65미터로, 성벽에 면한 대로의 폭은 20미터에서 25미터 정도로 좀 더 다양하게 나타난다.

표 1-3. 당 장안성의 도로 규모

구분		연결 부분	문헌 기재 수치	실측치(m)
대로	제1 남북대로	외곽성 서벽에 닿음	100보(147m)	20
	제2 남북대로	북단이 외곽성의 光化門에 통함	100보(147m)	42
	제3 남북대로	북단이 외곽성의 景耀門에 통함	100보(147m)	63
	제4 남북대로	외곽성 芳林門 - 安化門	100보(147m)	108
	제5 남북대로	북단이 황성의 含光門에 통함	100보(147m)	63
	제6 남북대로	황성 朱雀門 - 외곽성 明德門	100보(147m)	150~155
	제7 남북대로	북단이 황성의 安上門에 통함	100보(147m)	67
	제8 남북대로	외곽성 啓夏門 - 대명궁 興安門	100보(147m)	134
	제9 남북대로		100보(147m)	68
	제10 남북대로		100보(147m)	68
	제11 남북대로	외곽성 동벽에 닿음	100보(147m)	25
	제1 동서대로	외곽성 북벽에 닿음	60보(88.2m)	미조사
	제2 동서대로		60보(88.2m)	미조사
	제3 동서대로	외곽성 開遠門 - 通化門	100보(147m)	미조사
	제4 동서대로	황성 順義門 - 景風門	60보(88.2m)	75
	제5 동서대로	외곽성 金光門 - 春明門	47보(69m)	120
	제6 동서대로		47보(69m)	44
	제7 동서대로		47보(69m)	40
	제8 동서대로		47보(69m)	45
	제9 동서대로	외곽성 延平門 - 延興門	47보(69m)	55
	제10 동서대로		47보(69m)	55

	제11 동서대로		47보(69m)	45
	제12 동서대로		47보(69m)	59
	제13 동서대로		47보(69m)	39
	제14 동서대로	외곽성 남벽에 닿음	47보(69m)	미조사
방내도로	永寧坊 십자로			15
	懷德坊 십자로			15
	安定坊 십자로			20

그 밖에 각 방 안의 도로는 실제 발굴조사에서 15미터에서 20미터 정도로 확인되었다. 먼저 영녕방(永寧坊)에 대한 발굴조사에서 십자로의 도로폭은 15미터로 확인되었고, 이를 다시 재분할하여 방을 16구획으로 분할하는 정자항도(井字巷道)의 경우는 2미터에서 3미터 전후로 확인되었다.[33] 회덕방(懷德坊) 또한 십자로의 도로폭은 15미터로 확인되었고, 안정방(安定坊)의 경우 십자로의 도로폭은 20미터로, 정자항도(井字巷道)는 5미터에서 6미터로 확인되었다.[34]

지금까지 살펴본 것처럼 당 장안성에는 북위 낙양성과 마찬가지로 좌북조남의 도성 구조가 이루어지면서 남북중축선과 단일 궁성제도가 마련되고, 도성 전체에 정연한 가로구획이 시행되었다. 이는 북위 낙양성의 도성계획 원리를 바탕으로 하면서도, 도로의 규모가 더욱 다양해지고, 그에 따른 도로의 교차 방식이나 방의 구획과 배

---

33) 馬得志, 1983, 〈唐代の長安と洛陽〉, 《奈良・平安の都と長安》, 小學館, 79쪽.
34) 中國科學院考古研究所 西安工作隊, 1989, 〈唐長安城安定坊發掘記〉, 《考古》1989-4.

치 양상이 한층 정교해짐으로써 좀 더 완성적인 도성체제를 갖춘 것이라 할 수 있다.

그러나 북위 낙양성과 당 장안성은 방의 분할방식이나 도로폭 포함 여부의 가로구획 방식에서 일정한 차이점을 드러낸다. 도로체계에서도 당 장안성에 이르러 도성의 남북중축선인 이른바 주작대로가 완비되면서 도성의 가장 주요한 대로로 기능하게 되는데, 당 장안성은 주작대로를 기준으로 도성의 동·서가 완전히 대칭되는 구조가 형성되었으며, 도로폭 또한 150미터에서 155미터에 이르러 다른 대로에 비해 월등한 규모를 갖추고 있다.[35]

이러한 차이점은 고구려 장안성의 가로구획 방식과 맞물리면서 6세기에서 8세기 동아시아 도성의 계보 관계에 시사하는 바가 크다. 고구려 장안성은 북위 낙양성의 가로구획 방식과 일정한 유사성을 나타내고 있으며, 당 장안성에 앞서 가로구획이 시행된 것으로 파악되기 때문이다. 신라 왕경과 일본 후지와라쿄(藤原京) 또한 당 장안성이 아닌 북위 낙양성과 고구려 장안성의 가로구획 방식과 유사성이 확인된다.

이제 고구려 장안성의 축성 배경과 함께 그 도성계획의 원리를 살펴보고, 이를 북위 낙양성과 수·당 장안성의 가로구획 방식과 면밀히 비교 검토해 보자.

---

35) 가로구획 방식의 구체적인 차이점에 대해서는 이 책 2장의 3절(2.3.)에서 다룬다.

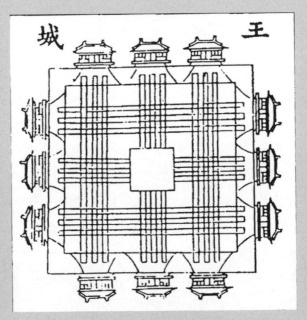

그림 1-1. 주(周) 왕성도

(賀業鉅, 1985,《考工記營國制度研究》)

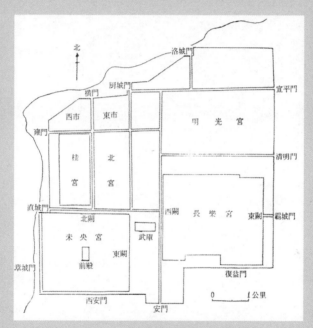

그림 1-2. 서한의 장안성 평면도

(尾形勇, 1985, 《東アジアの世界帝國》)

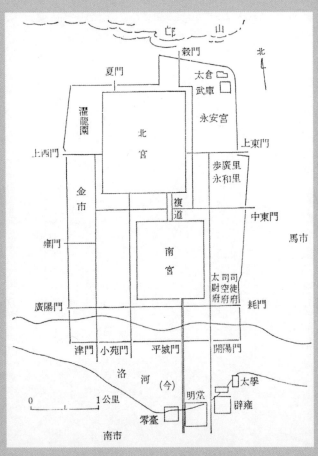

그림 1-3. 후한의 낙양성 평면도

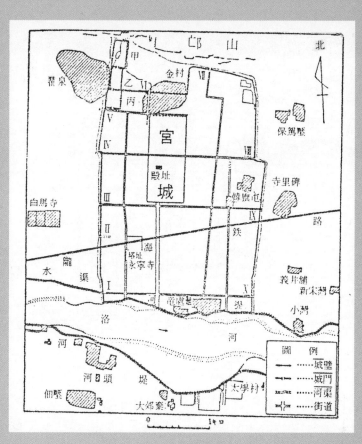

그림 1-4. 북위 낙양성 평면도 ①

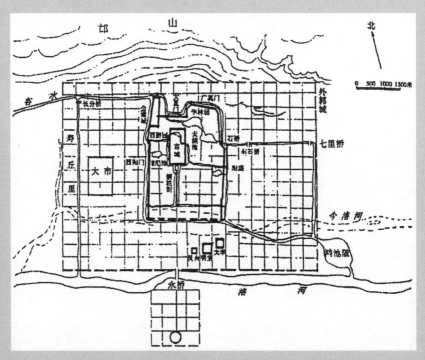

그림 1-5. 북위 낙양성 리방(里坊) 복원도

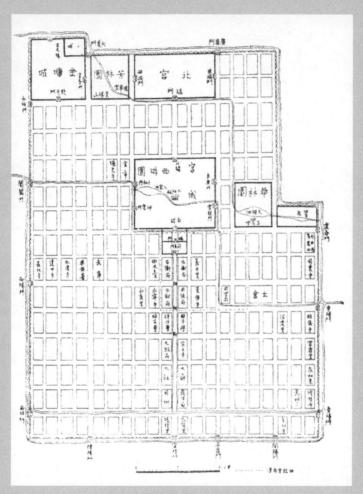

그림 1-6. 북위 낙양 내성 리방 복원도

(葉驍軍 編, 1986, 《中國都城歷史圖錄》)

50

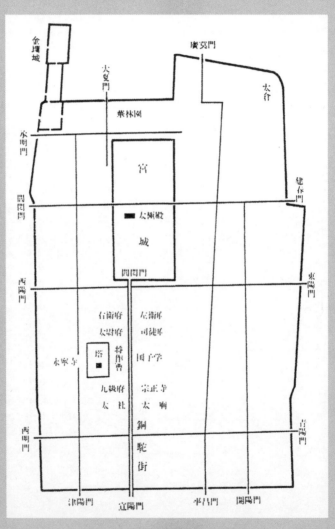

그림 1-7. 북위 낙양 내성(內城) 평면도

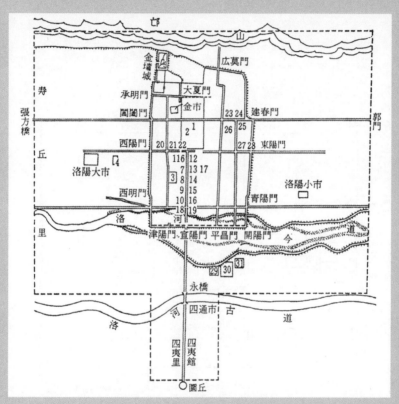

그림 1-8. 북위 낙양성 평면도 ②

(賀業鉅, 1985, 《考工記營國制度研究》)

1.宮城 2.殿址 3.永寧寺 4.白馬寺 5.金墉城 6.右衛府 7.太衛府 8.將作曹 9.九級府 10.太社 11.御史臺
12.左衛府 13.司徒府 14.國子學堂 15.宗正寺 16.太廟 17.景樂寺 18.司州 19.護軍府 20.太僕寺 21.乘黃署
22.武庫署 23.籍田署 24.典農署 25.勾盾署 26.司農署 27.導官署 28.太倉署 29.靈臺 30.明堂 31.太學

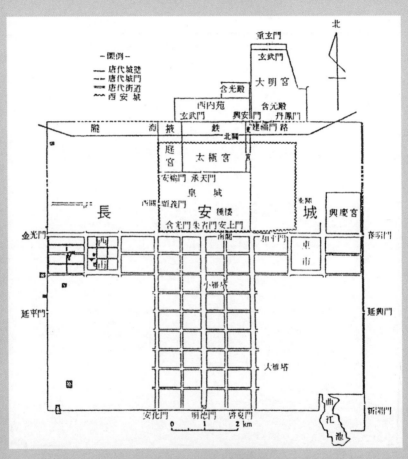

그림 1-9. 당 장안성 평면도 ①

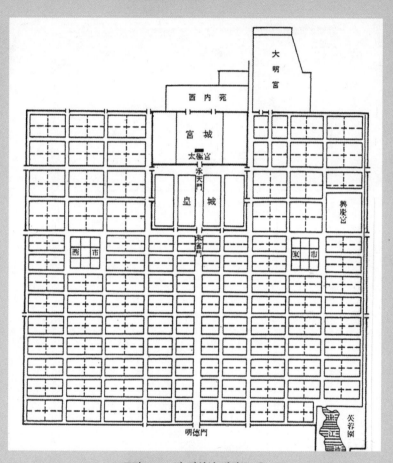

그림 1-10. 당 장안성 평면도 ②

54

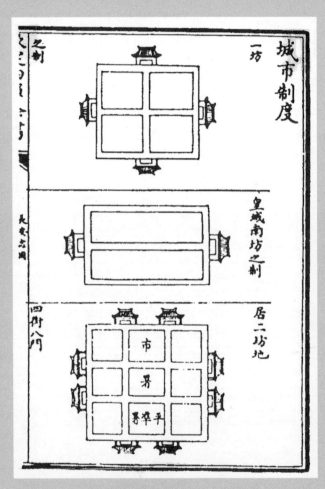

그림 1-11. 당 장안성 방(坊) 계획도

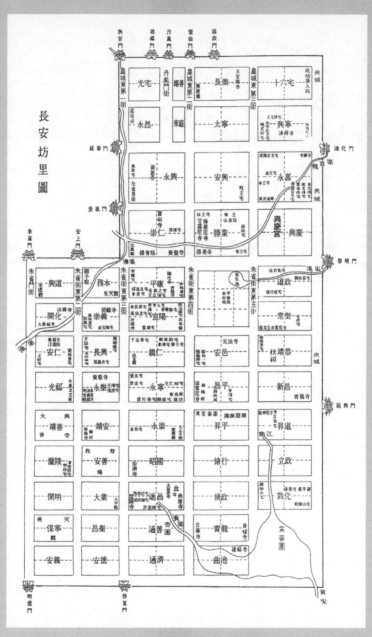

그림 1-12. 당 장안성 리방도(里坊圖)

(葉驍軍 編, 1986,《中國都城歷史圖錄》)

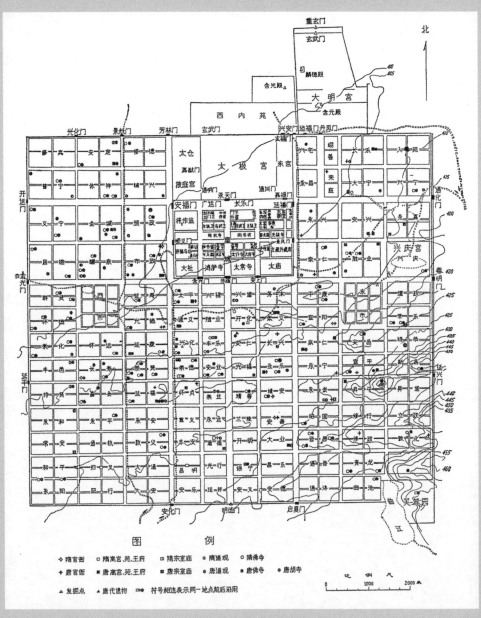

그림 1-13. 당 장안성 복원도

2장
고구려의 대중對中관계와 장안성의 축조

2.1. 고구려 장안성의 축성과정과 천도의 배경

2.1.1. 축성과정

고구려의 도성은 크게 세 차례의 천도에 따라 졸본(卒本) - 국내(國內) - 평양(平壤)으로 변화하였다. 《삼국사기》(三國史記) 고구려본기(高句麗本紀)에 따르면, 고구려는 유리왕(琉璃王) 22년(3)에 국내(國內)로 천도한 뒤에도 환도성(丸都城)과 평양동황성(平壤東黃城) 등으로 잦은 왕실 소재지의 교체를 단행하였으나, 장수왕(長壽王) 15년(427) 평양으로 천도할 때까지 400여 년 동안 국내 지역에 도읍하였던 것으로 파악된다. 국내성이 위치하였던 지금의 집안(集安) 일대에는 국내성(集安縣城)과 환도산성(丸都山城; 山城子山城)이 남아 있는데, 왕성으로 기능한 평지성의 국내성과 방어성 역할을 하던 산성의 환도산성이 하나의 세트를 이루며 조성되었다.1)(〈그림 2-1〉) 이러한 조합은 전기 평양성에도 그대로 이어져 고구려 도성제의 주요한 특성이 되었다.

장수왕대의 평양 천도 뒤에도 고구려 도성은 평원왕(平原王) 28년
(586)에 장안성(長安城)으로 옮겨지는데, 일반적으로 같은 평양 지역
에 위치한 두 도성을 전기 평양성과 후기 평양성으로 구분하여 파악
하고 있다.(〈그림 2-2〉) 현재 전기 평양성은 평지성으로는 안학궁성
(安鶴宮城)과 청암리토성(淸岩里土城) 가운데 하나로, 그리고 산성은
대성산성(大城山城) 일대로 추정된다. 특히 왕성으로 쓰인 평지성의
경우 북한학자들을 중심으로 안학궁성이 비정되고 있으며,2) 안학궁
과 그 일대에 가로구획이 시행되었던 것으로 주장되고 있다.3) 그러
나 안학궁성에서는 대성산성 안에서 출토되는 고식(古式)의 수막새
가 출토되지 않아 고구려 후기에 축조되었을 가능성이 제기되며, 자
료의 부족으로 안학궁 일대의 가로구획 시행에도 의문이 제기되고
있다.4) 반면 청암리토성에서는 고식의 수막새와 국내성과 같은 양
식의 초석(礎石)이 발견되어서 그 축조시기가 상대적으로 올라가기
때문에, 청암리 토성을 전기 평양성으로 비정하는 견해가 제기되고
있다.5) 현재의 자료로서는 안학궁성의 축조시기를 올려보기 힘들

---

1) 三品彰英, 1951, 〈高句麗王都考〉, 《朝鮮學報》 1.
   차용걸, 1993, 〈고구려 전기의 도성〉, 《국사관논총》 48.
2) 채희국, 1964, 〈대성산 일대의 고구려 유적에 관한 연구〉, 《유적발굴보고》 9.
   최희림, 197, 《고구려 평양성》, 과학백과사전출판사.
   민덕식, 1992, 〈고구려 평양성의 축성과정에 관한 연구〉, 《국사관논총》 39.
3) 한인호·리호, 1991, 〈안학궁터 부근의 고구려 리방(里坊)에 대하여〉, 《조선고고
   연구》 1991-4.
4) 東潮·田中俊明, 1995, 《高句麗の歷史と遺蹟》, 中央公論社, 216~219쪽.
5) 關野貞, 1928, 〈高句麗の平壤城及び長安城に就いて〉, 《史學雜誌》 39-1.
   田村晃一, 1985, 〈高句麗の城郭について〉, 《百濟研究》 19.

뿐만 아니라 가로구획의 시행 여부도 명확하지 않다. 그러나 북한학
자들의 주장대로 안학궁의 축조시기가 올라가고 그 일대에 가로구
획이 시행되었다면, 고구려 도성제의 전체적인 모습이 달라지므로
앞으로의 발굴조사를 면밀히 주시할 필요가 있다.6)

한편 평원왕대에 천도한 장안성(長安城)은 현재 평양 시가를 둘러
싸고 있는 이른바 평양성(平壤城)이라는 데는 이견이 없다. 고구려
장안성은 이전의 도성과 달리 평지성과 산성의 구조가 결합되고, 일
반 주민을 보호하는 외성(外城; 羅城)이 갖추어진 대규모 석성(石城)
으로서, 외성 안에는 격자형 도로망에 의한 가로구획이 마련되어 있
었다. 현재는 북성(北城), 내성(內城), 중성(中城), 외성(外城)으로 구
성되어 있으며, 성벽의 총둘레는 23킬로미터, 성내(城內)의 총면적
은 12평방킬로미터에 이른다. 전체적인 지리적 형세는 북쪽으로 산
을 끼고 동·서·남으로 대동강(大同江)과 보통강(普通江)이 둘러
있으며, 북성과 내성은 산지대를 이용하여 쌓아 지대가 높고 외성은
평지로 이루어져 있다. 내성은 궁성으로 이용되었으며 왕궁터는 만
수대 일대나 조선시대 감영지로 추정된다. 북성은 지대가 높은 금수
산 일대의 지형을 이용하여 쌓은 산성인데, 지형조건상 내성 방어에
중요한 역할을 하였던 것으로 이해된다. 외성은 일반 도성민이 거주

杉山信三·少笠原好彦, 1992, 《高句麗の都城遺蹟と古墳―日本都城制の源流を
探る》, 同朋社.

6) 이 글에서 다루는 가로구획 방식의 문제는 방(坊)의 형태와 규모, 도로의 실측치
와 영조척 등을 바탕으로 논의되는 것이므로, 현재로서는 안학궁성이 전기 평양성
이라고 해도 그 구체적인 가로구획 방식을 논의하기는 어려움을 밝혀둔다.((들어
가는 말)의 주 19) 참조)

하는 평지성으로 기능하였다.7)(〈그림 2-3〉, 〈그림 2-4〉)

장안성의 축성배경에 대해서는 지금까지 구체적인 검토가 이루어지지 않았다. 다만 간략한 검토에서 신라의 북상(北上)이 주요 원인으로 거론되었는데, 견고한 외성을 갖춘 신도(新都; 장안성)의 건설은 신라의 비약적인 영역 확장에 대응하기 위해 수도방비체제를 강화한 것으로 파악되었다.8) 그러나 장안성은 신라의 북상과 같은 외부충격에 의해 갑자기 축성되었다고 보기에는 축성기간이 너무 긴데다, 규모와 도성구조 면에서도 납득하기 어려운 면이 많다. 특히 외성 안에 마련된 가로구획은 계획도시로서의 면모를 강하게 나타내고 있다. 이는 장안성의 축성이 양원왕(陽原王) 8년(552) 당시 급격하게 추진된 것이 아니라, 축성 전에 이미 충분한 검토와 준비를 거쳐 진행되었을 가능성을 시사하는 것으로 보인다.

고구려 장안성의 축성 관련 자료를 살펴보면 다음과 같다.

A-1. 장안성(長安城)을 축조하였다.(《삼국사기》 권19, 고구려본기
陽原王 8년)
A-2. 장안성으로 이도(移都)하였다.(《삼국사기》 권19, 고구려본기

---

7) 고구려 장안성의 구조와 여러 사항에 대해서는 다음의 연구성과들을 참고하였다.
채희국, 1965, 〈평양성(장안성)의 축성과정에 대하여〉, 《고고민속》 1965-3.
정찬영, 1966, 〈평양성에 대하여〉, 《고고민속》 1966-2.
최희림, 1978, 앞의 책.
田中俊明, 1984, 〈高句麗長安城の位置と遷都の有無〉, 《史林》 67-4.
민덕식, 1989, 〈고구려의 후기도성〉, 《한국사론》 19, 국사편찬위원회.
────, 2003, 〈고구려 평양성의 도시형태와 설계〉, 《고구려연구》 15.
8) 李成市, 1990, 〈高句麗の日隋外交〉, 《思想》 1990-9.

平原王 28년)

B-1. 기축년 5월9) 28일 처음으로 공사를 시작하였는데, 서쪽으로 향하여 11리 구간은 소형(小兄) 상부약모리(相夫若牟利)가 쌓는다. (제1석)

B-2. 기유년 3월 21일 여기서부터 동쪽으로 향하여 12리 구간은 물구(物苟) 소형 배수백두(俳須百頭)가 맡는다.(제2석)

B-3. 기축년 3월 21일 여기서부터 □쪽으로 내려가면서 2리는 내부(內部) 백두(百頭) 상위사(上位使) 이장(尒丈)이 맡아서 공사한다. (제3석)

B-4. 병술년 12월에 한성(漢城) 하후부(下後部)의 소형 문달(文達)이 여기서부터 서북 방향을 맡는다.(제4석)

B-5. 괘루개절(卦婁盖切) 소형 가군(加群)은 여기서부터 동쪽으로 돌아 위쪽으로 □리 4척을 쌓는다.(제5석)10)

사료 A에서처럼 《삼국사기》 고구려본기에는 양원왕대에 장안성이 축성되었고 평원왕대에 천도하였다는 간략한 기사가 전한다. 이와 함께 장안성 축성 당시의 각자성석(刻字城石) 자료가 전해져, 그 축성과정을 추단할 수 있는 자료로서 주목된다. 사료 B 가운데 〈제2석〉과 〈제3석〉은 장안성의 외성(外城) 남쪽에서 발견되었고, 〈제1석〉은 발견지점이 전하지 않으나 기축(己丑)이라는 간지로 보아 〈제3석〉과 마찬가지로 외성의 한 지점에서 발견된 것으로 짐작된다.

---

9) 3자의 오독일 가능성도 있으므로, 같은 지점에서 발견되었을 것으로 추정되는 '제3석'과 마찬가지로 3월일 가능성도 있다.(민덕식, 1992, 앞의 글, 43쪽)

10) 판독과 석문은 《역주(譯註) 한국고대금석문》에 의거하였다.

〈제4석〉과 〈제5석〉은 내성의 동벽에서 발견되었다. 따라서 현재의 고구려 장안성의 성벽 가운데 어느 것이 고구려시대에 쌓은 성벽인지는 좀 더 신중한 검토가 필요하지만, 내성과 외성의 성벽에서 고구려시대의 성벽 축조 사실을 전하는 각자성석이 발견되었으므로 적어도 내성과 외성은 당대에 축조된 성벽임이 분명하다.[11]

여기서 무엇보다 중요한 문제는 장안성 축성이 시작되고 얼마 뒤에 내성과 외성의 축조가 완료되었는지, 그리고 전체적인 장안성의 완공시기는 언제인지를 살펴보는 것이다. 이는 곧 가로구획의 포치시기와 맞물리기 때문이다.

먼저 사료 A의 양원왕 8년(552) 장안성 축조 기사는 완공이 아닌 시축(始築)으로 보는 것이 일반적이다. 장안성으로 천도는 그보다 35년 뒤인 평원왕 28년(586)에야 단행되므로 양원왕 8년(552)은 시축 연대로 보아도 큰 무리가 없을 것이다.

다음으로 구체적인 내성의 축조시기는 내성 동벽에서 발견된 〈제4석〉의 기년이 병술년으로 확인되므로, 늦어도 평원왕 8년(566)에는 시축된 것으로 짐작된다. 다만 12월이라는 시기상 시축연대보다는 필역(畢役)연대일 가능성도 있으므로,[12] 평원왕 8년(566)에 내성이 완공되었을 가능성도 배제할 수 없다. 장안성의 시축연대로부터 14

---

11) 이와 함께 북성은 궁성을 보호하는 방어적인 성격을 지니며 구조상 내성과 밀접한 관련이 있으므로 내성과 같은 시기에 축조되었을 가능성이 높다. 다만 중성의 경우는 연구자에 따라 고구려시대의 성벽으로 보기도 하고(최희림, 1978, 앞의 책, 27~28쪽), 고려나 조선시대에 개축된 후대의 성벽으로 보기도 하므로(채희국, 1965, 앞의 글, 23쪽), 아직 그 축조시기에 대한 정확한 파악은 어렵다.
12) 민덕식, 1992, 앞의 글, 41~42쪽.

년이 지난 평원왕 8년(566)에 내성이 완공되었다고 보는 것이 자연
스러우나, 그로부터 평원왕 28년(586)의 천도까지 20여 년의 시간이
흐르고 있어 완공시기로만 단정 짓기도 어렵다.

외성의 축조시기에 대해서는 〈제1석〉, 〈제2석〉, 〈제3석〉의 간지
(干支)를 살펴봄으로써 추단할 수 있는데, 먼저 〈제1석〉과 〈제3석〉
의 '기축년'은 평원왕 11년(569)으로 비정되고,[13] 〈제2석〉의 '기유년'
은 평원왕 31년(589)으로 비정된다. 그러나 〈제2석〉과 〈제3석〉은 모
두 외성의 남쪽에서 발견되었으므로, 둘 사이의 시간 차이는 쉽게
납득되지 않는다. 따라서 〈제1석〉, 〈제2석〉, 〈제3석〉의 간지가 모두
기유년일 가능성도 제기되고 있으나,[14] 현재 실물이 전하지 않은 채
석문(釋文)만 전하거나 남아 있는 원석의 판독도 이견이 많으므로
기축년과 기유년 가운데 어느 한 해로 단정 짓기는 쉽지 않다. 여하
튼 고구려 장안성의 외성은 늦어도 평원왕 31년(589)에는 축조되었
을 가능성이 크다.

한편 이들 각자성석 외에도 장안성의 완공일자를 전하는 석각에
관한 기록이 있다.

C. 본성(本城; 장안성)은 42년 만에 완공하였다.(《平壤續志》城池
北城條)

---

13) 葛城末治, 1974, 《朝鮮金石攷》, 127쪽.
  채희국, 1965, 앞의 글, 21쪽.
  정찬영, 1966, 앞의 글, 13쪽.
  최희림, 1978, 앞의 책, 31쪽.
14) 田中俊明, 1985, 〈高句麗長安城城壁石刻の基礎的研究〉, 《史林》 68-4, 119쪽.

이 석각 자료는 조선 숙종 40년(1714)에 시행된 복구공사 때 성 바
닥에서 발견되었다고 하는데, 다른 각자성석과 같은 각석의 일종으
로 생각된다. 이에 따르면 장안성의 완공시기는 양원왕 8년(552)으
로부터 42년 뒤인 영양왕(嬰陽王) 4년(593)임을 알 수 있다.

지금까지 살펴본 것을 종합해 보면, 고구려 장안성은 왕궁을 방
어하는 내성이 먼저 축조되고 그 뒤에 시가지를 두르는 외성이 축
조되었으며, 42년이라는 긴 세월이 걸려 완공되었을 가능성이 크다.
즉 천도가 결정되고 터 설정과 정비가 시작된 뒤 14년 만인 평원왕
8년(566)에 내성 축조가 시작되거나 완성되었으며, 외성의 축조시기
또한 기축년인 평원왕 11년(569)과 기유년인 평원왕 31년(589) 가운
데 어느 시기로 보든 양원왕 8년(552)의 장안성 축조 시작으로부터
일정한 시간이 지났음을 알 수 있다. 42년이라는 축성기간도 마찬가
지다.

이러한 점은 고구려 장안성의 가로구획 포치 시기와 관련하여 시
사하는 바가 크다. 고구려 장안성에는 가로구획에 따라 계획적인 시
가지가 조성되었기 때문에 축조 개시로부터 완공까지 상당한 시간
이 걸렸던 것으로 보이며, 장안성의 초축 단계부터 외성의 구축과
도시건설을 염두에 두었을 가능성이 커 보인다. 성곽의 형태상으로
보아도 초축 당시부터 외성을 구축할 계획을 세웠던 것으로15) 짐작
된다.

이처럼 고구려 장안성의 축조는 일시적인 외부 충격에 의해 급격

---

15) 임기환, 2001, 〈고구려 도성제에 관한 연구〉, 《한국의 도성—도성 조영의 전통》,
    2001 서울학연구소 심포지엄 발표문.

하게 추진된 것이 아니라, 축성 초기부터 일반 거주민을 보호할 외
성의 구축과 계획적인 도시구획을 염두에 두고 오랜 기간에 걸쳐 준
비되었을 가능성이 크다. 그렇다면 이러한 가능성을 천도의 배경과
관련하여 다시 한 번 면밀히 검토해 보자.

2.1.2. 천도의 배경

고구려 장안성은 신라의 북상과 같은 외부충격에 의해 갑자기 추
진되었다고 보기에는 규모와 도성구조 면에서 납득하기 어려운 점
이 많다. 고구려가 대외적 위기의 대응책으로서 장안성 건조를 본격
적으로 추진하였을 수도 있으나, 어쩌면 그 이전부터 새로운 도성
건설을 염두에 두고 사전에 충분한 검토와 준비가 이루어졌을 가능
성도 배제할 수 없다.

이와 관련하여서는 양원왕대의 정치상황에 주목할 필요가 있다.
잘 알려져 있듯이 양원왕대는 왕권의 약화와 귀족세력 끼리의 분열
로 정국의 불안정이 지속되었던 시기로 파악된다.[16] 우선 양원왕의
즉위를 둘러싼 대규모 정쟁에 관한 기사부터 살펴보자.

D-1. 이 해에 고구려에 대란이 일어나서 주살당한 자가 많았다.
[《백제본기》]에 말하였다. 12월의 갑오(甲午)에 고구려의 세군(細群)
과 추군(麤群)이 궁문에서 싸웠다. 북을 치며 싸웠다. 세군이 져서 포

---

16) 이홍직, 1954, 〈일본서기 소재 고구려관계기사〉, 《동방학지》 1·3.
———, 1971, 《한국고대사의 연구》, 신구문화사.

위를 풀지 않은 지 3일이나 되었다. 세군의 자손을 모두 잡아 죽였다. 무술(戊戌)에 박국(狛國; 고구려)의 향강상왕(香岡上王; 安原王)이 홍(薨)하였다고 한다.](《일본서기》 권19, 欽明 6년)

D-2. 이 해에 고구려가 크게 요란하였다. 싸워서 죽은 자가 모두 2천여나 되었다. [《백제본기》에 말하였다. 고구려는 정월(正月) 병오(丙午)에 중부인(中夫人)의 아들을 세워서 왕으로 하였다. 나이 8세였다. 박왕(狛王; 고구려왕 安原王)에 세 부인이 있었다. 정부인에게는 아이가 없었다. 중부인이 세자를 낳았다. 그 사돈집안이 추군(麤群)이다. 소부인(小夫人)도 아들을 낳았다. 그 사돈집안이 세군(細群)이다. 박왕이 병들어, 세군과 추군이 각각 그 부인의 아들을 세우려고 하였다. 그로 인해 세군의 죽은 자가 2천여 명이나 되었다고 한다.](《일본서기》 권19, 欽明 7년)

사료 D-1에서 알 수 있듯이 양원왕은 대규모 무력충돌로 반대세력인 '세군'(細群) 측을 대대적으로 숙청하면서 왕위에 올랐다. 이때 양원왕의 즉위를 도운 정치세력은 '추군'(麤群)으로 명시되어 있다.17) 또한 사료 D-2에서처럼 왕위계승전을 치른 두 왕자가 각각 세자(世子)와 자(子)로 구분되어 있는 것을 보면, 양원왕이 정란(政亂) 이전에 이미 세자로 책봉되었음에도 대규모 정쟁을 거쳐 왕위에 올랐음을 알 수 있다. 이를 통해 당시 고구려 왕권의 추락 정도와 귀족세력의 성장에 따른 정치변동을 짐작할 수 있다.

---

17) 《일본서기》에서는 '추군'(麤群)과 '세군'(細群)을 모두 외척세력으로 표기하고 있으나, 2천 명이 희생될 정도로 대규모의 정쟁이 일어난 것을 보면 상당수의 귀족세력들이 정쟁에 참가하였음을 알 수 있다.

이처럼 양원왕대의 국내 정세를 살펴보면 신도(新都)의 건설과 같은 대규모 국가적 사업을 추진하기 어려운 상황이었다. 그럼에도 대규모 신도 건설이 추진되었다는 사실은 선뜻 납득하기 어렵다.

그런데 대규모 반대세력을 숙청함으로써 즉위한 양원왕은 즉위 초반부터 귀족들의 분열을 통합하여 정치적인 안정을 이루려고 노력하였던 것으로 보인다.

E-1. 왕도(王都)의 배나무 가지가 맞닿아 이어졌다.(《삼국사기》 권 19, 고구려본기 양원왕 2년)

E-2. 환도(丸都)에서 가화(嘉禾)를 바쳤다.(《삼국사기》 권19, 고구려본기 양원왕 4년)

E-3. 환도성의 간주리(干朱理)가 모반하여 복주(伏誅)되었다.(《삼국사기》 권19, 고구려본기 양원왕 13년)

사료 E-2에 보이는 양원왕 4년(548)에 환도(丸都)에서 가화(嘉禾)를 바쳤다는 기사는 그러한 결과의 하나로 생각된다. 여기서 가화란 벼 한 포기에 2개 이상의 이삭이 패는 현상을 말하는 것으로, 농업생산과 관련하여 왕자(王者)의 성덕을 나타내는 상서(祥瑞)로 인식되는 것이 일반적이다. 그런데 《삼국사기》에 나타나는 몇 가지 예를 살펴보면 가화의 진상은 복속의례의 의미를 담고 있으므로,[18] 사료 E-2 역시 환도 지역의 귀족세력들이 양원왕에게 복속하였음을 나타

---

18) 《三國史記》 권2, 新羅本紀 伐休尼師今 3년, 助賁尼師今 13년, 儒禮尼師今 11년, 訥祗王 36년.

내는 것으로 해석된다.19) 이보다 앞선 사료 E-1의 양원왕 2년(546)
왕도(王都)의 배나무 가지가 맞닿아 이어졌다는 기사도, 왕자의 성
덕이 순합하여 팔방(八方)이 하나로 모일 때 나타난다는 중국 서상
설(瑞祥說)의 '목련리'(木連理)로 보이므로, 양원왕이 대규모 정쟁을
거쳐 왕위에 오른 것을 감안할 때 단순한 이변 기사로 보기는 힘들
고, 양원왕 즉위 때의 정란이 어느 정도 수습되었음을 상징하는 것
으로 해석된다.20)

이처럼 양원왕이 즉위 초반에 정치적인 안정을 이루려고 노력하
였고, 이로 인해 일시적이나마 국내 정세가 안정되었다면, 외성의
축조와 도시건설을 염두에 둔 장안성으로 천도 또한 사전에 계획되
었을 가능성도 있지 않았을까 한다. 단언할 수는 없으나 2천 명이라
는 대규모 반대세력을 숙청하면서 즉위한 양원왕이 즉위 때의 혼란
을 수습하고 자신의 즉위를 도운 추군계(麤群系)를 중심으로 중앙귀
족세력을 재편하기 위해 장안성으로 천도를 꾀하였을 가능성도 배
제할 수 없다.

이와 관련해서는 양원왕 즉위 때의 반대세력이었던 세군계(細群
系)를 구도(舊都)인 국내성을 기반으로 하는 국내계(國內系) 귀족세
력으로, 이들과 대립되는 추군계를 평양을 지역 기반으로 하는 신진
귀족세력으로 상정한 견해가 있어 주목된다.21) 양원왕이 자신의 즉
위를 반대한 세군측을 대대적으로 숙청하면서 즉위하였고, 즉위 초

---

19) 임기환, 1992, 〈6·7세기 고구려 정치세력의 동향〉, 《한국고대사연구》 5, 8쪽.
20) 민철희, 2002, 〈고구려 양원왕·평원왕대의 정국변화〉, 《사학지》 35, 67~68쪽.
21) 임기환, 1992, 앞의 글.

반 일시적이나마 정국안정을 이룬 것을 고려할 때, 자신의 친위세력인 추군계를 중심으로 정계를 개편하려고 노력하였을 것은 짐작하기 어렵지 않다. 어쩌면 장안성으로 천도는 그러한 의도로 진행된 일종의 정국전환용이 아닌가 싶다. 실제로도 장안성으로 천도하는 평원왕대에는, 이전의 전통적인 구귀족세력들과 구분되는 신진정치세력들이 대거 등장한다.[22] 따라서 양원왕·평원왕대에 진행된 중앙정치세력의 재편과 장안성으로 천도가 어떠한 연관성을 지니는지 면밀히 검토할 필요가 있을 것으로 생각한다.

그러나 양원왕 초반에 일시적인 정국안정이 이루어지고 장안성으로 천도가 계획되었다고 하여도, 그것이 양원왕 자신에 의해 적극적으로 추진된 것인지, 아니면 양원왕의 즉위에 공헌한 추군측이 주도한 것인지는 확실하지 않다. 또한 양원왕의 즉위과정에서 귀족세력이 상당히 성장한 것은 분명하기 때문에, 이후 집권 귀족들 사이에 또다시 권력다툼이 일어날 요소는 내재하였고, 이러한 요소는 결국 양원왕 말년 환도성 간주리(干朱理)의 반란으로 표출되었다고 생각한다. 사료 E-3에서처럼 양원왕 13년(557)에 환도에서 간주리의 반란이 일어난 사실은 양원왕 말년에 심각한 정치혼란이 있었음을 나타낸다.[23]

이러한 사실은 장안성의 초축시기와 내성 축조시기 사이의 시간

---

22) 임기환은 평원왕대 이후 등장하는 신진정치세력으로서 왕고덕(王高德), 온달, 을지문덕 등을 들고 있다.

23) 이때 반란을 일으킨 환도성의 간주리 세력은 양원왕의 즉위시 반대세력이었던 '세군' 측과 동일한 세력이었을 가능성이 높다.

적인 공백을 쉽게 설명해 준다. 즉 장안성은 아무리 빠르게 잡아도 시작된 지 거의 14년 만에야 내성의 축조가 완성되었다. 성 자리를 정비하고 인원 징발과 같은 모든 준비사업을 진행하는 데 걸린 시간 이라고 보기에는 너무 긴 기간임을 알 수 있다. 천도 전 왕궁만을 먼저 축성하였다고 보기에도 쉽게 납득하기 어려운 기간이다. 따라 서 신도(新都) 건설을 결정하고도 양원왕 말기에 야기된 정국 혼란 으로 평원왕대에 이르러서야 내성이 축조되었던 것으로 보인다.

이처럼 고구려 장안성의 본격적인 축성사업은 평원왕대에 이르러 추진된 것으로 보이는데, 평원왕대는 양원왕 말년의 정국 혼란과 달 리 안정적인 정국운영이 이루어진 것으로 확인된다.[24]

F-1. 왕은 졸본(卒本)으로 행차하여 시조묘(始祖廟)에 제사를 지냈 다. 3월에 왕이 졸본으로부터 환도하는데, 지나치는 주(州), 군(郡)의 죄수들 가운데 사형수를 제외하고는 다 석방하였다.(《삼국사기》 권19, 고구려본기 평원왕 2년)

F-2. 왕은 패하원(浿河原)에서 사냥을 하다가 50일 만에 돌아왔 다.(《삼국사기》 권19, 고구려본기 평원왕 13년)

F-3. 왕은 영을 내려 급하지 않은 일은 덜도록 하고, 사자를 군·읍

24) 평원왕대에 이루어진 정국안정에 대해서는 일반적으로 귀족연립체제가 성립됨으 로써 귀족들의 합의에 의해 대대로(大對盧)를 교대로 선출하여 정치세력간의 균형 이 이루어졌기 때문으로 파악하고 있으나(노태돈, 1984, 〈5~6세기 동아세아의 국 제정세와 고구려의 대외관계〉, 《동방학지》 44; 1999, 《고구려사연구》, 사계절), 이 와는 달리 왕권의 강화라는 측면에서 해석하는 견해도 있다.(민철희, 2002, 앞의 글) 그러나 어느 쪽의 견해든 평원왕대에 이루어진 정국 안정에 대해서는 의견의 일치를 보인다.

에 보내어 농업과 양잠을 권하였다.(《삼국사기》 권19, 고구려본기 평
원왕 25년)

사료 F-1에 보이는 평원왕 2년(560)의 시조묘 제사에 관한 기사는
당시 정치기반의 안정을 도모했던 정치적 절차로 생각된다. 특히 대
사면은 양원왕 말년의 간주리 반란에 가담했던 환도 지역 귀족세력
들에 대한 일종의 정치적 사면으로 해석된다. 평원왕은 이를 통해
환도의 귀족들과 정치적인 타협을 모색하였을 것이다.25) 또한 사료
F-2에 보이는 평원왕 13년(571)의 패하(浿河) 벌판에서 50일 동안
행해졌다는 사냥에 관한 기사는 단순한 사냥 기사가 아니라 당시 평
원왕이 군사권을 장악하였을 가능성을 나타내는 것으로 보인다.26)
그동안 발생하였던 정치혼란의 형태가 귀족들의 무력충돌이었음을
고려할 때, 평원왕의 군사권 장악은 곧 정치세력의 분열에 따른 혼
란의 종식과 추락했던 왕권이 다시 안정되었음을 의미하는 것이라
할 수 있다.27) 이와 함께 사료 F-3의 평원왕 25년(583) 각 군·읍에
사자를 파견하여 농업과 양잠을 장려하였다는 기사도, 내외의 전란
에 지친 백성을 위로함과 동시에 통치권 확립을 과시하기 위한 조치
로 보인다. 이는 신라 및 돌궐과 벌인 전쟁과 귀족들 사이의 정쟁으
로 황폐화된 농업 생산력을 회복시키고, 농토로부터 유리된 백성을

---

25) 임기환, 1992, 앞의 글, 28쪽.
26) 고대사회에서 사냥은 단순한 사냥이 아니라 사냥지역의 순무(巡撫)와 군사훈련을
    겸하고 있었으므로(김영하, 1985, 〈고구려의 순수제(巡狩制)〉, 《역사학보》 106, 27~
    35쪽), 당시 평원왕이 군사권을 장악하였을 가능성이 컸다고 생각한다.
27) 민철희, 2002, 앞의 글, 81~82쪽.

안정시키며 지방 통제력을 강화하기 위한 복합적인 이유에서 이루어진 것으로 보인다.

이러한 평원왕대의 대내외적인 정국안정은 장안성 축성공사를 안정되게 추진하는 밑바탕이 되었을 것이다. 구체적인 관련 사료가 없어 자세한 사항을 확인할 수는 없으나, 평원왕대에 장안성의 내성과 외성이 축조된 것은 이때에 정국안정이 이루어지고 내외통치권이 확립되었기 때문에 가능했던 일이라 생각한다.

한편 장안성 축성이 시작될 무렵 고구려는 대외적으로 적지 않은 시련에 부딪혔다. 그 동안 신라의 북상이 장안성 천도의 주요 배경으로 논의된 것도 그러한 이유에서였다. 사실 장안성 초축시기가 신라의 북상 직후에 해당되며, 또 돌궐의 공세를 염두에 두고서 그 이전부터 방비체제를 강화하던 시기였기 때문에, 신라와 돌궐과 같은 외부 세력의 위협이 새로운 수도 건설을 촉구하였을 개연성은 충분히 높다고 하겠다. 고구려 장안성은 평지성과 산성이 조합되었던 전기 평양성에 비해, 평지성과 산성의 이점이 결합되고, 견고한 외성이 축조되는 등 수도방비체제가 더욱 강화되었기 때문이다.

G-1. 이 해에 백제의 성명왕(聖明王)이 친히 자국과 2국[2국은 신라와 任那를 말한다]의 병사를 거느리고 고구려를 공격해 한성(漢城)을 되찾았다. 또 진군하여 평양(남평양)을 쳤다. 모두 6군의 땅을 회복하였다.(《일본서기》 권19, 欽明 12년)

G-2. 왕은 거칠부(居柒夫) 등에게 명하여 고구려를 쳤는데, 그는 이런 기회를 틈타 10군을 공취하였다.(《삼국사기》 권4, 신라본기 진흥왕 12년)

G-3. 백제의 동북변을 공취하고 신주(新州)를 설치하여 아찬(阿湌) 무력(武力)을 그 군주(軍主)로 삼았다.(《삼국사기》 권4, 신라본기 진흥왕 14년)

G-4. 왕은 북한산에 행차하여 강역을 개척하였다.(《삼국사기》 권4, 신라본기 진흥왕 16년)

G-5. 비열홀주(比列忽州)를 설치하고 사찬(沙湌) 성종(成宗)을 그 군주로 삼았다.(《삼국사기》 권4, 신라본기 진흥왕 17년)

사료 G-1과 G-2를 보면 양원왕 7년(551)에 신라와 백제의 동맹군이 각각 한강 하류 방면과 중상류 방면으로 연합하여 고구려를 공략함으로써, 백제는 한성·평양(남평양)을 포함한 6개군 지역을, 신라는 죽령(竹嶺) 이북 고현(高峴) 이남의 10개군 지역을 점령하였음을 알 수 있다.[28] 그 뒤 신라는 사료 G-3에서처럼 백제가 차지한 한강 하류 유역을 공취하고 신주(新州)를 설치하였다. 백제의 6군을 아우르고 설치한 신주는 강안의 남북 일대에 위치하였을 것으로 생각되며, 이로부터 북 또는 남서지방으로 전진과 후퇴를 반복하였던 과정이 진흥왕대의 잦은 주(州)의 치폐(置廢)와 관련이 있어 보인다.[29] 이에 대해 단순히 주의 치소를 옮긴 데 지나지 않는 것으로 보는 견

---

28) 6군과 10군의 위치는 정확히 알 수 없으나 6군은 현재의 서울을 포함한 지역으로 대략 수원·여주 이북에서 임진강 이남지역으로 추정되고, 10군은 고현이 철령으로 비정되므로 대략 충주·제천 일대에서 철원까지의 지역으로 추정된다.(이도학, 1987, 〈신라의 북진경략(北進經略)에 관한 신고찰〉, 《경주사학》 6, 33~35쪽)

29) 신라는 이후 신주를 557년에 폐하고 북한산주를 설치하였으며, 568년에는 북한산주를 폐하고 남천주를 설치하였다가, 604년에는 남천주를 폐하고 다시 북한산주를 설치하였다.

해도 있으나, 당시의 주가 행정구역적 성격이라기보다는 군사기지로
서의 성격이 강한 것을 고려할 때, 진흥왕대의 잦은 주의 치폐는 곧
고구려와의 군사적 대치 상황과 밀접한 관련이 있어 보인다.

한강 유역의 신주 설치 이후, 신라는 사료 G-4에서처럼 진흥왕이
친히 북한산에 순행(巡行)하여 강역을 확정 짓는다. 이때 북한산비도
세워진 듯한데,30) 북한산비의 내용 가운데 보이는 '충신정성'(忠信精
誠)이나 '패주'(覇主) 등의 구절로 미루어, 진흥왕은 왕도정치를 표방
하면서도 아울러 패도정치를 강조함으로써 강한 북진(北進) 의욕을
드러낸 것으로 보인다.31) 그 결과 북한산비가 건립된 다음 해에는
사료 G-5에서처럼 비열홀주가 설치된다. 비열홀주는 본래 고구려의
비열홀군으로서32) 오늘날의 함경남도 안변(安邊) 지역으로 비정되
므로, 신라의 영토확장이 그만큼 동북방으로 확장되어 고구려의 영
역 깊숙이 들어갔음을 알 수 있다. 진흥왕 29년(568)에는 비열홀주
지역에 마운령비(磨雲嶺碑)와 황초령비(黃草嶺碑)가 건립된다.

그런데 이처럼 남쪽으로 신라의 위협이 거세질 무렵 고구려 서북
방면의 대외적인 위기 또한 고조되었다. 잘 알다시피 5세기 이래 동
아시아의 국제정세는 북중국의 북위(北魏)와 남조의 송(宋), 그리고
유목국가인 유연(柔然)과 더불어 동북아의 고구려가 다원적인 세력

---

30) 〈북한산비〉의 건립연대를 〈마운령비〉와 〈황초령비〉의 건립과 같은 568년으로 보
　는 견해도 있으나(노중국, 1992, 〈북한산 진흥왕순수비〉, 《역주 한국고대금석문》),
　진흥왕이 북한산을 순수하여 강역을 확정지었던 555년에 건립된 것으로 보는 것이
　타당할 것이다.
31) 노용필, 1996, 《신라진흥왕순수비연구》, 일조각, 50~55쪽.
32) 《三國史記》 권35, 地理志 2.

균형 상태를 이루고 있었다. 그러나 6세기 전반에 들어서 북위가 동위(東魏)와 서위(西魏)로 분열되고, 6세기 중엽에는 고구려 서북 방면에서 돌궐의 세력이 강화된다.

H-1. 백암성(白巖城)을 개축하고 신성(新城)을 수리하였다.(《삼국사기》 권19, 고구려본기 양원왕 3년)

H-2. 돌궐(突厥)이 신성으로 침입하여 이를 포위하였으나 이기지 못하고, 백암성으로 옮겨 공격하므로, 왕은 장군 고흘(高紇)을 파견하니 그는 군사 1만 명을 거느리고 막아 싸워 이기고 1천여 명을 참살하였다.(《삼국사기》 권19, 고구려본기 양원왕 7년)

사료 H를 보면 양원왕 3년(547)에 고구려는 돌궐이 강화된 것과 관련하여 서북방 방어의 중요거점인 신성(新城)과 백암성(白巖城)을 수리 개축하였음을 알 수 있다. 당시 고구려는 외교를 통해 동위와 우호관계를 유지하였고, 전쟁은 대백제·신라전에 치중하였으므로, 두 성의 수리와 개축은 서북방면에 다가올 어떠한 변동에 대비하기 위한 조처라고 생각한다. 그 시기 중국 대륙에서는 고구려와 우호관계에 있던 동위가 쇠퇴하면서 북제(北齊)가 등장하였고, 변방지역에서는 돌궐이 급속도로 성장하고 있었다. 고구려는 동위와 북제에 지속적으로 사신을 파견하고 있었으므로, 이러한 중국의 정세와 주변 민족들의 움직임을 간파하고 있었을 것이다.[33]

실제로 양원왕 7년(551)에 신라와 백제의 동맹군이 한강 유역을

33) 민철희, 2002, 앞의 글, 73쪽.

공취하였을 때, 돌궐은 고구려의 신성과 백암성을 공격하였다. 당시 돌궐의 내침(來侵) 사실을 신빙성이 없다고 보는 견해도 있으나,[34] 돌궐이 이미 안원왕 12년(542)에 중국의 변경을 침략할 정도로 일단의 세력을 이루었고, 고구려 공략 이듬해인 양원왕 8년(552)에 유연을 격파하는 것을 보면, 대규모의 병력은 아니더라도 돌궐의 신성·백암성 공격은 납득할 만한 사실로 여겨진다.[35]

이처럼 6세기 중엽 무렵에 고구려는 북쪽으로는 돌궐의 침입을, 남쪽으로는 신라의 급격한 북상을 당했다. 앞서 살펴보았듯이 장안성 초축 단계에서부터 이미 외성의 축조와 도시건설을 염두에 두었을 가능성이 큰 것을 고려하면, 장안성으로 천도는 양원왕 8년(552)의 시축 이전에 이미 충분한 검토와 논의가 이루어졌을 것으로 짐작되지만, 양원왕 7년(551) 이후의 급격한 신라의 북상과 돌궐의 세력 확장 또한 수도방비체제 강화의 필요에 따른 신도 건설을 촉구하였을 것이다.

그러나 새로운 도성 건설을 촉구하였던 신라와 돌궐의 위협은 심각한 상황으로 진전될 정도로 지속적이지는 않았다.

    I. 북한산주(北漢山州)를 폐하고 남천주(南川州)를 설치하였다. 또 비열홀주(比列忽州)를 폐하고 달홀주(達忽州)를 설치하였다.(《삼국사기》 권4, 신라본기 진흥왕 29년)

---

34) 노태돈, 1984, 앞의 글, 400쪽.
35) 護牙夫, 1967, 〈突厥第一帝國におけるqaan號の研究〉, 《古代トルコ民族史研究》, 284～293쪽.

먼저 신라는 사료 I에서처럼 진흥왕 29년(568)에 비열홀주(比列忽
州)를 폐하고 강원도 고성으로 비정되는 달홀주(達忽州)를 설치하는
데, 이는 고구려의 반격으로 신라가 함경남도 지역에서 얼마 안 가
물러났음을 의미하는 것으로 보인다.36) 이 해는 진흥왕이 황초령과
마운령을 순수(巡狩)하였던 시기와 일치하므로, 진흥왕의 순수 이후
신라는 곧 주(州)의 치소를 이동하고 함경남도 지역에서 한 걸음 후
퇴하여 재정비를 시도한 것으로 보인다. 마운령과 황초령 일대는 함
흥 북쪽으로서 개마고원의 동쪽 사면이다. 이곳에 이르는 길은 바다
와 개마고원 사이에 있는 좁은 회랑지대를 거쳐야 하며, 남쪽에서
치고 올라가 차지하더라도 방어하기가 쉽지 않은 곳이다. 더구나 이
일대는 2세기 이래 고구려에 복속되었던 예인(濊人)들의 주된 거주
지였다. 예인들은 고구려의 남하에 동원되어 신라의 왕도 부근까지
남하할 만큼 비교적 넓은 활동범위를 보여주던 세력이었다.37) 따라
서 이 지역의 탈환을 꾀하였던 고구려와 토착 예인들의 반격이 만만
치 않았을 것으로 추정된다.

또한 같은 해에 한강 유역에서는 북한산주를 폐하고 이천(利川)으
로 비정되는 남천주(南川州)를 설치하였으므로, 신라의 주(州) 치소
가 전반적으로 남쪽으로 후퇴하는 양상을 보임을 알 수 있다. 이처
럼 신라의 주 치소가 남쪽으로 이동한 것은 당시 고구려의 적극적인

---

36) 사회과학원역사연구소, 1979, 《조선전사》 3, 200쪽.
37) 박진욱, 1978, 〈백제·신라에 이웃하였던 말갈에 대하여〉, 《력사과학》 1978-3, 28~
    29쪽.
    서영일, 2000, 〈중원고구려비에 나타난 고구려 성과 관방(關防) 체계〉, 《고구려연
    구》 10, 497쪽.

반격으로 신라의 군대가 후방으로 후퇴하였기 때문으로 보인다.[38] 물론 여기에는 관산성(管山城) 전투 이후 신라와 백제의 상쟁이 치열해졌기 때문에 고구려의 남부 국경이 상대적으로 안정될 수 있었던 요인도 고려되어야 할 것이다.

이와 함께 서북방의 정세 불안도 점차 진정되어 갔다. 먼저 고구려는 돌궐의 침공을 격파하고 일단 그 팽창세를 저지하였다. 당시 대륙에서는 돌궐의 세력이 북중국을 압박하는 형세가 펼쳐지고 있었고, 북제(北齊)와 북주(北周)는 돌궐의 공세를 완화하고 일면 그 세력을 자국에 유리하게 이용하기 위해 경쟁적으로 돌궐과 화친하며 물자를 공급하는 양상을 보이고 있었다.[39] 그러나 돌궐은 북중국을 석권할 만큼 성장하지는 못하였기 때문에, 5세기 이래 세력균형을 이루었던 국제정세에 근본적인 변화는 야기되지 않았다.[40]

이처럼 수도방비체제의 강화를 촉구하였던 돌궐의 위협과 신라의 급격한 북상은 점차 진정 국면으로 들어서게 되었고, 이러한 대외상황의 호전은 곧 양원왕 이래의 정치혼란을 안정시킬 수 있는 외적 여건이 되어, 고구려의 내분도 평원왕의 즉위 이후 점차 수습되어 간 것으로 보인다.

---

38) 이와 함께 551년 한강 유역의 상실 이후 고구려가 이를 탈환하기 위해 적극적으로 나서기보다는 신라와 화평관계를 맺어 신라의 북진을 무마하려 했다는 견해가 있다.(노태돈, 1976, 〈고구려의 한수(漢水)유역 상실의 원인에 대하여〉, 《한국사연구》 13) 이 견해에서는 568년 진흥왕의 〈황초령비〉와 〈마운령비〉의 건립도 고구려의 용인 아래 신라가 자신의 영토임을 공인한 이후 곧 고구려를 향해 배치한 최전방 군사기지를 후방으로 옮긴 것으로 파악하고 있다.

39) 《隋書》 권84, 突厥傳.

40) 노태돈, 1999, 앞의 책, 251쪽.

이러한 대내외적인 안정을 기반으로 평원왕대에 이르러 장안성의 축성 또한 본격적으로 추진되었을 것이다. 내·외성의 축조와 궁궐·관청 등의 건설, 그리고 질서정연한 도로망을 갖춘 도시건설 사업, 그리고 전기 평양성을 포괄하는 도성 규모의 확대 등이 단계적으로 시행된 것으로 보인다.

한편 완공 전에 단행된 장안성 천도는 수나라 출현 이후 진행된 동아시아의 정세 변화와 관련된 것으로 파악된다. 즉 평원왕 23년(581)에 건국된 수나라는 이듬해에 유성(柳城; 營州) 일대에 군림하던 고보녕(高寶寧)을 토벌하고, 평원왕 25년(583)에는 돌궐의 내부 분쟁을 이용하여 그들을 격파하였다. 평원왕 28년(586)에는 당항(堂項)과 토욕혼(吐谷渾)을 투항시켰으며, 그 이듬해에는 후량(後梁)을 멸망시킴으로써 중원 대륙의 북부지역을 통합하였다. 이 같은 수나라 건국 이후 진행된 중국 북부지역의 통합은 곧 기존의 국제정세에 근본적인 변화를 일으키는 것이었고, 동북아의 패자인 고구려의 존재를 심각하게 위협하는 것이었다.

J-1. 사신을 수(隋)에 파견하여 조공하니 수 고조(高祖)는 왕에게 대장군요동군공(大將軍遼東郡公)의 벼슬을 주었다.(《삼국사기》 권19, 고구려본기 평원왕 23년)

J-2. 사신을 수에 파견하여 조공하였다. 수 문제(文帝)는 사신들을 대흥전(大興殿)으로 불러 잔치를 베풀었다.(《삼국사기》 권19, 고구려본기 평원왕 26년)

J-3. 사신을 진(陳)에 파견하여 조공하였다.(《삼국사기》 권19, 고구려본기 평원왕 27년)

J-4. 왕은 진(陳)이 망하였다는 말을 듣고 크게 두려워하여 군사를 정비하고 곡식을 저축하며 수(隋)의 공격을 막을 대책을 강구하였다. 수 고조(高祖)는 왕에게 글을 보내 책망하기를 '고구려가 비록 번국(藩國)이라 칭하면서도 성의를 다하지 않는다'고 하였다.(《삼국사기》 권19, 고구려본기 평원왕 32년)

이에 사료 J-1에서처럼 고구려는 평원왕 23년(581)에 수나라가 건국되자 바로 사신을 파견하여 조공하였고, 이후 평원왕 26년(584)까지 매년 2, 3회씩 사절을 수나라에 파견하였다.[41] 고구려는 우선 수나라와 우호적인 관계를 유지하며, 그 등장에 따른 국제정세를 관망하였던 것으로 보인다. 또한 사료 J-2에서는 평원왕 26년(584)에 수 문제(文帝)가 고구려 사신을 대흥전(大興殿)에서 융숭히 대접한 것을 알 수 있다. 수가 고보녕(高寶寧) 세력을 토벌한 뒤 요서지역으로 진출하리라는 것은 예상하기 어려운 일이 아니었으나, 당시 고구려의 수나라 정책은 수나라와 관계를 원만히 유지하는 방향으로 진행되었던 것 같다.[42] 고구려의 입장에서 볼 때 당시로서는 수나라와 대결하지 않고 양국 관계를 안정되게 유지하는 것이 최선으로 인식되었을 것이다.

그러나 고구려는 여러 차례 수나라에 조공 사절을 파견하며 외교적인 노력을 기울이면서도 앞으로 닥칠지 모를 수나라와 대결에 대

---

41) 《三國史記》 권19, 高句麗本紀 平原王 24·25·26년.
42) 이는 수(隋)에 의해 돌궐이 대파되어 분열됨에 따라 고구려의 서북 국경이 일시적이나마 안정될 수 있었고, 수나라도 아직 진(陳)을 멸하지 않은 때이므로 고구려와 직접적인 대결은 피하고 있었기 때문이라 생각한다.

비하여 방비책을 마련하고 있었다. 사료 J-3에서처럼 고구려는 평
원왕 27년(585)에 남조(南朝)의 진(陳)에 사신을 보내어 수나라를 견
제하였고, 이듬해인 평원왕 28년(586)에는 장안성이 완공되기 전인
데도 천도를 단행하였다. 수나라의 팽창의도에 대비하기 위해 방위
체제가 강화된 장안성으로 천도를 서두름으로써 수나라에 대한 방
비책을 모색하였던 것이다. 실제 사료 J-4에서처럼 수나라는 진을
멸망시킨 이후 고구려에 보낸 조서에서 침공의 가능성까지 거론하
고 있어,[43) 당시 고구려가 수나라로부터 받고 있던 압력의 정도가
심각하였음을 알 수 있다. 이는 고구려가 진의 멸망 이후 수나라에
서 눈치 챌 정도로 병사를 정돈하고 곡식을 축적하는 등 거수지책
(拒守之策)을 마련하고 있었다는 사실로도 분명하다.

　이러한 일련의 과정을 살펴볼 때 신도(新都)가 완전히 완공되기
전에 서둘러 단행한 장안성 천도는 수나라의 세력확장에 대비한 방
비책의 일환으로써 추진된 것이었음을 알 수 있다. 이와 함께 수나
라에 의해 진이 멸망하고 수나라의 요서 진출이 본격화되면서 장안
성의 마무리 공사 또한 영양왕 4년(593)에는 완료되었을 것으로 생
각한다.

　이상에서 고구려 장안성의 축성과정과 천도의 배경에 대해서 살
펴보았다. 고구려 장안성은 축조 개시로부터 내성과 외성의 완공에
이르기까지 상당한 시간이 소요되었다. 여기에는 신라의 북상과 돌
궐의 발흥, 그리고 수나라의 출현과 같은 대외적인 요소도 작용하였

---

43) 《隋書》 권81, 高麗傳.

으나, 이와 함께 장안성의 규모 자체가 중국 도성과 비견될 정도로 대규모로 확대되면서 질서정연한 도로망을 갖춘 가로구획이 마련되었던 측면이 고려되어야 할 것이다. 또한 양원왕대에 정국안정 도모와 새로운 정치기반의 마련을 위해 충분한 검토와 준비를 거쳐 장안성 축성이 추진되었을 가능성도 간과해서는 안 될 것이다.

2.2. 고구려 장안성의 도성계획

2.2.1. 방의 형태와 규모 및 분할방식

고구려 장안성의 방(坊)의 형태와 규모에 대해서는 조선 후기의 문헌자료에서 그 면모를 파악할 수 있다.

> K. 정미(丁未; 宣祖 40) 가을에…… 평양에 도착하여 처음으로 기전유제(箕田遺制)를 보았다. 천맥(阡陌)이 모두 정연하게 남아 있어 파괴되지 않았다.…… 그 가운데 함구문(含毬門)과 정양문(正陽門) 사이의 구획이 가장 분명하였다. 그 제도는 모두 전자형(田字形)을 이루었고, 전(田)에는 4구(區)가 있고, 각 구는 모두 70무(畝)이다. 대로(大路)의 안에서 가로로 보아도 4전8구이고, 세로로 보아도 역시 4전8구이다.(韓百謙, 《久菴遺稿》上, 箕田遺制說)

비록 조선시대에는 고구려 장안성의 가로구획 유적이 기자(箕子)의 정전유제(井田遺制)로 파악되었으나,[44] 한백겸(韓百謙)은 선조

(宣祖) 40년(1607)에 이 유적을 직접 조사하여 비교적 상세한 기록을 남겼다. 그는 전자형(田字形)의 구획(坊)이 4구(區)로 이루어져 있다고 하면서, 방을 전(田)으로, 1개의 방을 4등분한 소구획을 구(區)라고 표기하고 있다. 또한 16개의 전(田; 坊) 즉 64구가 하나의 큰 구획을 이루고 있는 것으로 파악하였다. 이와 함께 각 방과 도로의 배치 등을 상세히 파악할 수 있는 〈기전도〉(箕田圖)를 남겨 놓았는데, 이 〈기전도〉에 그려진 방의 형태를 보면 동서로 긴 장방형의 방을 확인할 수 있으나, 또 다른 자료인 《기자지》(箕子志; 1879)[45]의 〈정전도〉(井田圖)에는 정방형으로 그려져 있어 면밀한 검토가 필요하다.(〈그림 2-5〉, 〈그림 2-6〉, 〈그림 2-7〉)

한편 20세기 초에 들어서 일본인 학자 세키노 다다시(關野貞)에 의해 이 유제(遺制)가 고구려의 도시유적이라는 것이 밝혀졌고, 전자형 구획(坊)의 규모 또한 더욱 정확히 계측되었다.[46] 그는 외성(外城) 안에 남아 있던 도로의 네 귀퉁이에 세워진 석표(石標; 法樹)의 간격을 실측하여, 이를 바탕으로 1방의 길이가 양쪽 도로폭을 포함하면 고구려척으로 600자(약 213.6m)이며, 도로의 폭을 제외하면 500자(약 178.19m)임을 확인하였다.[47]

이와 함께 1950년대에 나온 북한의 또 다른 도로 실측치까지 확인

44) 《高麗史》 地理志 平壤府條. "古城基二 一箕子時所築 城內劃區用井田制 一高麗成宗時所築".
　　《新增東國輿地勝覽》 平壤府 古跡條. "井田在外城內 箕子區劃 井田遺跡宛然".
45) 《平壤續志》 古蹟條 인용본.
46) 關野貞, 1928, 앞의 글.
47) 세키노 다다시(關野貞)는 1자[尺]를 0.356미터로 산정하고 계측하였다.

되면서, 조선시대의 문헌자료와 북한의 실측자료를 바탕으로 고구려 장안성의 방의 형태와 규모에 대해 다양한 견해가 펼쳐졌다.

먼저 최희림은 한백겸의 〈기전도〉를 바탕으로 방의 동서와 남북의 비례가 10 대 7로 구획된 것으로 보면서 1구(1개의 방을 4등분한 소구획)의 동서 폭을 120미터, 남북 길이를 84미터로 보았다.[48] 이는 현재의 중성벽(中城壁)에서부터 외성 안의 동서대로까지의 실측치를 먼저 구한 다음, 이 구간에 들어가 있는 방과 도로의 개수를 〈기전도〉에서 확인하여 산출한 것이다. 즉 〈기전도〉에 따르면 이 구간에 4개의 방(8개의 區)과 함께 중로(中路) 3조(條), 소로(小路) 4조가 배치되어 있으므로, 구간의 실측치인 695미터에서 700미터에서 도로폭의 합계(22.4m)를 뺀 수치를 8로 나누어 1구의 남북 길이를 산출한 것이다. 그런데 중로와 소로의 도로폭은 직접 조사된 것이 아니라 대로의 도로폭에서 산출된 것이므로, 도로폭을 제외한 1구의 길이는 가변적이라 할 수 있다.

반면 리화선은 〈정전도〉와 1930년대의 〈평양시가도〉를 바탕으로 평천리(平川里) 일대의 방의 형태를 정방형으로 보았다. 그는 정방형의 방이 1930년대까지 완연히 남아 있으므로, 방의 형태를 장방형으로 그린 〈기전도〉보다는 정방형으로 그린 〈정전도〉를 더 신뢰할 수 있는 자료로 평가하였다. 이와 함께 1구의 한 변 길이는 85미터로, 1방의 한 변 길이는 170미터로 산출하였는데,[49] 산출 원리는 실

---

48) 최희림, 1978, 앞의 책.
49) 리화선, 1989, 〈고구려 평양성 외성 안의 리방의 형태와 규모 그 전개에 대하여〉, 《력사과학》 1989-1.

측구간만 다를 뿐 최희림이 보여준 1구의 남북 길이 산출 방법과 크게 다르지 않다.

이처럼 연구자들에 따라 〈기전도〉와 〈정전도〉에 보이는 동서 장방형이나 정방형 가운데 어느 하나의 형태로 방의 형태가 설정된 반면, 한인호는 장안성의 지형조건에 맞게 장방형과 정방형의 구획들이 적절히 배합된 것으로 보았다. 즉 그는 외성 안의 방 전체를 장방형으로 복원하면 정양문(正陽門) 서쪽 구간의 실측치와 맞지 않으며, 정방형으로 복원하면 정양문-함구문(含毬門) 구간의 실측치와 맞지 않는다고 보면서, 정양문-함구문 구간에는 동서 장방형의 방으로 1구가 동서 120미터, 남북 84미터이며, 정양문 서쪽 구간에는 정방형의 방으로 1구의 한 변이 84미터인 것으로 보았다.50) 즉 최희림과 리화선의 견해를 종합한 것이라 할 수 있다.

최근에 일본인 연구자 가메다 히로시(龜田博)는 1910년대의 〈평양〉(平壤) 도판51)을 바탕으로 평천리 일대의 방의 규모를 계측하여, 동서 폭 182미터, 남북 길이 181.5미터의 정방형 방(도로폭을 제외하면 약 175m)을 산출하였다.52) 이 역시 〈기전도〉에 보이는 방과 도로의 수를 바탕으로 도판에서 추출한 것이다.

지금까지 살펴본 고구려 장안성의 방의 형태와 규모에 관한 여러

---

50) 한인호·리호, 1993, 〈평양성 외성 안의 고구려 도시 리방과 관련한 몇 가지 문제〉, 《조선고고연구》 1993-1.
51) 1만 분의 1 〈평양 2〉(平壤 二; 1916년 발행)와 5만 분의 1 《고구려시대지유적도판 상책》(高句麗時代之遺蹟圖版上冊; 1903, 古蹟調査特別報告第五冊)의 부도(付圖)를 바탕으로 하였다.
52) 龜田博, 2000, 《日韓古代宮都の研究》, 學生社.

견해를 정리하면 다음 〈표 2-1〉과 같다.

표 2-1. 고구려 장안성의 방의 형태와 규모에 관한 여러 견해[53]

구분	방의 형태	방의 규모(m)
關野貞	정방형	1변 178.19
최희림	동서 장방형	동서 240 × 남북 168(1區 동서 120 × 남북 84)
리화선	정방형	1변 170(1區 1변 85)
한인호	동서 장방형과 정방형 혼합	① 동서 240 × 남북 168 ② 1변 168(1區 1변 84)
龜田博	정방형	1변 175

현재 고구려 장안성의 가로구획 흔적은 전혀 남아 있지 않아 방의 형태와 규모를 밝히기 위해서는 관련 문헌자료와 외성의 실측자료를 비교 검토할 수밖에 없다. 그런데 장안성의 가로구획은 외성이 둘러진 제한된 공간 안에서 시행되었고,[54] 외성의 형태도 방형(方形)이 아니었다. 따라서 〈기전도〉에 보이는 대로로 구획된 나머지 공간에 장방형이나 정방형 가운데 어느 한 형태로만 방 전체를 완전하게 전개시키기에는 무리가 따랐다. 그 결과 연구자들의 해석이 분

---

53) 방의 규모는 도로폭을 포함하지 않은 경우의 계측치다.
54) 고구려 장안성의 가로구획은 외성에만 국한된 것이 아니라 중성에도 포치(布置) 되었을 가능성이 크다. 중성의 남쪽 평지대에 성문을 통하여 외성의 도로망 체계와 연결되는 대로의 흔적이 확인되었기 때문인데(한인호·리호, 1993, 앞의 글), 현재로서는 정확한 수치나 관련 자료를 확인할 수 없으므로, 고구려 장안성의 가로구획은 외성에만 국한하여 살펴볼 수밖에 없다.

분해 혼란이 가중된 측면이 있었던 것으로 보인다.

실제로 한백겸은 《기전유제설》(箕田遺制說)에서 함구문과 정양문 사이의 유적이 가장 선명하다고 하면서, 〈기전도〉에 그 구획을 장방형으로 묘사하였다. 그러나 실제로 1930년대 평천리 일대에 남아 있던 방의 형태는 분명 장방형이 아닌 정방형으로 확인된다. 따라서 한인호의 견해처럼 장방형과 정방형의 방이 적절하게 배합되었다고 보는 것이 가장 타당할 것이다. 즉 고구려 장안성에는 부정형의 평면 형태에 외곽성이 둘러진 제한된 공간에 가로구획이 시행되어 크기가 다른 장방형과 정방형의 방이 포치되었던 것으로 보인다. 특히 장방형 방의 남북 길이와 정방형의 한 변 길이가 같으므로, 둘의 일정한 연관성 아래 두 가지 형태의 방이 배합되었던 것으로 짐작된다.

방의 규모에 대해서는 현재로서는 북한학자들이 시도한 산출 방법을 따를 수밖에 없다. 자료의 한계 때문에 〈기전도〉에 보이는 방·도로의 수와 그 배치 상황을 바탕으로 현재 구할 수 있는 구간의 실측치를 활용하는 것이 최선일 것이다. 다만 외성 자체가 네모반듯한 방형이 아닌 데다, 도로의 규모 또한 중로·소로의 경우에는 실측치가 나오지 않은 상태이기 때문에 어느 정도의 오차는 피할 수 없을 것으로 생각한다. 현재 연구자들에 따라 다양한 수치가 제시되고 있으나, 정방형 한 변의 길이와 장방형의 남북 길이는 대략 168미터에서 178미터로, 장방형의 동서 길이는 240미터로 그다지 큰 차이는 없음을 알 수 있다.

한편 방의 분할방식에 대해서는 전자형(田字形)의 4분할법이 적용되었다는 데 별다른 이견이 없다. 한백겸의 《기전유제설》이나 그가 그린 〈기전도〉를 보면, 격자형 도로망에 의해 매개 구획이 전자형으로 분할되어 1방(田)이 4구로 이루어진 것을 확인할 수 있다. 즉 고구려 장안성의 1방은 십자형(十字形)의 소로(小路)에 의해 4등분되는 4분할법이 적용된 것이다.

여기서 한 가지 주목할 것은 가로구획의 분할선이 도로중심선을 기준으로 한다는 점이다. 즉 고구려 장안성의 가로구획은 등간격(等間隔)으로 토지 분할한 뒤 도로를 내고 있어, 도로폭에 따라 방과 택지의 면적이 달라지는 특징을 보인다. 물론 고구려 장안성의 경우는 실측조사에서 확인된 대로 외에 중로와 소로의 위치를 확인할 수 없으므로 정확한 가로구획 방식을 파악하는 데 한계가 있다. 그러나 북한학자들이 일련의 연구에서 보여준 방의 크기는 방과 방, 구와 구 사이의 도로폭을 밝히고 도로의 중심축을 분할축으로 하여 설정된 것이다. 실제 도로의 중심축을 분할선으로 하지 않고서는 방의 크기와 택지의 규모를 일정한 체계로 유형화시키기는 어렵다.

따라서 고구려 장안성에서는 본래 도시를 계획할 때, 우선 1방의 규모를 일정한 면적으로 구획하고 여기서 도로폭을 제외시킨 나머지를 주택구역으로 삼았기 때문에, 1방을 구획한 데서 4구의 면적과 4구의 동서남북에 만들 도로폭의 반을 낸 것이 아닌가 추측한다.[55] 이에 따라 사방의 도로면적에 따라 방내의 실제 택지 면적도 차이가 있었을 것으로 짐작한다.

---

55) 민덕식, 1989, 앞의 글, 204쪽.

2.2.2. 도로체계

고구려 장안성의 도로체계 역시 한백겸의 《기전유제설》을 바탕으로 하여 그 면모를 살필 수 있다.

> L. 구(區)의 사이에는 1무로(畝路)가, 전(田)의 사이에는 3무로가 있다. 64구를 하나로 구획한 바깥 3면에는 9무 대로가 있는데, 이 대로는 두 성문(含毬門·正陽門)으로부터 영귀정(詠歸亭) 나루에 닿는다.(韓百謙, 《久菴遺稿》 上, 箕田遺制說)

이에 따르면, 고구려 장안성에는 방을 4분할하는 십자로인 소로와 방과 방 사이를 구획하는 방간로(坊間路)인 중로, 방보다 큰 대구획을 구획하는 대로가 축조되었음을 알 수 있다.

이러한 도로체계의 양상은 〈기전도〉로도 확인할 수 있는데, 이에 따르면 고리문(古里門) - 다경문(多景門)을 연결하는 동서대로와 거피문(車避門)으로 통하는 남북대로, 북쪽으로 각각 함구문과 정양문으로 통하는 남북대로가 외성 안의 기본도로이며, 이러한 대로를 중심으로 중로와 소로가 격자형으로 배치되어, 동서로는 15개의 중로와 17개의 소로를, 남북으로는 13개의 중로와 12개의 소로를 내어 정연한 도로체계가 형성되었음을 알 수 있다.

이 가운데 대로의 경우는 1953년에 이루어진 북한의 현지조사와 그 이전 세키노 다다시(關野貞)의 실측조사로 실제로도 확인되었으나, 중로의 경우는 〈기전도〉에 따르면 함구문 남북대로와 정양문 남북대로 사이에 남북으로 세 갈래가 있는 것으로 확인되지만, 20세기 초의 지적도에 따르면 남북로는 두 갈래밖에 없는 것으로 확인된 다.56) 소로의 경우는 실제로 확인된 바가 없어, 〈기전도〉와 실제 도로체계 사이의 오차에 대한 검증은 일정한 한계를 지닐 수밖에 없다. 하지만 고구려 장안성의 도로가 대로·중로·소로로 유형화된 것은 사실로 보아도 큰 문제가 없을 것이다.

실제로 확인된 대로의 실측치는 다음과 같다. 먼저 세키노 다다시 는 도로의 폭을 정할 때 도로 네 귀퉁이에 세웠던 법수(法樹)57) 사이의 거리를 고구려척으로 실측하여 대로가 40자(약 14m)임을 확인 하였다.58) 이는 비록 발굴조사로 확인된 것은 아니지만, 도로 네 귀퉁이에 세워진 법수 사이를 실측하여 도로폭을 추출한 방법은 큰 문제가 없어 보인다. 세키노 다다시가 조사했던 당시 도로의 흔적이 한백겸이 확인했던 17세기와 크게 다르지 않았을 것으로 보이는 데다, 당시의 석표가 고구려시기에 도로를 구획하고 세운 네 귀퉁이에

56) 田中俊明, 2004, 〈고구려 장안성의 평면구조〉, 《제1회 고구려연구재단 국제학술대 회자료집》.

57) 《평양속지》(平壤續志) 고적(古蹟)조에 따르면 옛부터 삼무로(三畝路; 中路)와 구무로(九畝路; 大路)를 기준으로 나무를 세워 표(標)를 하였는데 이를 법수(法 樹)라 하였으며, 병란을 겪는 과정에서 목표(木標)가 없어진 것을 1691년에 다시 돌을 세워 경계를 지웠다고 한다.(井田之制 以三畝九畝路爲準 自古立木爲標 名曰 法樹 中經亂後 木表無存 崇禎後辛未 改釐區劃 以限徑界) 이처럼 법수는 도로의 배수로(側溝)를 넘어 주택구역과의 경계선에 세워졌던 것으로 보이는데, 고래로 장승을 법수라고도 불렀으며 장승은 거리의 표시로도 이용되었으므로 고구려 장안 성의 표석이 장승처럼 보여 법수라는 명칭이 붙여졌을 가능성도 있다.(김두하, 1990, 《벽수와 장승》, 집문당; 민덕식, 2006, 〈고구려 평양성과 신라왕경의 구역분 할제 비교〉, 《백산학보》 75, 219쪽)

58) 關野貞, 1928, 앞의 글, 21~25쪽.

그대로 남아 있었을 가능성이 크기 때문이다. 실제로 세키노 다다시가 추출한 대로(법수 간격)의 수치는 1950년대 북한학계가 확인한 수치와 같다.

1953년에 북한 중앙력사박물관이 현지조사에서 확인한 거피문을 통과하는 남북대로의 법수 폭은 13.8미터에서 13.9미터였으며, 함구문을 통하는 남북대로의 법수 폭은 13.9미터에서 14미터였다. 이와 함께 1954년에 김책공업대학 건물 기초공사를 하는 중에 드러난 고리문에서 다경문을 연결하는 동서대로의 폭은 12.6미터에서 12.8미터였고, 도로 양쪽에는 약 60에서 70센티미터 폭의 배수로(側溝)가 확인되었는데, 이 배수로까지 합한 폭은 약 13.8미터에서 14미터로 실측되었다.

이처럼 외성 안의 대로가 실제로 확인되면서 이를 바탕으로 중로와 소로의 도로폭도 함께 추산되었는데, 북한학계의 연구자들은 《기전유제설》에 보이는 1·3·9무(畝)로의 도로가 3배수로 확장된다는 사실에 착안하여 중로·소로의 도로폭을 추산하였다.59) 즉 배수로를 포함하지 않은 대로의 폭이 약 12.6미터에서 12.8미터이므로,60) 중로는 4.2미터, 소로는 1.4미터로 산정하였다. 이는 앞에서 설

---

59) 최희림, 1978, 앞의 책.
　리화선, 1989, 앞의 글.
　한인호·리호, 1993, 앞의 글.
60) 리화선은 배수로(側溝)가 포함된 대로의 도로폭(14m)을 기준으로 중로와 소로의 도로폭을 산출하였는데, 중로·소로에는 배수로가 설치되지 않았을 가능성이 크므로 배수로가 포함되지 않은 대로의 도로폭(12.6~12.8m)을 기준으로 산출하는 것이 더 타당하다.

명하였듯이 실제로 확인된 수치는 아니므로 실제 수치와 어느 정도의 오차는 피할 수 없을 것이다.

2.2.3. 영조척

현재 고구려 장안성을 비롯한 현존하는 고구려유적에서 고구려척이 사용된 것이 확인되므로, '고구려척'[61])이라는 명칭 그대로 고구려에서 자생한 척도가 장안성의 가로구획은 물론 도성 조영의 측도 기준으로 사용되었을 가능성이 크다. 이러한 가능성은 최근의 고구려척에 대한 연구 성과[62])에 따라 더욱 구체화되고 있다.[63])

61) 고대 일본 문헌인 《영집해》(令集解) 등에는 '고려척'(高麗尺; 후대의 高麗와 구분하기 위해 高句麗尺으로 통칭된다)이라는 명칭과 그 실제 사용 예가 확인된다.[자세한 사항은 이 책 4장 후지와라쿄(藤原京)의 영조척(營造尺) 관련 부분 참조]

62) 최근 윤선태에 의해 고구려척이 중국의 절대길이와 절대면적에 구애받지 않고 독자적으로 토지생산량에 기초한 양전(量田)의 단위면적을 산출하려는 시도 속에서 탄생하였을 가능성이 구체적으로 논의되었다.(윤선태, 2002, 〈한국 고대의 척도와 그 변화—고구려척의 탄생과 관련하여〉, 《국사관논총》 98)

63) 이에 반해 고구려척의 존재를 부정하는 견해도 있다. 고구려척의 표준척이 남아 있지 않고, 고구려척으로 만든 것이 분명한 유물·유적도 없으며, 중국의 척도가 대부분 시기적으로 조금씩 길어져 가는 경향성에도 맞지 않다는 점을 들면서, 고구려척을 계산에 의해 만들어진 상상의 척도로 규정한 것이다.(新井宏, 1992, 《まぼろしの古代尺》, 吉川弘文館) 그러나 표준척이 남아 있지 않고 중국 척도사의 범주에 속하지 않는다고 하여 그 존재 자체를 부정하는 것은 문제가 있다. 중국에서도 모든 척도가 그러한 범주에 조응하여 나타난 것은 아니며, 표준척이 남아 있지 않은 것도 고구려척뿐만이 아니기 때문이다.(박찬흥, 1995, 〈고구려척에 대한 연구〉, 《사총》 44, 16~17쪽) 더구나 고구려척을 부정하는 견해에서는 《영집해》의 고구려척 관련 사료를 명법학자(明法學者)의 사적인 견해로 보면서 〈다이호우령〉(大寶令)의 대척(大尺)은 당대척(唐大尺)이며 고구려척은 실재하지 않았다고 주장한다.(新井宏, 1992, 앞의 책, 102~103쪽) 그러나 관련 사료에 전하는 화동격(和銅

고구려척이 장안성의 기준척으로 사용된 사실을 가장 먼저 확인한 연구자는 세키노 다다시이다. 그는 현지조사에서 실측한 법수의 간격을 바탕으로 고구려 장안성이 35.6센티미터를 단위 길이로 하는 동위척(東魏尺; 고구려척)을 기준으로 구획되었음을 확인하였다.[64] 비록 그는 고구려척이 동위척에서 기원한 것으로 잘못 이해하였으나,[65] 실측조사를 바탕으로 외성 안의 대로가 40자[尺], 그리고 1방의 1변 길이가 500자(도로 포함 600자)로 구획된 것으로 파악함으로

格)의 척수(尺數) 변화 등이 이후의 경운격(慶雲格)의 내용과도 서로 조응하므로, 〈다이호우령〉의 대척이 고구려척이고 그것이 실재하였음을 쉽게 부정할 수는 없다고 생각한다.(윤선태, 2002, 앞의 글, 35쪽) 특히 고구려척을 부정하는 견해에서는 '고한척'(古韓尺)이라 이름 지은 26.7cm의 척도가 수·당 이전까지 삼국과 일본에서 널리 쓰였다고 주장하는데(新井宏, 1992, 앞의 책; 新井宏, 2002, 〈《삼국사기·유사》 기사에 의한 신라왕경 복원과 고한척〉, 《백제연구》 36), 기록에 분명히 보이는 고구려척을 부정하고 어디에서도 그 근거를 찾을 수 없는 '고한척'을 쉽게 납득하기는 어려울 것이다(박찬홍, 1995, 앞의 글, 17쪽).

64) 關野貞, 1928, 앞의 글.

65) 세키노 다다시(關野貞)를 비롯한 일본인 연구자들은 동위척과 고구려척을 같은 길이의 척도로 보면서 고구려척이 동위척에서 기원한 것으로 보았다. 이는 《수서》 율력지(律曆志)의 기록(《隋書》 권16, 志 第11 律曆上, "東魏後尺 實比晉前尺一尺五寸八毫")에 의거하여 진전척(晉前尺; 23.1cm)의 1.5008척(34.67cm)을 동위척의 길이로 보고, 이것이 《영집해》 전부(田部)에 나오는 고구려척과 비슷한 길이임에 주목하였던 것이다.(狩谷棭齋, 1835, 〈本朝度考〉, 《本朝度量權衡考》) 이러한 견해는 한국 연구자들에 의해 별다른 비판 없이 그대로 수용되었고, 발굴보고서 등에도 동위척과 고구려척은 같은 길이의 척도로 혼용되었다. 그러나 중국 척도사 연구자들에 의해 동위척에 대한 《수서》 율력지의 기록이 잘못된 것이고, 동위척은 진전척(晉前尺)의 1.3008척이라는 《송사》 율력지의 기록("東魏後尺 比晉前尺爲一尺三寸八毫"; 《宋史》 권71, 志 第24 律曆4)이 정확한 것으로 밝혀졌다.(曾武秀, 1990, 〈中國歷代尺度槪述〉, 《中國古代度量衡論文集》) 이로써 동위척은 진전척(23.1cm)의 1.3008배인 30.05cm가 되어 고구려척과는 그 길이가 전혀 다른 척임이 명확해졌다.(신영훈, 1975, 《한국 고건축 단장(斷章) 상》, 동산문화사, 73쪽; 박찬홍, 1995, 앞의 글, 10~21쪽)

써, 고구려 장안성의 측도 기준과 고구려척의 실재 가능성에 대한
기초 자료를 제공하였다.

실제 고구려 장안성의 대로와 각 성문·성벽 사이의 실측치를 살
펴보면 35센티미터를 단위 길이로 하는[66] 고구려척의 완수치(完數
値)를 확인할 수 있다.

먼저 외성 안의 대로는 앞에서 설명하였듯이 고구려척으로 40자
(14m)라는 뚜렷한 완수를 얻을 수 있으며, 배수로를 제외하면 36자
(12.6m)이므로 배수로 또한 2자(0.7m)의 완수를 얻을 수 있다. 대로
를 통해 추산된 중로와 소로 역시 12자(4.2m)와 4자(1.4m)라는 완수
를 확인할 수 있다.

현재 확인 가능한 외성 안의 각 실측치도 마찬가지다.[67] 먼저 함
구문과 정양문의 중심간 거리는[68] 약 980미터이고 이 구간의 남북
거리는 약 700미터로 확인되는데,[69] 각각 고구려척으로 2,800자와
2,000자라는 뚜렷한 완수를 얻을 수 있다. 정양문 중심에서 거피문
북향대로의 중심선까지의 거리는 약 1,050미터로, 역시 고구려척

---

66) 고구려척의 길이는 당대척의 1.2배로 35.16~37.44cm의 범위를 갖는다고 할 수 있
    으나, 고구려의 건축물에 쓰인 고구려척의 길이를 종합해 보면 35~36cm로 볼 수
    있다.(박찬흥, 1995, 앞의 글, 15~16쪽) 이 글에서는 북한학자들의 견해에 따라
    35cm를 단위길이로 하여 계측하고자 한다.
67) 외성 안의 각 실측치는 북한의 연구성과를 참조하였다.(주 59 참조)
68) 함구문의 위치는 현재 평양의 '나라길' 시작점 부근이고, 정양문의 위치는 '창광네
    거리' 지점이라고 한다.(한인호·리호, 1993, 앞의 글, 15쪽)
69) 정양문 - 함구문 구간의 남북길이와 같은 고리문 - 다경문을 잇는 동서대로에서
    중성벽까지의 길이도 전후복구건설시기에 695m에서 700m로 확인되었다고 한다.
    (과학백과출판사, 1978, 《고구려》, 105쪽)

3,000자라는 뚜렷한 완수가 확인된다. 거피문에서 중성 남벽까지는 약 2,100미터로 확인되는데, 이 역시 고구려척 6,000자라는 완수를 확인할 수 있다. 마지막으로 함구문에서 외성 동벽까지의 실측치는 약 260미터로, 고구려척으로 환산하면 약 742.85자로 이 구간만 완수를 얻을 수 없으나, 외성 동벽 구간은 남쪽으로 내려갈수록 강기슭을 따라 안쪽으로 휘어들기 때문에 현재의 실측치나 고구려 당시의 척수에도 일정한 차이가 생길 수밖에 없었을 것으로 보인다.

이처럼 고구려 장안성의 외성 안의 각 구간은 고구려척에 의해 일정한 단위로 계획되었음을 알 수 있으며, 특히 완수로 된 단위척 체계에 의해 계획되었음을 알 수 있다.[70]

이 밖에 외성 안 각 구간의 실측치와 〈기전도〉에서 확인 가능한 방의 개수를 바탕으로 추산된 1방의 규모를 고구려척으로 환산해 보면, 정방형 방의 경우 대략 500자, 장방형 방의 경우는 대략 700자의 완수를 확인할 수 있다. 물론 이는 실제로 확인된 실측치가 아니므로 어느 정도의 오차는 피할 수 없다.

이상에서 고구려 장안성의 가로구획 방식에 대해서 검토해 보았다. 이제 이를 바탕으로 북위(北魏)와 수·당(隋唐) 도성의 가로구획

---

70) 이는 여타 고구려유적의 고구려척 사용례에서도 뒷받침된다. 안학궁(安鶴宮)은 34.7~35cm를 1척으로 하는 고구려척에 의해서 조영되었으며(리화선, 1980, 〈안학궁의 터자리 복원을 위한 몇 가지 문제〉,《력사과학》1980-1), 정릉사에 사용된 척도도 안학궁에 사용된 척도와 거의 비슷하여 34.7~35cm 길이를 갖는다.(한인호, 1981, 〈정릉사 건축의 평면구성에 대하여〉,《력사과학》1981-2) 또한 금강사에서는 35cm의 고구려척을 단위척으로 하여 35척을 기준으로 건축하였음이 확인되었다.(리화선, 1986, 〈고구려 금강사와 그 터자리 구성에 대하여〉,《조선고고연구》1986-4)

방식과 면밀히 비교 검토함으로써, 이들 도성의 상관성과 가로구획
방식의 선후관계에 대해서 살펴보자.

2.3. 북위와 수·당 도성과 고구려 장안성

2.3.1. 5, 6세기 고구려의 대중(對中) 교섭

고구려 장안성은 가로구획에 의해 도성 전체가 구획된 우리나라
최초의 도성이다. 때문에 고구려 장안성에 마련된 가로구획 방식의
원류 문제에 대해서는 같은 시기 북위(北魏) 낙양성(洛陽城)이나[71]
당(唐) 장안성(長安城; 隋 大興城)의 영향이[72] 거론되곤 하였다. 그
러나 앞에서 살펴보았듯이, 수나라 출현 이후 고구려와 수나라의 관
계는 긴장과 대립이 주를 이루었으며, 시기적으로도 당이 성립되기
이전에 이미 고구려 장안성의 모든 축성과정과 외곽성의 증축이 완
료된 상태였다. 따라서 고구려 장안성의 가로구획 방식에 대해서는
당 장안성보다는 북위 낙양성과의 관련성을 먼저 살펴보아야 할 것
이다. 실제 가로구획 방식에서도 고구려 장안성은 북위 낙양성과 더
밀접한 연관성을 나타내는 것으로 보인다.

---

71) 田中俊明, 2003, 〈동아시아 도성제에서 고구려 장안성〉, 《백산학보》 67.
72) 세키노 다다시는 수 대흥성의 영향을 받았을 것으로 보았고(關野貞, 1928, 앞의
  글), 후지타 모토하루는 당 장안성의 영향을 받았을 것으로 보았다(藤田元春,
  1929, 〈都城考〉, 《尺度綜考》, 刀江書院).

그러면 먼저 북위와 고구려의 관계에 대해서 검토를 한 다음, 고구려 장안성과 북위와 수·당 도성의 가로구획 방식의 선후관계에 대해서 살펴보겠다. 여기에는 고구려 장안성의 조영시기와 관련하여 북위를 이어서 등장한 동위(東魏)와 북제(北齊)와의 관계도 포함될 것이다.

고구려는 5세기 중반 이래 북위와 매우 긴밀한 교섭관계를 유지하였다.[73] 고구려가 북위에 처음으로 사신을 파견한 것은 5세기 전반인 장수왕 13년(425)이지만,[74] 이후 별다른 교섭은 이어지지 않았고, 장수왕 23년(435)에 재개된 교섭도[75] 북연(北燕) 문제를 둘러싸고 곧 관계가 악화되면서[76] 장수왕 27년(439)부터 장수왕 49년(461)까지 고구려와 북위의 관계는 완전히 단절되었다. 양국관계가 다시 개선된 것은 장수왕 50년(462)에 고구려가 북위에 사신 파견을 재개하면서부터다.

다음 쪽에 이어지는 〈표 2-2〉는 고구려와 북위의 교섭관계를 정리한 것이다.

---

73) 江畑武, 1968, 〈4〜6世紀の朝鮮三國と日本—中國との冊封をめぐって〉, 《朝鮮史研究會論文集》 4, 極東書店.
　　서영수, 1981, 〈삼국과 남북조교섭의 성격〉, 《동양학》 11.
　　三崎良章, 1982, 〈北魏の對外政策と高句麗〉, 《朝鮮學報》 102.
　　노태돈, 1984, 앞의 글.
　　이빙, 2002, 〈고구려와 북조의 관계〉, 《고구려연구》 14.
　　임기환, 2003, 〈남북조기 한중 책봉·조공 관계의 성격〉, 《한국고대사연구》 32.
　　이성제, 2004, 〈고구려의 서방정책과 대북위관계의 정립〉, 《실학사상연구》 261.
74) 《三國史記》 권18, 高句麗本紀 長壽王 13년.
75) 《魏書》 권4上, 世祖紀上 太延 元年 6月條; 《魏書》 권100, 高麗傳.
76) 《魏書》 권4上, 世祖紀上 太延 2年 3月條.

표 2-2. 고구려와 북위의 교섭관계[77]

연대			교섭관계의 추이		비고
서력	고구려	북위	고구려	북위	
425	장수왕13	始光 2	1회		
435	23	太延 1	2회(6월·秋)	1회(6월)	북위 장수왕 책봉
436	24	太延 2	1회(5월)	2회(2·5월)	북연 풍홍(馮弘) 고구려로 망명
437	25	太延 3	1회(2월)		
439	27	太延 5	2회(11·12월)		
462	50	和平 3	1회(3월)		
465	53	和平 6	1회(2월)		
466	54	天安 1	1회(3월)		
467	55	皇興 1	2회(2·9월)		
468	56	皇興 2	1회(4월)		
469	57	皇興 3	1회(2월)		
470	58	皇興 4	1회(2월)		
472	60	延興 2	2회(2·7월)	2회	북위 백제의 고구려 정벌 요청 거절
473	61	延興 3	2회(2·8월)		
474	62	延興 4	2회(3·7월)	2회	장수왕 북위의 납비(納妃) 요구 거절
475	63	延興 5	2회(2·8월)		

77) 《위서》,《자치통감》 등에는 고구려가 북위로 사신을 보낸 것은 모두 기록되어 있
  으나, 북위가 고구려로 사신을 보낸 것은 구체적으로 기록되어 있지 않다. 특히 《위
  서》 열전에는 〈표 2-2〉에 제시된 것 말고도 북위가 고구려로 사신을 파견한 예가
  더 확인된다. 즉 효문제초(孝文帝初), 연흥중(延興中), 연흥말(延興末), 태화초(太
  和初), 태화중(太和中), 신구중(神龜中), 효명제조(孝明帝朝) 등으로 표기된 시기
  에도 고구려로 사신을 파견한 것으로 확인된다.(이빙, 2002, 앞의 글, 323~328쪽)

476	64	延興 6	3회(2·7·9월)	1회	
477	65	太和 1	2회(2·9월)		
479	67	太和 3	2회(3·9월)		고구려 지두우(地豆于) 분할 시도
484	72	太和 8	1회(10월)		
485	73	太和 9	2회(5·10월)		
486	74	太和 10	1회(4월)		
487	75	太和 11	1회(5월)		
488	76	太和 12	3회(2·4·윤9월)		
489	77	太和 13	3회(2·6·10월)		
490	78	太和 14	2회(7·9월)		
491	79	太和 15	3회(5·9·12월)	1회(12월)	북위 장수왕 죽음 애도
492	문자왕1	太和 16	4회(3·6·8·10월)	1회(3월)	북위 문자왕 책봉 문자왕 북위의 세자 입조(入朝) 거절
493	2	太和 17	1회(6월)		북위 낙양성 조영 개시
494	3	太和 18	2회(정월·7월)		북위 낙양성 천도
495	4	太和 19	2회(2·5월)		
498	7	太和 22	1회(8월)		
499	8	太和 23	2회(5월)		
500	9	景明 1	1회(8월)		
501	10	景明 2	2회(정월·12월)		
502	11	景明 3	1회(12월)		
504	13	正始 1	1회(4월)		
506	15	正始 3	1회(9월)		
507	16	正始 4	1회(10월)		

508	17	永平 1	2회(5 · 12월)		
509	18	永平 2	1회(5월)		
510	19	永平 3	3회(3·윤6·12월)		
512	21	延昌 1	1회(5월)		
513	22	延昌 2	3회(정월·5·12월)		
514	23	延昌 3	1회(11월)		
515	24	延昌 4	1회(10월)		
517	26	熙平 2	1회(4월)		
518	27	神龜 1	3회(2 · 4 · 5월)		
519	28	神龜 2		2회	
520	안장왕2	正光 1		1회	북위 안장왕 책봉
523	5	正光 4	1회(11월)		
532	안원왕2	永熙 1	1회(6월)	1회(3월)	북위 안원왕 책봉
533	3	永熙 2	1회(2월)		

〈표 2-2〉에서 확인할 수 있듯이 장수왕 50년(462) 이후 고구려는 거의 해마다 북위에 사신을 파견하고 있으며, 이러한 고구려의 친북위정책(親北魏政策)을 토대로 양국의 우호관계는 북조(北朝)가 끝날 때까지 유지되었다.[78] 특히 장수왕 60년(472) 무렵 이후에는 한 해에 2회 또는 3회에 걸쳐 사신을 파견하고 있어, 양국 사이의 교섭관

---

78) 북위(북조)와 고구려의 관계는 표면적으로는 조공 · 책봉관계를 유지하였다. 당시 양국의 조공 · 책봉관계에 대해서는 다양한 분석이 행해지고 있으나, 여기서는 논 외로 한다.

계가 매우 긴밀하였음을 알 수 있다.

이러한 고구려와 북위 사이의 긴밀한 교섭관계는 당시 양국이 처했던 이해관계에서 비롯된 것이다. 고구려로서는 남부와 서북부 방면으로의 영역 확장을 위해 북위와 접하고 있던 서부 방면의 안정이 무엇보다 시급하였으며,[79] 북위가 백제와 연결될 가능성도 사전에 차단하지 않으면 안 되었다.[80] 북위로서도 고구려가 북위의 동방을 위협할 수 있는데다, 송(宋)·유연(柔然)과 같은 적대세력과 연결될 가능성이 있기 때문에 고구려와 우호적인 관계를 유지할 필요가 있었다.[81] 이를 바탕으로 양국 사이에는 비록 갈등과 대립이 생기더라도 직접적인 군사 대결은 일어나지 않았으며, 사신 파견도 중단되지 않았다.

M-1. 연흥(延興) 2년(472)에 백제왕 여경(餘慶; 蓋鹵王)이 처음으로 사신을 보내어 표(表)를 올려 말하기를…… "풍씨(馮氏; 北燕)의 국운이 다하여 그 유민이 고구려로 도망하여 온 후로부터 추악한 무리가 점점 강성하여져 끝내 침략과 위협을 당하여 원한이 얽히고 전화(戰禍)가 연이은 것이 30여 년입니다.…… 급히 장수 한 사람을 보내어 신의 나라를 구원하여 주십시오."…… 현조(顯祖; 獻文帝)는 조서에 이르

---

79) 노태돈, 1984, 앞의 글.
80) 이와 함께 당시 고구려가 북위와의 교섭에 주력하였던 배경에 대해서는 백제의 고구려 정벌 요청(江畑武, 1968, 앞의 글), 백제와 신라의 연합(공석구, 1998, 〈5~6세기 고구려의 대외관계〉, 《고구려 영역확장사 연구》, 서경), 신라의 탈고구려 움직임(井上直樹, 2000, 〈高句麗の對北魏外交と朝鮮半島政勢〉, 《朝鮮史研究會論文集》 38) 등 다양한 요인이 제기되고 있다.
81) 李成制, 2004, 앞의 글, 11쪽.

기를······ "고구려는 선대의 조정에 번신(藩臣)이라 칭하며 직공(職供)하여 온 지 오래인지라 그대들과는 오래전부터 틈이 있었다 하더라도 우리에겐 아직 영을 어긴 허물이 없소······ 고구려가 짐의 뜻을 어기면 과오와 허물이 더욱 드러날 것이니, 그 뒤에 군사를 일으켜 토벌하는 것이 의리에 맞을 것이오."(《魏書》 권100, 百濟傳)

M-2. 문명태후(文明太后)가 현조(獻文帝)의 육궁(六宮)이 채워지지 못하였다 하여, 조칙으로 연(璉; 長壽王)에게 그의 딸을 보내라고 하였다. 공이 표를 올려 "딸은 이미 출가하였으므로 아우의 딸 중에서 구하여 조칙에 응하겠습니다."······ 그러나 연은······ 글을 올려 그의 조카딸이 죽었다고 거짓말하였다.······ 현조가 붕(崩)하여 그 일은 중지되었다.(《魏書》 권100, 高麗傳)

M-3. 고조(高祖; 孝文帝) 때에 이르러 연(장수왕)이 바치는 공물이 전보다 배로 늘었고, 그 보답으로 내리는 물건도 조금씩 더하여 주었다.(《魏書》 권100, 高麗傳)

먼저 북위는 사료 M-1에서처럼 장수왕 60년(472) 백제의 고구려 정벌 요청을 완곡하게 거절함으로써, 고구려와 군사적 대결을 펼칠 의향이 없음을 명확히 하였다. 이러한 북위의 의향은 뒤이은 물길(勿吉)의 고구려 정벌 요청에서도 거듭 확인된다.[82] 장수왕 62년(474)에는 고구려가 북위의 납비(納妃) 요청을 거절함으로써 양국 사이에 마찰이 발생하였으나, 사료 M-3에서처럼 오히려 북위에 대한 공헌을 배가(倍加)할 정도로 북위와의 교섭관계는 그 밀도를 더해갔다. 이는 〈표 2-2〉로도 확인할 수 있다.

---

82) 《魏書》 권100, 勿吉傳.

이와 함께 고구려는 장수왕 63년(475)에 백제의 한성(漢城)을 함락하고,[83] 67년(479)에는 유연과 도모해 지두우(地豆于) 분할을 시도하였으나,[84] 이러한 고구려의 잇따른 군사행동에도 북위와의 교섭관계는 중단되지 않았다.

  N-1. 고구려 왕 연(璉; 장수왕)이 죽으니 백 살이 넘었다. 위주(魏主; 孝文帝)가 흰 위모관(委貌冠)과 베로 짠 심의(深衣)를 지어 입고 동쪽 교외에서 애도를 표했으며, 알자(謁者), 복사(僕射), 이안상(李安上)을 보내 태부(太傅)로 추증하고 시호를 강(康)이라 하였다.(《魏書》 권7下, 高祖紀下 太和 10년 12월조;《資治通鑑》 권137, 齊紀 永明 9년 12월조)

  N-2. 조서로 운(雲; 文咨王)에게 세자를 보내 입조하여 교구(郊丘)에서 지내는 제천행사에도 참석케 하였다. 운이 상서하여 세자가 병이 났다는 핑계로 그의 종숙(從叔) 승우(升于)를 보내니 준엄하게 질책하였다. 이 뒤에도 해마다 빠짐없이 공물을 바쳤다.(《魏書》 권100, 高麗傳)

사료 N에서처럼 양국의 우호관계는 장수왕대를 이어 문자왕대에도 그대로 유지되었다. 북위의 효문제는 장수왕이 죽자 성대한 애도의식을 거행하였으며, 조서를 내려 그의 죽음을 애도하였다.[85] 비록 문자왕(文咨王) 1년(492)에 세자의 입조(入朝) 문제로 양국 사이에

---

83) 《三國史記》 권18, 高句麗本紀 長壽王 63년.
84) 《魏書》 권100, 契丹傳·庫莫奚傳.
85) 《魏書》 권108下, 禮志下.

또 한 차례 갈등이 발생하였으나, 고구려의 입조 거부에도 양국의 교류는 지속되었다. 이러한 교섭관계는 북위가 동위(東魏)와 서위(西魏)로 분열되는 6세기 전반까지 중간에 몇몇 해를 제외하고 거의 매년 유지되었다.[86]

이는 〈표 2-2〉에서 확인할 수 있듯이 고구려의 적극적인 사신 파견에 기인한 것이고, 북위 역시 고구려와 주변 국가의 모순에 관여하지 않았기 때문에 가능한 것이었다. 이러한 양국의 교섭관계는 당시 남북조와 주변 국가 사이에 맺어지던 일반적인 교섭관계에서는 유례를 찾기 어려울 정도로 매우 밀접한 것이었다.[87] 고구려는 남북 양조와 모두 교섭관계를 유지하였으나 북위와의 교섭 밀도가 남조에 비교할 수 없을 정도로 훨씬 높았으며, 북위 또한 고구려에 파견한 사절의 횟수가 남조에 이어 두 번째로 많은 숫자를 기록하고 있었다.[88] 이에 고구려 사신을 남제(南齊) 사신과 나란히 앉히거나, 그 관저를 남제 다음으로 배치할 정도로[89] 고구려와의 관계를 중시하였다.

---

86) 북위와 고구려의 교섭은 총 57회에 이르렀는데, 462년 교섭이 재개된 이후 480∼483년, 521∼531년 사이에 공백이 보인다. 480∼483년은 고구려가 유연(柔然)과 더불어 지두우(地豆于) 분할을 모의하던 시기로 양국 사이에 갈등이 전개되었던 시기이고, 521∼531년에는 현재 사서에 전하지 않지만 북위와 고구려 사이에 무력 충돌이 전개되었을 가능성이 제기되고 있다.(임기환, 2003, 앞의 글, 21쪽) 그러나 이 시기는 북위의 정권이 불안정했던 시기로, 육진(六鎭), 두락주(杜洛周) 등의 봉기 때문에 북위와 고구려 사이의 교통이 직접적으로 방해받아 양국의 교섭 자체가 어려웠던 것으로 보인다.(이빙, 2002, 앞의 글, 334쪽)

87) 임기환, 2003, 앞의 글, 21쪽.

88) 三崎良章, 1982, 앞의 글, 129∼131쪽.

89) 《資治通鑑》 권136, 齊紀 永明 2년 10월조; 《南齊書》 권58, 永明 7년조.

특히 고구려가 북위와 긴밀한 교섭관계를 유지하던 5세기 후반은
북위가 평성(平城)에서 낙양성으로 천도를 준비하면서 새로운 도성
을 조영한 시기다. 당시 고구려는 한 해에 몇 차례씩 사절을 파견하
면서 낙양성의 조영 과정을 지켜보았을 것이고, 가로구획 방식을 포
함한 낙양성의 도성계획 원리는 같은 시기 고구려에 상세히 알려졌
을 가능성이 매우 높다.

이러한 양상은 북위를 이은 동위와 북제와의 관계에서도 마찬가
지였을 것으로 짐작된다. 북위 낙양성에 처음으로 마련된 이른바 북
위식 도성제가 동위・북제의 업남성(鄴南城)의 모범이 된 것은 잘
알려진 사실이다. 관련 기록에 따르면, 동위・북제의 업남성의 도성
제도는 모두 북위 낙양성의 규범을 답습한 것으로써, 동위・북제시
대의 도성 건설은 기본적으로 북위 낙양성의 영향을 그대로 받아들
였음을 알 수 있다.[90](〈그림 2-11〉)

당시 고구려와 동위・북제의 교섭관계 추이를 살펴보아도 이전의
북위와 마찬가지로 여전히 밀접한 관계를 유지하였음을 알 수 있
다.[91] 6세기 전반에 북위에 내분이 일어나면서 동위와 서위로 분열
되고, 다시 동위를 이어 북제가 등장하지만,[92] 북위와 고구려 사이
에 지속적으로 유지되었던 교섭관계는 북위에서 동위・북제로 왕조

---

90) 《魏書》 권84, 李業興傳. "上則憲章前代 下則模寫洛京".
　　《北史》 권54, 高隆之傳; 《北齊書》 권18, 高隆之傳. "高隆之 洛陽人也… 后起兵于
　　　山東 累遷幷州刺史 入爲商書右仆射 又領營構大匠 二十萬夫撤洛陽宮殿運于
　　　鄴 營構之制皆委隆之 增筑南城周二十五里".
91) 이성제, 2001, 〈고구려와 북제의 관계〉, 《한국고대사연구》 23.
92) 《北史》 권94, 高麗傳.

가 바뀌어도 안정적으로 유지되었다.93) 이는 〈표 2-3〉에서 확인할
수 있듯이 고구려가 북위와 마찬가지로 동위에도 사신을 거의 매년
보냈을 뿐만 아니라, 동위에서 북제로 왕조가 교체되자 때맞추어 사
절을 파견하는 것에서 살펴볼 수 있다. 이는 북주(北周)와의 관계에
서도 마찬가지다.

표 2-3. 고구려와 동위·북제의 교섭관계

		연대		교섭관계의 추이		비고
	서력	고구려	북조	고구려	북조	
東魏	534	안원왕4	天平 1	1회(4월)	1회	안원왕 책봉
	535	5	天平 2	1회(春)	1회	
	536	6	天平 3	1회(6월)		
	537	7	天平 4	1회		
	538	8	元象	1회(7월)		
	539	9	興和 1	1회(5월)		
	540	10	興和 2	1회		
	541	11	興和 3	1회		
	542	12	興和 4	1회(12월)		
	543	13	武定 1	1회(11월)		
	544	14	武定 2	1회(11월)		

93) 물론 552년 북제의 유인(流人) 송환 요구 문제로 양국이 대립하기도 하였으나, 남
   북조의 북제(北齊), 북주(北周), 진(陳)의 세력균형이라는 국제정세와 맞물려 고구
   려와 북제 사이에는 평온이 유지되었다.(서영수, 1987, 〈삼국시대 한·중외교의 전
   개와 성격〉, 《고대한중관계사의 연구》)

	545	양원왕1	武定 3	1회(12월)		
	546	2	武定 4	1회(11월)		
	547	3	武定 5	1회		
	548	4	武定 6	1회		
	549	5	武定 7	1회		
北齊	550	양원왕6	天保 1	1회(6월)	1회(9월)	양원왕 책봉
	551	7	天保 2	1회(5월)		
	555	11	天保 6	1회		
	560	평원왕2	皇建	1회	1회(2월)	평원왕 책봉
	564	6	河清 3	1회		
	565	7	天統 1	1회		
	573	15	武平 4	1회		
北周	577	평원왕19	建德 6	1회		

지금까지 살펴본 북위(동위·북제)와 고구려의 긴밀한 교섭관계
는 단순히 양국 사이의 외교관계로만 이해하고 넘어갈 수는 없을
것이다. 양국 사이에 지속되었던 외교관계는 그 자체뿐만 아니라,
고구려와 북위 사이에 전개된 문화교류의 일면을 나타내는 것으로
보인다.

이러한 점은 고구려 불상에 나타나는 북위 불상의 영향을 통해서
도 충분히 감지된다.[94] 그 대표적인 예가 연가7년명(延嘉七年銘) 금

---

94) 문명대, 1989, 〈한국고대조각의 대외교섭에 관한 연구〉, 《예술논문집》 20, 예술원.
   김리나, 1998, 〈고구려 불교조각양식의 전개와 중국 불교조각〉, 《제4회 전국미술
   사학대회 고구려 미술의 대외교섭》, 예경.

동여래입상인데, 539년 작으로 알려진[95] 이 불상은 길고 가는 얼굴 형과 좌우 대칭의 날카로운 옷주름에서 6세기 초 북위 계통의 불상 으로 분류된다.[96] 이러한 북위적 요소는 계미년명(癸未年銘) 금동삼 존불(金銅三尊佛; 563),[97] 경4년신묘명(景四年辛卯銘) 금동삼존불 (571)[98]에도 이어지는데, 대개 북위 정광(正光) 연간(520~525)의 불 상들과 비교되는 고구려 불상은 당시 중국의 새로운 도상을 거의 같 은 시대에 또는 20년에서 30년의 간격을 두고 받아들이고 있는 것으 로 보인다. 특히 경4년신묘명 불상의 경우는 부드러운 얼굴 등에서 어느 정도 북제적 요소도 드러나 보인다. 6세기 후반의 평천리 출토 금동반가사유상[99] 또한 북제의 석조 반가사유상과 비교 고찰되고 있어, 이 또한 거의 당대나 20년에서 30년의 격차를 두고 있음을 알 수 있다.[100]

이재중, 2003, 〈고구려·백제·신라의 중국미술 수용〉, 《한국고대사연구》 32.

95) 599년설도 있으나 539년으로 보는 견해가 절대적이다.

96) 이와 비교되는 북위 불상으로는 6세기 초로 편년되는 워싱턴 프리어 갤러리 금 동불입상, 메트로폴리탄 박물관 금동불상군의 본존상, 1999년 서안시 발굴 금동삼 존불의 본존이 있다.(이재중, 2003, 앞의 글, 212쪽)

97) 이와 비교되는 북위 불상으로는 정광(正光)3년명 금동불입상(522)과 정광6년명 삼존불입상(525)이 있다.(이재중, 위의 글, 222쪽)

98) 동위 불상인 천평(天平)4년명 석조삼존불(538), 북제 불상인 천보(天保)7년명 금 동삼존불입상(556)과 비교 고찰된다.(이재중, 위의 글, 222쪽)

99) 북제의 천보(天保)4년명 석조태자반가사유상(石造太子半跏思惟像; 553) 또는 6 세기 후반으로 편년되는 워싱턴 프리어 갤러리 북제 석조 반가사유상과 비교 고찰 된다.(이재중, 위의 글, 223쪽)

100) 이 밖에도 고구려의 영강(永康)7년명 금동불입상(551)은 동위불인 6세기 전반으 로 편년되는 산동성(山東省) 제성(諸城) 일광삼존불광배(一光三尊佛光背)와 비교 고찰되며, 6세기 후반으로 편년되는 국립박물관 소장 금동보살입상은 북위불인 희 평(熙平)연간(516~517) 관음보살입상과, 그리고 6세기대로 편년되는 원오리폐사

또한 고구려 영강7년명(永康七年銘) 불상광배(佛像光背)에서 보듯이 돌아가신 부모를 위하여 미륵존상을 조상하고 있는 점과, 신묘명(辛卯銘) 금동삼존불상 명문에서처럼 무량수불을 통한 미륵불신앙을 조상한 점 등을 보면, 당시 고구려에 망자(亡者)를 위해 미륵불을 조성하는 것이 보편화되었을 것으로 보이는데, 북위에서도 죽은 사람을 위하여 미륵상을 만들었다는 내용의 명문이 용문석굴을 비롯한 불상들에 자주 보인다. 더구나 북위의 조상(造像) 가운데 특히 석가불과 미륵불이 가장 많이 조성된 점도 유의된다.101)

지금까지 살펴본 것처럼 같은 시기 동아시아에서 유례를 찾아볼수 없을 정도로 밀도 높은 교섭관계를 유지하였던 북위와 고구려의 관계는 북위의 붕괴 이후 등장한 동위와 북제의 관계에서도 그대로 적용되었고, 잦은 사절의 파견을 통해 북위(북조) 불교문화의 양상등 다양한 문화가 고구려에 전래되었음을 알 수 있다. 이와 더불어가로구획 방식을 포함한 북위 낙양성의 도성계획 원리 또한 고구려에 도입되었을 가능성이 충분한 것으로 짐작된다.

2.3.2. 가로구획 방식의 선후관계

앞에서 살펴본 것처럼 북위 낙양성의 외형과 구조는 이전의 전통적인 중국 도성과 다른 획기적인 면모를 갖춘 것으로 알려졌다. 즉

지 소조불좌상은 동위불인 천평(天平)2년명 석조삼존불좌상(536)과 비교 고찰된다.(이재중, 위의 글, 222~223쪽)

101) 이재중, 위의 글, 198~213쪽.

도성 전체에 대한 전면적인 가로구획 시행과 함께 아직 불완전하지만 동타가(銅駝街)와 같은 남북중축선이 마련되면서, 하나로 통일된 궁성이 도성의 북부에 위치하는 등 이전의 도성제와는 다른 파격적인 요소가 등장한다. 이로써 이전의 궁이 도성 각처에 흩어져 민거(民居)와 섞여 있던 것과 달리 독립적인 궁원지역을 형성하게 되었고, 성내를 구획하는 중심축[軸心]의 원칙이 세워지면서 남북대로인 동타가를 중심으로 관아와 종묘·사직 등 주요 건축물이 배치되었다. 이런 형식은 이전 전한(前漢)의 장안성이나 후한(後漢)의 낙양성에서는 찾아볼 수 없는 현상이다.102)

그런데 이렇게 북위 낙양성에 나타나는 단일 궁성과 북궐(北闕), 그리고 남북중축선의 존재는 완전하지는 않지만 이전의 조위(曹魏) 업북성(鄴北城; 西晉의 洛陽城)에 이미 나타나는 요소다. 즉 조위 업북성에서 단일 궁성 제도가 비롯되었고, 궁성의 위치 또한 북부 중앙에 위치하여 좌북조남(坐北朝南)의 효시가 되었다. 궁성의 남쪽에 뻗은 대로를 중축선으로 하는 모델 또한 이미 조위 업북성에 그 단초가 보인다. 이처럼 조위 업북성의 도성구조는 북위 낙양성과 완전히 일치하지는 않으나 전체적으로 볼 때 매우 유사하며 동일한 구조에 속한다.103)(〈그림 2-12〉, 〈그림 2-13〉)

그러나 가로구획의 포치만은 북위 낙양성에 이르러서야 도성 전체에 전면적으로 시행되었다.104) 물론 한대(漢代)의 도성이나 그 이

102) 박한제, 1990, 〈북위 낙양사회와 호한체제〉, 《태동고전연구》 6, 12쪽 참조.
103) 中國科學院考古硏究所 河北省文物硏究所鄴城考古工作隊, 1996, 〈河北省臨鄴北城遺址勘探發掘間報〉, 《考古》 1996-7.

전의 도성에서도 종횡으로 교차되는 가로에 의해 크고 작은 리방(里坊) 구획이 존재하지만, 당시의 리방 구획은 상당히 불규칙적인 데다 크기나 형태 또한 서로 다른 부분이 많았다. 예를 들어, 조위 업북성의 남반부는 네 개의 방으로 구획되어 있는데, 중추가로 양쪽의 방의 면적은 비교적 크고 정방형에 가까우나, 바깥쪽 두 개의 방은 면적이 작아 정방형 방의 3분의 1밖에 되지 않았으며, 형태 또한 장방형을 띠고 있다.105)

그러나 북위 낙양성의 방은 그 규모와 형태가 통일되어 아주 규칙적인 정방형을 이루었을 뿐만 아니라, 도성 전체에 전면적으로 포치되었다. 더욱이 동서·남북으로 교차되는 격자형 도로망에 의해 각 구역이 좀 더 명확히 분할되어 도성 각 부분의 규모와 비율이 이전 도성에 비해 체계적으로 확정되었고, 궁성을 비롯한 종묘·사직·관청 등의 주요 건물 또한 일사분란하게 배치되었다. 때문에 북위 낙양성의 가로구획 방식은 이전 도성과 뚜렷이 구분되는 중요한 지표가 되고 있다.

---

104) 북위 낙양성의 도성 전체에 가로구획이 포치된 것은 북위를 세운 탁발족(拓跋族)이 처한 유목민적 특수성에서 비롯된 것으로 논의되고 있다. 즉 낙양성 천도 이전에 평성(平城)에서부터 이미 포치되었던 가로구획은 정부에 의한 방내(坊內) 거민(居民)에 대한 확실한 장악과 통제를 목적으로 시행된 것으로 보이는데, 당시 평성 성내에 천사(遷徙)된 피정복민은 주로 적성(敵性)이 강한 자들이었기 때문에 이들을 통제하기 위해 가로구획이 포치되었던 것이다. 이에 북위 낙양성의 방(坊)은 형식상으로는 행정조직으로 관리되었으나, 중앙이 직접 통솔하는 군관구(軍管區)적 성격을 겸유하였다.(逯耀東, 1979, 〈北魏平城對洛陽規建的影響〉, 《從平城倒洛陽—拓跋魏文化轉變的歷程》, 臺北 聯經出版業公司; 박한제, 1990, 앞의 글, 22~28쪽) 좀 더 자세한 사항은 이 책 1장 참조.

105) 中國科學院考古硏究所 河北省文物硏究所鄴城考古工作隊, 1996, 앞의 글.

그런데 고구려 장안성에도 도성 전체에 가로구획이 포치되었을 뿐만 아니라, 미흡하지만 외성 안에 남북대로가 존재하고 좌북조남의 도성 배치가 마련되었다. 이러한 도성계획 원리와 가로구획 방식이 중국의 어느 시기 어떤 도성의 영향을 받은 것인지에 대해서는 결국 두 가지 견해로 압축될 수밖에 없다. 즉 북위 낙양성(동위·북제의 鄴南城 포함)의 영향을 받은 것인가, 아니면 당 장안성의 영향을 받은 것인가이다.

이 문제에 대해서는 그동안 구체적인 검토 없이 그 가능성만 거론되었지만,106) 북위 낙양성의 영향을 받았다고 보는 경우는 고구려 장안성의 초축 연대에 주목한 것으로 여겨진다. 즉 고구려 장안성의 축조가 양원왕 8년(552)에 시작되었으므로, 같은 시기 동위·북제의 업남성의 영향을 받았을 경우를 쉽게 상정할 수 있을 것이다. 그러나 고구려는 이미 북위와 긴밀한 교섭관계를 유지하여 북위 낙양성의 도성제도에 대해 상세히 파악하고 있었을 가능성이 높은 데다, 앞서 살펴보았듯이 업남성 또한 북위 낙양성을 모본으로 한 도성이어서 크게 북위 낙양성의 영향을 받은 것으로 보아도 무방할 것으로 생각한다.107)

---

106) 연구자들에 따라 북위 낙양성(田中俊明, 2003, 앞의 글), 수 대흥성(關野貞, 1928, 앞의 글), 당 장안성(藤田元春, 1929, 앞의 글)의 영향을 받았을 것으로 추정되었으나, 모두 구체적인 논거 없이 추론 정도에 그쳤다.

107) 앞 절에서 살펴본 관련 기록뿐만 아니라, 실제 동위와 북제의 업남성 궁성도 북위 낙양성과 같은 방식으로 도성의 북쪽에 치우친 곳에 배치되었다. 또한 동타가와 마찬가지로 궁성 남쪽의 큰 거리를 중추가로로 하고 있으며, 이 가로는 남쪽의 정문인 주명문(朱明門)으로 직통하여 북성과 거의 동일한 직선 위에 위치한다.(中國科學院考古硏究所 河北省文物硏究所鄴城考古工作隊, 1996, 앞의 글) 이처럼 동위

반면 당 장안성의 영향을 받았다고 보는 경우는 고구려 장안성 천도시기와 그 완공시기가 수 대흥성의 축조시기 이후인 점에 주목한 것으로 보인다. 그러나 앞에서 살펴보았듯이 고구려 장안성은 외곽성의 형태상 초축 당시부터 외곽성의 축조를 염두에 두었을 가능성이 큰 데다, 가로구획의 포치 또한 축조 당시부터 계획되었던 것으로 보인다. 이미 천도가 시행되어 거민(居民)까지 모두 옮겨진 후 가로구획을 전면적으로 시행한다는 것 자체가 쉽게 납득하기 어렵기 때문이다.108) 더구나 수 대흥성이 축조된 이후 고구려와 수나라의 관계는 긴장과 갈등의 연속이었다.109) 그러한 상황에서 가로구획 방식을 포함한 일련의 도성제를 수나라로부터 받아들였다고 보기는 어려울 것이다. 수 대흥성이 축조된 시기(582)로부터 고구려 장안성 천도(586)까지 도성제를 받아들이기에는 시간상 충분하지 않다는 점도 고려되어야 할 것이다. 또한 당 장안성(수 대흥성)의 외곽성 증축은 654년에야 이루어졌다. 고구려 장안성의 천도가 당 장안성(수 대흥성)의 축조시기보다 몇 년 늦기는 하지만, 그보다 30여 년을 앞서 축조가 시작되었고, 외곽성의 축조 또한 시기적으로 앞섰다는 점을 고려한다면 북위 낙양성과의 관련성에 좀 더 무게를 두어야 할

와 북제, 그리고 북주도 마찬가지로 이들의 도성 건설은 모두 북위시대의 것을 그대로 답습하였다.

108) 고구려 장안성의 외성 안의 대로들이 외성의 정양문·함구문 등 각 문에 알맞게 구획되어 있기 때문에 외성이 완성된 589~593년 이후에 가로구획이 포치된 것으로 보아야 한다는 견해(민덕식, 1989, 앞의 글, 206~211쪽)가 있으나, 가로구획을 먼저하고 그 대로에 알맞게 성문을 내어 외성을 쌓았을 가능성도 있으므로 반드시 외성 축조 후 가로구획이 포치되었다고 볼 수는 없을 것이다.

109) 이 책 고구려 장안성 천도의 배경 참조.

것으로 생각한다. 앞에서 살펴본 북위와 고구려의 긴밀한 교섭관계와 불교문화의 교류 양상 등을 고려할 때도 그러한 개연성은 충분히 인정된다.

이는 가로구획 방식의 비교 검토에서도 마찬가지다. 먼저 방의 분할방식에서 북위 낙양성과 고구려 장안성 사이에는 일정한 유사성이 보인다. 북위 낙양성에는 모든 방에 십자로가 나 있어 네 개의 구역으로 나누어지는 4분할방식이 적용된 것으로 보이는데, 이는 고구려 장안성에서도 마찬가지였다. 반면 당 장안성의 방은 십자로에 의한 4분할방식 외에도 동서 방향의 소로에 의한 2분할방식과 4분할된 것을 다시 4등분한 16분할방식이 모두 나타난다.

무엇보다 북위 낙양성과 고구려 장안성의 경우는 가로구획의 분할선이 도로중심선을 기준으로 하고 있다. 즉 등간격(等間隔)으로 토지 분할을 한 후 도로를 내고 있어, 이들 도성에서는 도로폭에 따라 방과 택지의 면적이 달라지는 특징을 보인다. 반면 당 장안성의 경우는 도로를 기준으로 가로구획이 이루어짐으로써 일정한 택지 규모가 마련되었다. 즉 북위 낙양성과 고구려 장안성에서는 도로와 택지의 너비를 따로 설정하지 않고 도로중심선을 기준으로 구획하여 도로폭에 따라 택지 면적이 일정하지 않았지만, 당 장안성에서는 둘의 너비를 따로 설정하여 택지 면적이 균등하였다.

이와 같은 양상은 도로체계에서도 마찬가지다. 북위 낙양성, 고구려 장안성, 당 장안성 모두 격자형 도로망에 의해 질서정연한 가로구획이 시행되지만, 남북중축가로와 전체적인 도로망의 배치에서 북위 낙양성과 고구려 장안성은 당 장안성과 일정한 차이점을 나타내는 것으로 보인다. 즉 고구려 장안성에는 주작대로(朱雀大路)로 기능한 대로는 없었던 것으로 파악되며, 북위 낙양성 또한 궁성 남쪽의 남북도로인 동타가가 실제적인 중축가로 역할을 하고 있으나, 동타가 자체가 도성의 남반부에만 편재되어 있는 데다, 도로폭 또한 일반 대로와 비슷한 규모를 보여 주작대로로 보기는 어렵다고 하겠다. 반면 당 장안성의 경우는 도성의 정중앙을 관통하는 주작대로가 일반적인 교통로 기능을 넘어서 황제의 위엄을 나타내는 의례 공간 역할을 하고 있으며, 도로폭 또한 150미터에서 155미터에 이르러 북위 낙양성과 고구려 장안성에 비해 월등한 규모를 갖추고 있다.

실제로 주작대로는 수·당대에 들어서 황제권이 강화되고 중앙집권체제가 확립되면서 좌북조남(坐北朝南)의 도성구조와 함께 완성된 것으로 파악된다. 물론 북위 낙양성에서부터 북쪽에 궁궐을 두는 좌북조남의 궁궐배치가 이루어지고, 동타가가 도성 남반부의 동·서를 둘로 나누면서 수·당대 주작대로의 설계에 기초가 된 것은 분명해 보이지만, 북위 낙양성의 동타가는 도로의 규모면에서나 기능면에서 아직 주작대로로 이름 붙이기는 미흡한 단계라고 할 수 있다. 이는 고구려 장안성의 경우도 마찬가지다.

물론 북위 낙양성의 도성구조는 당 장안성에 영향을 미쳐 그 선례가 되었다는 것은 잘 알려진 사실이다. 즉 북위 낙양성에 보이는 좌북조남의 도성 배치는 당 장안성 도성 배치의 원형이 되었고, 동타가는 주작대로 설계의 기초가 되었다. 그러나 당 장안성은 모든 면에서 북위 낙양성에 비해 수미일관되게 정비되었고, 가로구획 방식 또한 더욱 정연한 형태를 이루었으며, 주작대로를 기준으로 동·서로 양분되었기 때문에, 어떤 복원도를 보아도 기본적인 골격에 관한 한 거의 차이가 나타나지 않는다. 이러한 이른바 장안식(長安式) 도성제는 주변 국가에도 커다란 영향을 미친 것으로 파악되는데, 현재 발해의 상경성(上京城),[110] 일본의 헤이세이쿄(平城京)와 헤이안쿄 (平安京)[111] 등은 모두 당의 장안성을 모방하였다는 데 큰 이견이 없다.

그러나 고구려 장안성 역시 당 장안성의 영향을 받았다면, 방의 분할방식이나 도로체계 등에서 한층 복잡하고 계획적인 양상이 나타나야 할 것이다. 특히 고구려 장안성의 도성 구획은 북위 낙양성 의 영향을 받아들였기 때문에, 당 장안성과는 달리 주작대로의 규모 나 기능이 완성되지 않은 형태로 나타난다고 생각한다. 이처럼 고구 려 장안성의 가로구획 방식이 당 장안성보다는 북위 낙양성에 가까

---

110) 발해 상경성과 당 장안성의 도성계획의 유사성을 다룬 논문은 다음과 같다.

　駒井和愛, 1977, 《中國都城·渤海研究》, 雄山閣出版.

　村田治郎, 1981, 《中國の帝都》, 綜藝社.

　송기호, 1989, 〈발해성지의 조사와 연구〉, 《한국사론》 19, 국사편찬위원회.

　리화선, 1993, 《조선건축사》 I, 발언.

　대한건축학회, 1996, 《한국건축사》, 기문당.

　龜田博, 2000 《日韓古代宮都の研究》, 學生社.

111) 일본 헤이세이쿄·헤이안쿄의 원형을 당 장안성으로 파악한 논문은 다음과 같다.

　關野貞, 1907, 〈平城宮及第內裏考〉, 《東京帝國大學紀要》 工科 第3冊.

　────, 1999, 《日本の建築と藝術》, 岩波書店.

　喜田貞吉, 1979, 〈本邦都城の制〉, 《喜田貞吉著作集》 5, 平凡社.

　王仲殊, 1983, 〈日本の古代都城制度の原流について〉, 《考古雜誌》 69-1.

　金子裕之, 1987, 〈平城宮〉, 《宮都發掘》, 吉川弘文館.

　岸俊男, 1988, 〈平安京と洛陽·長安〉, 《日本古代宮都の研究》, 岩波書店.

　王維坤, 1991, 〈平城京の模倣原型〉, 《古代の日本と東アジア》, 小學館.

　井上滿郎, 1996, 〈VI 長安と平安京〉, 《長安─絢爛たる唐の都》, 角川書店.

운 고식(古式)을 취하는 것은 고구려가 당에 앞서 북위로부터 가로
구획 방식을 받아들였음을 방증하는 것이라 생각한다.112)

　더욱이 후술할 신라 왕경과 일본의 후지와라쿄(藤原京) 역시 당
장안성과는 달리 고구려 장안성과 유사성을 나타내고 있어 6세기에
서 8세기 동아시아 도성의 계보 관계에 시사하는 바가 크다. 즉 북위
낙양성에서 시행된 가로구획 방식의 선례는 고구려 장안성 – 신라
왕경 – 후지와라쿄로 이어지는 계보 관계에 따라 전개되었을 가능성
이 커 보인다. 이에 대해서는 다음 장에서 구체적으로 살펴보자.

---

112) 다만 고구려 장안성이 북위 도성제의 영향을 받아들였다고 하더라도 그 전범을
　완전히 따랐다고 보기는 어려울 것이다. 고구려 장안성은 오랜 축성기간을 거치면
　서 한 단계씩 확축된 도성이고, 실제로도 평지성과 산성이 결합되는 독특한 구조를
　보이는 한편, 전통적인 중국의 도성과 같은 방형(方形)을 이루고 있지 않다. 또한
　고구려척을 가로구획의 기본 단위로 사용하는 등 고구려만의 독자성을 나타내고
　있다.

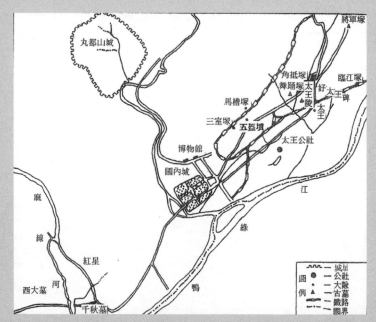

그림 2-1. 고구려 국내성과 환도산성 위치도

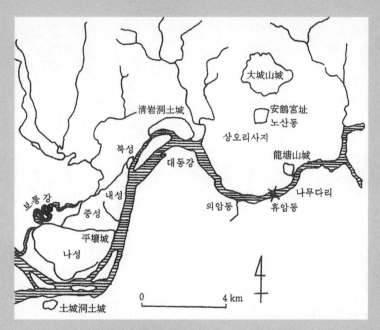

그림 2-2. 평양 지역 고구려 성(城) 분포도

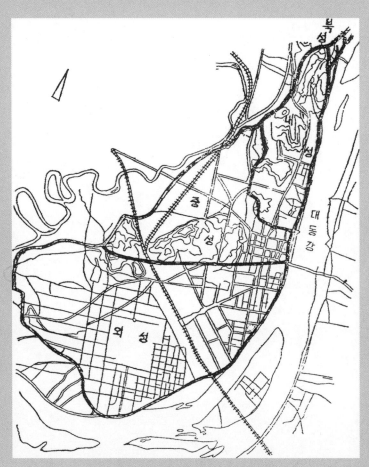

그림 2-3. 고구려 장안성 성곽 총평면도

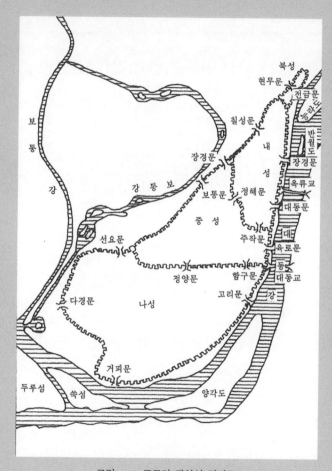

그림 2-4. 고구려 장안성 평면도

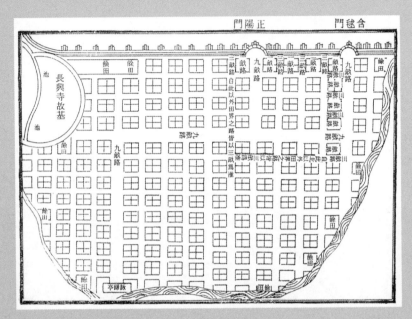

그림 2-5. 기전도(箕田圖)

(韓百謙,《久菴遺稿》上; 박흥수, 1980,《도량형과 국악논총》)

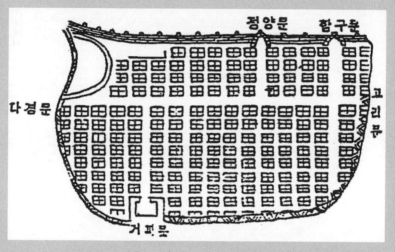

그림 2-6. 기전도(箕田圖; 한인호)

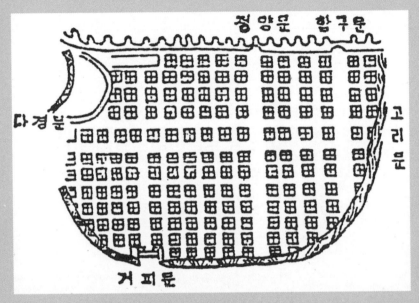

그림 2-7. 정전도(井田圖: 한인호)

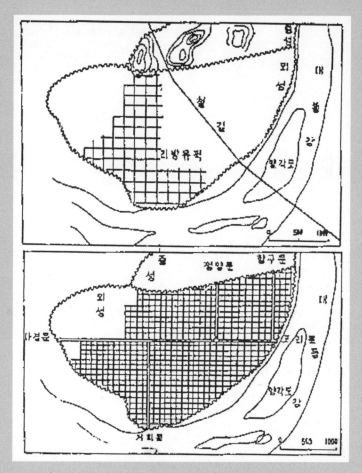

그림 2-8. 고구려 장안성 외성(外城) 안의 가로구획 유적과 복원도

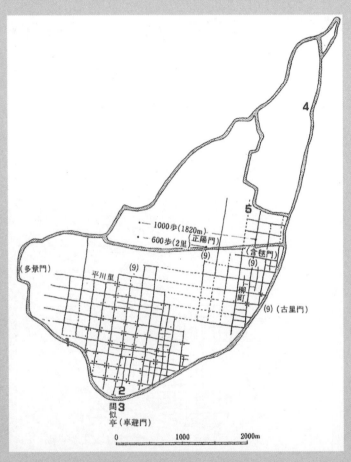

그림 2-9. 고구려 장안성 외성 구획

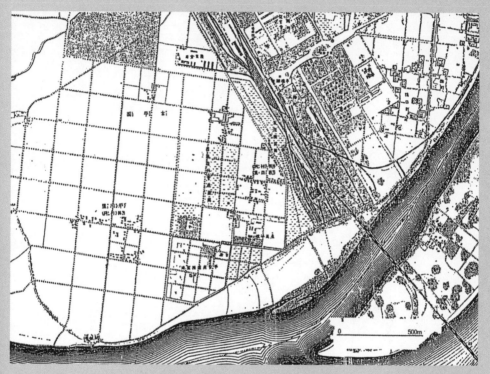

그림 2-10. 고구려 장안성 외성의 가로구획

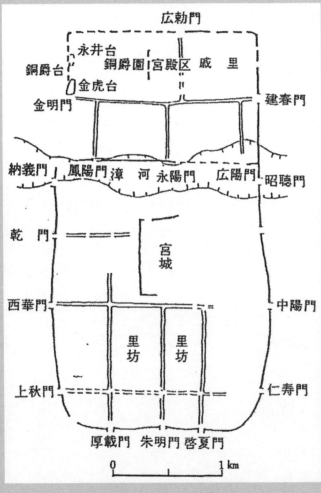

그림 2-11. 동위·북제 업남성

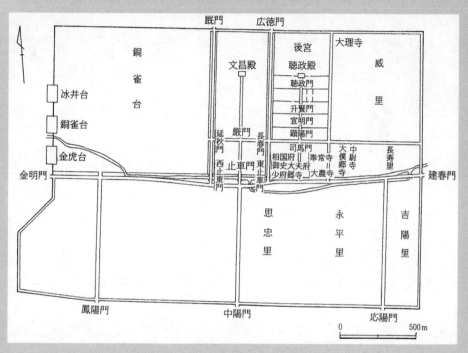

그림 2-12. 조위(曹魏) 업성(鄴城) 평면복원도

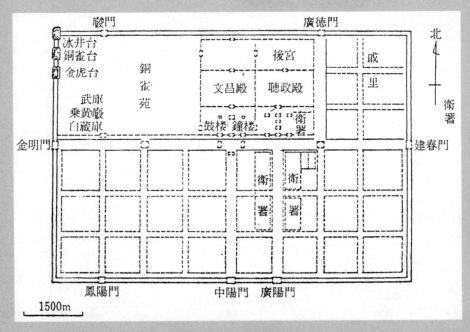

그림 2-13. 조위 업성의 배치구조

3장
신라 중고기 中古期의 왕경과 고구려의 영향

3.1. 신라 왕경의 도성계획

3.1.1. 방의 형태와 규모 및 분할방식

지금까지 신라 왕경의 가로구획 방식에 대해서는 관련 기록과 지적도, 발굴조사 자료 등을 토대로 다양한 분석이 이루어졌다. 먼저 신라 왕경의 방(坊)에 관한 관련 기록을 살펴보면 다음과 같다.

> A-1. 전한(前漢) 오봉(五鳳) 원년 갑자(甲子)에 개국하였는데, 왕도의 길이는 3,075보(步), 너비는 3,018보, 35리(里) 6부(部)였다.(《三國史記》 권34, 雜志3 地理1)
>
> A-2. 신라의 전성시대에는 경중(京中)에 17만 8936호, 1,360방(坊), 55리, 35금입택(金入宅)이 있었으니,…… 남유택(南維宅; 反香寺下坊)…… 판적택(板積宅; 芬皇寺上坊)이 있었다.(《三國遺事》 권1, 紀異1 辰韓條)
>
> A-3. 남산 동록 피리촌(避里村)에 절이 있어…… 항상 미타(彌陀)를 염불하였다. 그 소리가 성중(城中)에 가득하여 360방 17만 호에 들리

지 않는 곳이 없었다.(《三國遺事》권5, 避隱8 念佛師條)

　사료 A에서 확인할 수 있듯이 신라 왕경에는 가장 작은 하위의 공간단위인 '방'(坊)이 있고, 그보다 상위의 개념인 '리'(里)와 '부'(部)가 있었음을 알 수 있다.1) 방이 행정단위로 사용되었을 가능성도 없지 않으나, 현재로서는 명확한 근거가 없다. 다만 방이 '리'보다 작은 하위의 단위로서 왕경의 가장 작은 최소 공간단위였던 것만큼은 분명해 보인다.

　그런데 《삼국사기》와 《삼국유사》에는 왕경의 장광(長廣)과 함께 각기 1,360방 또는 360방이라는 서로 다른 기록이 전하고 있어, 어느 기록이 정확한지 파악하기 힘들다.2) 관련 기록에 전하는 왕경의 장

---

1) 방(坊; 1,360개 또는 360개), 리(里; 35개 또는 55개), 부(部; 6개)의 수로 보아 '방'이 가장 작은 공간단위이고, 이를 기초로 '리'와 '부'가 설정되었음을 알 수 있다. 〈남산신성비 제3비〉(591)의 '喙部 主刀里'라는 명문은 '부' 아래에 '리'가 설정된 사실, 그리고 금입택(金入宅)의 위치를 방명으로 표기한 것은 '방'이 '리'보다 작은 공간단위임을 각각 반영한다.(여호규, 2002, 〈신라 도성의 공간구성과 왕경제의 성립 과정〉, 《서울학연구》 18, 38쪽)

2) 윤무병은 36방(360방)으로 구성된 왕경 복원을 시도하였고(윤무병, 1972, 〈역사도시 경주의 보존에 대한 조사〉, 《문화재의 과학적 보존에 대한 연구》 1) 김병모와 장순용 역시 신라 왕경의 방의 수를 360방으로 파악하였다.(김병모, 1984, 〈도시계획〉, 《역사도시 경주》, 열화당; 장순용, 1976, 《신라왕경의 도시계획에 관한 연구》, 서울대 환경대학원 석사학위논문) 그러나 민덕식은 《삼국유사》에 기록된 1,360방이 더 정확한 숫자라고 보았고(민덕식, 1989, 〈신라왕경의 도시계획에 관한 시고〉(상)·(하), 《사총》) 35·36), 최근에 연구 성과를 발표한 가메다 히로시(龜田博) 역시 《삼국유사》에 기록된 방의 숫자가 더 정확한 것으로 파악하고 있다.(龜田博, 1993, 〈新羅王京の地割り〉, 《關西大學考古學硏究室開設四十周年記念考古學論叢》) 이는 모두 왕도의 범위와 1방의 규모를 어떻게 설정하느냐에 따라 파악된 견해로서, 왕도의 범위와 1방의 규모에 대한 여러 연구자들의 견해는 아래의 주 3)과 〈표 3-1〉을 참조하기 바란다.

광만으로는 그 범위를 설정하는 데에 한계가 있고,3) 방의 수를 전하는 두 기록 또한 모두 하대(下代)의 것인데다, 방의 숫자도 큰 차이가 나기 때문이다.4)

따라서 신라 왕경의 방의 형태와 규모 등 가로구획 방식에 대한 연구는 일찍부터 지형도·지적도를 바탕으로 이루어졌다. 먼저 신라 왕경의 도성계획에 대한 연구를 가장 먼저 시작한 후지타 모토하루(藤田元春)는 1만 분의 1 지형도를 토대로 1방의 크기를 사방 400자(高句麗尺, 약 140m)로 보았고,5) 후지시마 가지오(藤島亥治郞)는 1,200분의 1 지적도를 바탕으로 1방의 규모를 역시 사방 400자(고구려척, 약 140m)로 파악하였다.6) 그러나 이후의 후속 연구에서 신라

---

3) 연구자들에 따라 주척(周尺), 당척(唐尺), 고구려척(高句麗尺)을 기준으로 각기 그 범위가 산정되었다. 윤무병은 주척을 적용하여 길이 3,670m, 너비 3,620m로 산정하였고(윤무병, 1972, 앞의 글, 131쪽), 민덕식은 당척을 적용하여 길이 5,424m, 너비 5,323m로 추산한 다음 실제로는 사방 5,600m였다고 보았다.(민덕식, 1986, 〈신라왕경의 도시설계와 운영에 관한 고찰〉, 《백산학보》33, 10~11쪽) 여호규는 고구려척을 적용하여 길이 5,473.5~5,565.8m, 너비 5,372.0~5,462.6m라는 추정치를 얻어 지적도에서 확인되는 도시계획구역 범위와 대략 일치하는 것을 확인하였다.(여호규, 2002, 앞의 글, 44~45쪽) 그러나 왕도의 장광(長廣) 기사의 시점은 지리지 기사가 경덕왕대 군현명 개정을 바탕으로 작성된 점을 고려할 때 중대(中代)의 상황을 반영하는 것으로 생각되므로(김태식, 1995, 〈삼국사기 지리지 신라조의 사료적 검토〉, 《삼국사기의 원전 검토》, 한국정신문화연구원, 179~244쪽), 당시에 당척을 기준으로 왕경의 범위를 설정한 것인지, 아니면 중고기 이래 고구려척으로 설정된 왕경의 범위를 기록한 것인지 명확하지 않다.

4) 중대의 상황을 전하는 것으로 파악되는 《삼국사기》 지리지의 35리보다 하대의 상황을 전하는 《삼국유사》 기사의 55리는 중대 이후 도성의 공간범위가 확장되었을 가능성을 시사하는 것으로 볼 수 있으나(전덕재, 1998, 〈신라 6부 명칭의 어의와 그 위치〉, 《경주문화연구》 창간호), 같은 하대의 상황을 전하는 《삼국유사》 기록의 방의 숫자는 너무 큰 차이를 보이고 있다.

5) 藤田元春, 1929, 〈都城考〉, 《尺度綜考》, 刀江書院.

왕경의 방은 동서로 약간 긴 장방형으로 파악하기 시작한다. 먼저 사이토 다다시(齊藤忠)는 1구역을 동서 152미터와 남북 142미터로 설정하였고,[7] 윤무병은 1방의 크기를 동서 160미터(460고구려척)와 남북 140미터(400고구려척)로 설정하였다.[8] 김병모와 장순용 역시 동서 160미터(460고구려척)와 남북 140미터(400고구려척)로 보았고,[9] 민덕식은 동서 164.5미터(470고구려척)와 남북 140미터(400고구려척)로,[10] 가메다 히로시(龜田博)는 동서 162미터(450고구려척)와 남북 144미터(400고구려척)로 설정하였다.[11] 이를 정리하면 다음 쪽 〈표 3-1〉[12]과 같다.

신라 왕경의 방의 규모는 지금까지의 연구성과를 종합해 볼 때 대체로 동서 160미터에서 165미터, 남북 140미터에서 145미터로 설정됨을 알 수 있다.[13] 앞으로도 지적도를 바탕으로 검토한 방의 규모는 기존의 연구와 큰 차이를 보이지 않을 것이다. 물론 더 정확한 방의 규모는 신라 왕경에 대한 전면적인 발굴조사를 기대해 볼 수밖에

6) 藤島亥治郎, 1930, 〈朝鮮建築史論〉(1)·(2), 《建築雜誌》.(1969, 《朝鮮建築史論》)
7) 齊藤忠, 1936, 〈新羅の王京跡〉, 《夢殿》 15.(1973, 《新羅文化論攷》)
8) 윤무병, 1972, 앞의 글.
9) 김병모, 1984, 앞의 글.
　 장순용, 1976, 앞의 글.
10) 민덕식, 1989, 앞의 글.
11) 龜田博, 1993, 앞의 글..
12) 이 가운데 후지시마 기지오(藤島亥治郎)는 도로폭을 14m(40고구려척)와 28m(80 고구려척)로 따로 산정하였기 때문에, 이를 도로중심선을 기준으로 환산하면 1방의 규모는 163.9m(460고구려척)로 추산되므로(여호규, 2002, 앞의 글, 39쪽), 다른 연구 자들의 동서 길이와 거의 같다.
13) 여호규, 위의 글, 40쪽.

표 3-1. 신라 왕경의 방의 규모에 대한 여러 견해(단위: m)

	藤田元春	藤島亥治郎	齊藤忠	윤무병	민덕식	김병모	龜田博
동서	약 140 (400고구 려척)	약 140 (400고구 려척)	152 (504曲尺)	160 (460고구 려척)	164.5 (470고구 려척)	160 (460고구 려척)	162 (450고구 려척)
남북	약 140 (400고구 려척)	약 140 (400고구 려척)	142 (468曲尺)	140 (400고구 려척)	140 (400고구 려척)	140 (400고구 려척)	144 (400고구 려척)

없으나, 기존의 지적도를 통한 검토와의 오차 또한 그리 크지 않을 것이다.14)

한편 방의 형태에 대해서는 방의 규모에 따라 동서로 약간 긴 장방형으로 의견이 모아지고 있다.15) 다만 고구려 장안성(長安城)에서 장방형 방과 정방형 방이 적절히 배합되었을 가능성이 큰 것과 마찬가지로, 신라 왕경에서도 왕경 전체에 동서로 긴 장방형 방이 설정된 것으로 확인되는 가운데, 황룡사터 주변의 방의 형태는 다른 구획과 달리 정방형에 가까운 것으로 확인된다.

실제로 최근의 발굴조사에서 황룡사 동쪽의 이른바 신라 왕경 유적(S1E1지구)에 관한 구체적인 면모가 밝혀졌는데, 황룡사터 동쪽의 왕경 유적 1구획은 외곽에 설치된 격자형 도로에 의하여 다른 구획

---

14) 이는 최근 발굴조사로 확인된 황룡사터 동쪽 왕경 유적 주변의 도로 배치가 기존의 지적도와 거의 정확히 일치하는 것에서 알 수 있다.(龜田博, 2000, 《日韓古代宮都の研究》, 學生社, 239쪽)

15) 후지타 모토하루(藤田元春)와 후지시마 가지오(藤島亥治郎)는 신라 왕경의 방의 형태를 정방형으로 파악하였는데, 특히 후지시마 가지오는 지적도에 가장 명확히 남아 있는 황룡사 부근의 리방구획을 중심으로 검토한 결과로 보인다.

과 나누어지며, 가옥들은 도로 안쪽에 구자형(口字形)으로 설치된
담장 내부로 한정되는 방형(方形)의 택지에 배치되어 있어서, 신라
왕경의 최소 공간단위인 방으로 파악된다. 조사 결과에서 드러난 이
구획의 크기는 동서도로의 중심축간 거리가 167.5미터, 남북도로의
중심축간 거리가 172.5미터 안팎으로 정방형에 가까운 것으로 확인
된다.16) 이러한 양상은 소경(小京)과 주치(州治)가 설치되었던 지역
에서도 확인되므로 황룡사터 주변의 정방형 리방구획은 우연한 현
상이 아니라 상당히 계획적인 조치였을 가능성도 배제할 수 없다 하
겠다.17)

이처럼 신라 왕경의 방의 형태와 규모는 고구려 장안성과 대체로
비슷한 양상을 나타내고 있음을 알 수 있다. 이러한 양상은 방의 분
할방식에서도 마찬가지다.

신라 왕경 또한 고구려 장안성과 마찬가지로 4분할법이 적용된
것으로 보이는데,18) 현재까지의 발굴성과로는 방 안의 십자로는 발
견되지 않고 있으나, 방 내부의 우물에서 시작된 소규모의 배수로
(側溝)가 중규모의 배수로에 연결되고 중규모의 배수로가 다시 대규
모의 배수로에 접속되는 것을 볼 때, 도로 또한 이와 유사한 체계로
조직되었을 것으로 생각된다.19) 즉 방과 방 사이의 도로나 리(대구

16) 국립경주문화재연구소, 2002, 《신라왕경—발굴조사보고서》. 1
17) 여호규, 2002, 앞의 글, 40~43쪽. 이와 함께 황룡사가 본래 신궁 조영을 목적으
로 건립된 것을 상기하면, 황룡사 주변 구획만의 특수성일 가능성도 있다.
18) 藤田元春, 1929, 앞의 글.
田中俊明, 1988, 《韓國の古代遺跡》1(新羅篇), 中央公論社, 254~266쪽.
19) 우성훈, 1997, 〈신라왕경 경주의 도시계획에 관한 연구〉, 성균관대 석사학위논문,
113쪽.

획)와 리 사이의 도로 체계가 4분할법이 적용된 고구려 장안성과 같은 것으로 보아 신라 왕경의 각 방도 십자형 소로에 의해 4분할되었을 가능성이 높아 보인다.

무엇보다 신라 왕경의 가로구획 분할선은 도로중심선이었던 것으로 보이는데, 연구자에 따라 신라 왕경 1방의 규모에 대해 해석이 분분한 것은, 본질적으로 신라 왕경의 방 구획이 도로를 포함하여 계획되었기 때문으로 보인다. 지적도에 남아 있는 흔적을 보아도 신라 왕경의 방 전체가 같은 규모로 계획되지는 않아 보이는데, 이는 신라 왕경의 방 규모가 도로를 포함하고 있어 인접한 도로의 규모에 따라 그 크기가 달랐기 때문인 듯하다.[20] 즉 가로구획 당시 도로를 따로 구획한 것이 아니기 때문에 도로가 겹친 방은 도로의 폭만큼 방의 크기가 작아진 것이다.[21]

이에 따라 택지 또한 도로폭의 차이만큼 면적에도 차이가 있었던 것 같다. 실제 신라 왕경의 경우 방 내부의 택지는 대로에 접한 것이 소로에 접한 것보다 규모가 컸음이 확인된다. 즉 각각의 주택은 담장을 공유하면서 이웃하고 있는데, 소로에 접한 문지의 간격이 대로에 접한 문지의 간격보다 좁다.[22] 이러한 양상은 고구려 장안성에서도 마찬가지였을 것이다.

---

20) 위의 글, 108쪽.
21) 민덕식, 1989, 앞의 글(上), 38쪽.
22) 이와 함께 도로와 인접한 택지 네 변에 배치된 가옥은 대문을 도로 쪽으로 설치한 경우가 많은 반면, 택지 중앙부에 위치한 가옥들은 도로에서 택지로 통하는 소형도로 쪽으로 문을 설치하였다. 이는 방의 택지내 가옥 배치에서 사찰이나 귀족의 저택 등 격이 높은 건물은 출입이 쉬운 도로변에 배치하는 택지분할의 한 패턴을 반영하는 것이다.(국립경주문화재연구소, 2002, 앞의 책, 556쪽)

3.1.2. 도로체계

현재 발굴조사로 확인된 신라 왕경 도로는 21개소로서, 현 경주시 전역에 걸쳐 넓게 포치된 것으로 조사된다.

먼저 황룡사터 동쪽의 왕경 유적(S1E1구획)에서 남쪽 동서도로, 북쪽 동서도로, 서쪽 남북도로, 동쪽 남북도로가 각각 조사되었다.[23] 황룡사터 주변 도로는 도로폭이 각각 다르게 나타났다. 즉 남쪽 동서도로는 12.7미터에서 15.5미터, 서쪽 남북도로는 12미터에서 13미터, 북쪽 동서도로는 5.5미터에서 7.5미터, 동쪽 남북도로는 5.5미터 안팎의 폭을 이루고 있다. 특히 남쪽 동서도로와 서쪽 남북도로의 도로폭이 비교적 넓고, 북쪽 동서도로와 서쪽 남북도로의 도로폭이 좁은데, 이로써 비교적 넓은 폭을 가진 도로를 중심으로 몇 개의 방을 합한 구획, 즉 방보다 더 넓은 구획(里)이 존재했을 가능성을 상정해 볼 수 있다.[24] 또한 모든 도로가 여러 차례에 걸쳐 전면적인 개축과 부분적으로 보수된 사실이 각 도로의 단면 조사과정에서 공통적으로 확인되었다.

무엇보다 주목되는 것은 황룡사터 주변 도로가 그 폭에 따라 세 가지 유형으로 구분된다는 것이다. 이러한 도로 규모의 유형화는 다른 신라 왕경도로에서도 동일하게 나타나는 특성이라 할 수 있다.

실제로 국립경주박물관터 안 동서도로[25]는 황룡사터 남쪽 동서

---

23) 위의 책, 446~455쪽.
24) 전덕재, 2005, 〈신라 리방제의 시행과 그 성격〉, 《신라문화제학술논문집》 26, 105쪽.

도로와 같은 규모로 15미터에서 16미터의 도로폭이 확인되었으며, 성동동(城東洞) 건물지 서쪽 남북도로26)는 조사 결과 도로폭이 13.4 미터 정도로 확인되었지만, 원래의 너비는 더 넓었을 가능성이 제기 되고 있다. 동천동 696-2번지 유적 남북도로27)는 1차 조사에서 14 미터에서 15미터의 도로폭이 확인되었다.

이보다 규모가 작은 왕경도로로는 먼저 인왕동(仁旺洞) 556·566 번지 도로유적28)을 들 수 있다. 이 유적에서는 상·하층으로 구분 된 동서도로와 남북도로가 조사되었는데, 동서도로는 상·하층 모 두 배수로(側溝)가 확인되지 않았으나, 남북도로는 도로폭이 10.2미 터 정도로 확인되었고, 도로의 서단부에서 배수로 형태를 띠는 유구 가 확인되었다. 황성동(隍城洞) 950-1·7번지 도로유적29) 또한 최 대너비 10.9미터로서 모두 3차에 걸쳐 개축된 것으로 확인되는데, 매회 확장된 도로폭은 약 3.5미터가 조금 넘었을 것으로 추정된다. 남산 왕정곡 남북도로30)도 도로폭이 약 10미터로 확인되며, 개설 당 시의 도로폭은 이보다 1미터에서 2미터 정도 더 넓었을 것으로 추정 된다. 월성해자 도로유적31)도 이와 비슷한 규모로서 도로폭이 9미

---

25) 국립경주박물관, 2002, 《국립경주박물관부지내 발굴조사보고서—미술관부지 및 연결통로부지》.
26) 박방룡, 1995, 〈신라 도성의 교통로〉, 《경주사학》 16, 170쪽.
27) 한국문화재보호재단, 2006, 〈경주 동천동 공동주택 건설부지내 유적 발굴조사— 1차 지도위원회 자료〉.
28) 국립경주문화재연구소, 2003, 《경주 인왕동 556·566번지 유적 발굴조사보고서》.
29) 한국문화재보호재단·(주)영우주택건설, 2005, 《경주 황성동 950-1·7번지 공동 주택 신축부지 발굴조사보고서》.
30) 박방룡, 1995, 앞의 글, 273쪽.
31) 국립경주문화재연구소, 1994, 《연보》 4.

터 정도로 확인되었고, 도로의 동쪽에서 석축의 배수로가 확인되었
다. 분황사 남쪽 동서도로32) 또한 도로폭이 9미터 정도로 확인되었
으며, 월성 석교 남쪽 남북도로33) 또한 도로폭이 9미터 정도로 확인
되었다. 동천동 696-2번지 유적 동서도로는 1차 조사에서 약 9미터
안팎의 도로폭이 확인되었다.34)

　이보다 작은 규모의 왕경도로로는 먼저 동천동 우방아파트터 남
북도로35) 유적을 들 수 있다. 이 유적에서는 크게 3개층 도로가 확
인되었는데, 도로폭은 6.5미터 정도이며, 최상층의 도로에서 중앙부
에 설치된 배수로가 확인되었다. 황성동 535-8번지 도로유적36)은
도로폭이 5.2미터 안팎으로서 모두 2차에 걸쳐 축조되었으며, 도로
와 관련된 시설물은 확인되지 않았다. 황성동 537-2번지 도로유
적37) 또한 도로폭이 5미터 정도로 추정되었으며, 도로와 관련된 시
설물은 확인되지 않았다. 용강동(龍江洞) 원지(苑池) 도로유적38)도
도로폭이 5.2미터 정도로 추정되었고, 도로와 관련된 배수로가 확인

---

32) 국립경주문화재연구소, 1995, 《연보》 5, 35~35쪽.
33) 국립경주문화재연구소, 1994, 《연보》 4, 23쪽.
34) 2·3차 조사에서는 도로폭이 7~10m로 확인되었다. 조사 시점에 따라 폭이 차이
　　나는 것은 도로를 개·보수하는 과정에서 도로의 확장 또는 축소에 따른 변화로 보
　　인다.(한국문화재보호재단, 2007, 〈경주 동천동 공동주택 건설부지내 유적 발굴조
　　사—3차 지도위원회 자료〉)
35) 박방룡, 1995, 앞의 글, 173쪽.
36) 한국문화재보호재단·경주시, 2002, 《경주 황성동 유적 537-1·10, 537-4, 535-8,
　　544-1·6번지 발굴조사보고서》.
37) 한국문화재보호재단·(주)대흥주택, 2001, 《경주시 황성동 537-2 임대아파트 신
　　축부지 발굴조사보고서》.
38) 영남문화재연구원·경상북도경주교육청, 2001, 《경주용강동원지유적》.

되었다. 황성초등학교 강당터 도로유적39)에서는 도로폭 6.5미터 정
도의 동서도로와 도로폭 3.5미터 정도의 남북도로가 확인되었다. 서
부동(西部洞) 19번지 도로유적40)의 동서도로는 도로폭이 4미터 정
도로 확인되었으며, 남쪽으로 천석(川石)으로 축조된 배수로가 확인
되었다. 남북도로는 도로폭이 약 10미터 정도로서, 서쪽에서 배수로
가 확인되었다. 북문로(北門路) 도로유적41)의 동서도로는 도로폭이
4미터, 남북도로는 도로폭이 7미터에서 8미터 정도로 확인되었다.
황성동 제철유적 동쪽 남북도로42) 또한 도로폭이 6.5미터 정도로 확
인되었고, 동천동 7B/L 내 도시유적의 동서도로43)는 도로폭이 6.5미
터 정도로 확인되었다.

〈표 3-2〉에서 확인할 수 있듯이, 지금까지 발굴조사로 확인된 신
라 왕경도로는 그 도로폭에 따라 세 가지 유형으로 분류할 수 있다.
즉 15미터 이상의 대로(大路), 10미터 안팎의 중로(中路), 5미터 안팎
의 소로(小路)로 구분할 수 있다.44) 이 가운데 대로는 신라 왕경 분
할체계의 기본이 되는 것으로서 방보다 더 큰 단위공간을 구획하는
도로이며, 중로는 이를 다시 4분할하는 십자로, 소로는 왕경의 최소

---

39) 동국대학교경주캠퍼스박물관, 2002, 《왕경유적 I —황성초등학교 강당부지》.
40) 국립경주문화재연구소, 2003, 《경주 서부동 19번지 유적 발굴조사보고서》.
41) 한국문화재보호재단·경주시, 2003, 《경주 북문로 왕경유적 시·발굴조사보고서》.
42) 국립경주박물관, 1991, 《경주황성동유적발굴조사약보고서—주공아파트 건립부지
제2차지구》.
43) 동국대학교경주캠퍼스박물관·경주대학교박물관, 1998, 〈동천동 7B/L 내 도시유
적 발굴조사보고〉, 지도위원회 회의자료.
44) 박방룡, 1998, 《신라 도성 연구》, 동아대 박사학위논문, 166~178쪽.
　　국립경주문화재연구소, 2002, 앞의 책, 556쪽.

표 3-2. 신라 왕경도로의 규모

분류	도로명	도로폭(m)	비고
1	황룡사터 남쪽 동서도로	12.7～15.5	도로의 개축에 따라 최대 15.5m
	황룡사터 서쪽 남북도로	12～13	
	국립경주박물관터 안 동서도로	15～16	
	성동동 건물지 서쪽 남북도로	13.4	원래 더 넓었을 가능성 있음
	동천동 696-2번지유적 남북도로	14～15	
2	인왕동 556·566번지 도로유적	10.2	
	황성동 950-1·7번지 도로유적	10.9	
	남산 왕정곡 남북도로	10	
	월성해자 도로유적	9	
	분황사 남쪽 동서도로	9	
	월성 석교 남쪽 남북도로	9	
	서부동 19번지 남북도로	10	
	동천동 696-2번지 유적 동서도로	9	2·3차 조사에서는 7～10m
3	황룡사터 북쪽 동서도로	5.5～7.5	
	황룡사터 동쪽 남북도로	5.5	
	동천동 우방아파트터 남북도로	6.5	
	황성동 535-8번지 도로유적	5.2	
	황성동 537-2번지 도로유적	5	
	용강동 원지 도로유적	5.2	
	황성초등학교 강당터 동서도로	6.5	

황성초등학교 강당터 남북도로	3.5	
서부동 19번지 동서도로	4	
북문로 동서도로	4	
북문로 남북도로	7~8	
황성동 제철유적 동쪽 남북도로	6.5	
동천동 7B/L 내 동서도로	6.5	

생활단위인 방을 다시 세분하는 십자로로 상정할 수 있다.45) 특히 신라 왕경의 모든 도로는 특정 조영 방위에 축을 맞추어 그 조영 방위가 일정한 것으로 나타난다. 따라서 모든 왕경도로는 일정한 축과 도로폭을 유지한 채 일정한 간격을 두고 동서－남북 방향으로 조영되어 왕경 전체에 정연한 격자형을 이루고 있음을 알 수 있다.

무엇보다 신라 왕경의 도로체계는 고구려 장안성과 마찬가지로 대로·중로·소로로 유형화되었음을 알 수 있다. 전체적으로 보아 고구려 장안성의 도로가 신라 왕경보다 도로폭이 좁은 편인데, 이는 고구려 장안성에 외성이 둘려져 있어 공간이 제한된 가운데 설계되었기 때문으로 여겨진다. 이에 반해 신라 왕경은 이러한 제약에서 벗어나 비교적 넓은 도로시설을 마련할 수 있었던 것 같다.

이러한 양상은 이른바 주작대로에서도 마찬가지다. 즉 주작대로가 존재하지 않았을 것으로 여겨지는 고구려 장안성과 마찬가지로, 신라 왕경 또한 주작대로로 기능한 대로의 존재와 그 기능에 대해 부정적인 견해가 제기되고 있다.

---

45) 국립경주문화재연구소, 위의 책.

144

일찍이 신라 왕경의 주작대로에 대해서는 성동동 전랑지(殿廊址)
로부터 월성(月城) 북쪽 중앙부로 이어지는 120미터 너비의 남북대
로의 존재를 상정하여, 이를 당 장안성과 같은 주작대로로 이해한
견해가 제기되었다. 이때 성동동 전랑지는 월성에 상대하는 북궁(北
宮)으로 해석되었다.46) 그러나 1998년 인왕동 소재 선덕여상 교사증
축 예정지 발굴조사에서 도로폭이 10미터 안팎으로 확인됨으로써,
성동동 전랑지에서 월성에 이르는 주작대로의 존재는 부정되기에
이르렀다.47)

이후 국립경주박물관 전시 및 수장고 건립터 안에서 발굴 조사된
남북도로의 폭이 최대 23.7미터로 확인되면서, 이 도로가 신라 왕경
의 주작대로로 기능하였는지에 대해서 많은 이견이 제기되었다. 이
를 긍정하는 입장에서는 이 도로가 현재까지 확인된 신라 왕경도로
가운데 가장 규모가 클 뿐만 아니라, 월성의 동쪽 담장과 황룡사 사
이를 가로지르는 곳에 위치하여 왕경의 중심 대로로 볼 수 있으며,
이곳에서 국가적인 의식이 거행되었을 것으로 추정하였다.48) 그러
나 도로폭이 무려 23.7미터임에도 배수로가 확인되지 않아, 과연 이
도로를 왕경의 중심도로로 볼 수 있을지는 의문이다.49) 실제 신라
왕경의 중심도로로 기능한 도로에 배수로가 설치되지 않았다는 것
은 쉽게 납득하기 어려운 것이 사실이다. 하지만 그 위치상 왕경의

46) 윤무병, 1987, 〈신라왕경의 방제(坊制)〉, 《두계이병도박사구순기념 한국사학논집》.
47) 국립경주문화재연구소, 2003, 앞의 책.
48) 박방룡, 1998, 앞의 글, 182~184쪽.
49) 이은석, 2005, 〈왕경에서 본 나정〉, 《경주 나정—신화에서 역사로》, 중앙문화재
연구원, 95~116쪽.

주요 부분을 관통하는 것은 분명하므로 앞으로의 발굴조사에 따라 신중한 판단이 필요하리라 생각한다.

여하튼 현재까지 확인된 신라 왕경의 주작대로라는 것이 그다지 규모가 크지 않았을 것은 분명하다. 즉 국립경주박물관터 안 남북도로가 신라 왕경의 주작대로로 기능하였다고 하여도, 현재까지 확인되는 신라 왕경의 대로가 15미터 안팎인 것을 감안하면 일반 대로와 별 차이가 없음을 알 수 있다. 따라서 일반 경내도로에 비해 적어도 3, 4배 이상의 격절성을 보이는 당 장안성의 주작대로와는 그 규모나 기능에서 상당한 차이가 남을 알 수 있다.

3.1.3. 영조척

신라 왕경의 가로구획에 사용된 척도는 연구자에 따라 주척(周尺)이나[50) 당척(唐尺)으로[51) 논의되기도 하였으나, 현재 고구려척이 사용되었다는 견해가 지배적이다.

일찍이 일본인 학자들에 의해 황룡사를 비롯한 신라 중고기 유적의 실측이 이루어지면서 신라에도 고구려와 마찬가지로 고구려척이 사용되었다는 견해가 제기되어 왔다.[52) 황룡사 건물터는 주변의 가로구획과 유기적인 연관성을 지니고 있으므로, 황룡사의 영조척은 신라 왕경의 영조척과 밀접한 관련을 지닌다고 할 수 있다. 기존의

---

50) 우성훈, 1997, 앞의 글, 106쪽.
51) 이종봉, 1999, 《고려시대 도량형제 연구》, 부산대 박사학위논문, 56쪽.
52) 米田美代治, 1944, 《韓國上代建築の硏究》, 秋田屋.(1975, 《한국상대건축의 연구》, 동산문화사)

일본인 학자들이 황룡사의 실측치에서 추출한 고구려척의 단위 길
이와 그 영조척을 고구려척으로 파악한 견해는 최근까지의 후속 연
구에서도 타당한 것으로 받아들여진다.[53]

황룡사의 영조척과 함께 신라 왕경의 가로구획 역시 고구려척에
의거하여 이루어졌다는 견해가 일찍부터 제기되어 왔다. 즉 후지타
모토하루(藤田元春)와 후지시마 가지오(藤島亥治郎)가 신라 왕경이
고구려척 400자를 단위로 분할되었다고 파악한 이래,[54] 이후 대부
분의 연구자들도 1방의 규모는 고구려척을 기준으로 산정되었고,[55]
가로구획 역시 고구려척을 기준으로 이루어진 것이라고 파악하였
다.[56] 특히 최근의 구체적인 연구성과에 의해 신라 왕경의 주요 도

---

53) 윤장섭, 1975, 〈한국의 조영척도〉, 《대한건축학회논문집》; 권학수, 1999, 〈황룡사
건물지의 영조척 분석〉, 《한국상고사학보》 31. 특히 권학수는 황룡사 금당의 정면
과 측면 초석 사이의 거리를 통계적으로 분석하여 고구려척의 편차가 가장 적음을
밝히고 있다. 즉 황룡사 금당의 경우 정면의 개별 초석들 사이의 평균거리는 고구
려척으로 환산할 경우 14척이었다. 정면 초석열의 총길이를 칸수로 나눈 평균값을
1칸당 14고구려척으로 상정하여 계산한 고구려척을 발굴보고서에 상정된 곡척(曲
尺)과 비교하면, 1고구려척의 편차는 0.001~0.003이었다. 반면 같은 계산방식에 의
해 추출된 당척(唐尺)의 편차는 -0.046~0.049였다. 측면의 경우도 고구려척의 편
차가 당척보다 적은 것으로 나타났다. 따라서 황룡사 금당의 정면과 측면의 경우
모두 고구려척인 경우 편차가 당척인 경우보다 작기 때문에 황룡사는 당척보다는
고구려척을 기준으로 조영되었을 가능성이 높은 것으로 파악되었다.
54) 藤田元春, 1929, 앞의 글; 藤島亥治郎, 1969, 앞의 책. 다만, 후지시마 모토하루
가 파악한 400고구려척에는 도로 범위가 포함되어 있지 않다. 그는 도로폭을 40고
구려척(14m)과 80고구려척(28m)으로 따로 산정하였다.
55) 지금까지 1방의 규모는 대체로 동서 160~165m, 남북 140~145m로 파악되는데,
이와 함께 대부분의 연구자들에 의해 고구려척으로는 동서 450~470자, 남북 400
자로 산정되었다. 〈표 3-1〉 참조.
56) 김병모, 1984, 앞의 글.
龜田博, 1993, 앞의 글.

로 사이의 계측거리가 모두 650미터로 밝혀져, 고구려척으로 1,800
자라는 완수(完數)가 확인되었다.[57] 또한 앞에서 살펴보았듯이, 현
재까지도 신라 왕경의 도로 유구는 15자(5.5m)인 소로, 25자(9m)인
중로, 45자(15.5m)인 대로로 구분된다.

물론 이러한 연구 성과는 대부분 지형도와 지적도에 남아 있는 흔
적을 토대로 영조척을 추출해낸 것이므로 어느 정도 오차와 한계가
있을 수밖에 없다. 더구나 신라 왕경의 가로구획 자체가 다른 동아
시아 도성과 달리 한 번에 완성된 것이 아니라 오랜 시간에 걸쳐 단
계적으로 이루어져, 가로구획의 흔적 자체가 복잡하게 겹쳐 있는 데
다, 아직 신라 왕경에 대한 전면적인 발굴이 이루어지지 않은 상황
이기 때문에, 신라 왕경의 영조척을 고구려척으로 단정 짓기에는 좀
더 신중한 검토가 필요하다.

그러나 최근의 발굴조사에서 확인된 황룡사터 주변의 왕경유적지
를 구획하는 남북도로와 동서도로의 배치가 기존의 연구자들이 논
거로 삼았던 지적도에 거의 정확히 반영되는 점을 볼 때,[58] 지금까
지의 지속적인 연구로 밝혀졌듯이 신라 왕경의 가로구획에 사용된

---

57) 龜田博, 2000, 앞의 책, 223~238쪽. 가메다 히로시(龜田博)는 1만 분의 1 지도
(《一万分一朝鮮地形集成》, 1985, 栢西房)를 바탕으로 두 방향으로 나눈 도로 가
운데 동일 방향의 주요 도로의 거리와 간격을 구체적으로 추출해 내었다. 이에 각
도로는 거리와 간격이 650m를 단위로 배수가 되는 것을 확인하였다. 이 650m는
고구려척 1자를 약 0.361m로 계산하면 1800자가 된다. 따라서 지도에서 확인되는
구획의 동서 및 남북은 두 방향 모두 고구려척 1800자(1里)의 간격을 기준으로 하
여 분할되는 것으로 보았다.
58) 이와 함께 황룡사의 가람중축선과 왕경 유적의 도로 사이에도 고구려척을 단위로
하는 일정한 계측거리가 확인된다.(龜田博, 2000, 앞의 책, 239~247쪽)

척도를 고구려척으로 보아도 큰 무리는 없을 것으로 생각된다.[59]

이처럼 신라의 중고기 유적과 왕경의 도시구획에 고구려척이 사용되었을 가능성은 신라에 당대척(唐大尺)이 수용되는 과정에서 당과는 다른 척보 환산법이 실시되었던 사실로서도 뒷받침된다. 즉 신라에서는 통일기에 당대척을 사용했음에도 대척(大尺) 6척=1보제라는 당과는 완전히 다른 척보의 환산방식을 사용하고 있었다. 이는 당시 신라의 재래 척도제 관행과 관련되어 보이는데, 고구려척이 당대척의 1.2배라는 점에서 신라의 대척 6척=1보는 고구려척 5척=1보와 그 길이가 같으므로 신라에서 대척 6척=1보제를 시행한 것은 고구려척과 관련 있는 것으로 파악된다. 이는 고대 일본에서도 당대척이 수용되기 이전에 고구려척이 사용되었고, 이로 인해 당과는 다른 대척 6척=1보제가 시행되었던 사실과 같은 것이다.[60] 따라서 신라 중고기 유적을 비롯한 신라 왕경의 도시구획에 사용된 척도로 고구려척을 추출한 기존의 연구는 타당성이 있다고 생각한다.[61]

---

59) 현재 고구려척의 존재 자체를 부정하면서 신라 왕경을 비롯한 통일기 이전 삼국의 척도가 이른바 '고한척'(古韓尺)을 기준으로 하였다는 견해가 제기되나(新井宏, 1992,《まぼろしの古代尺》, 吉川弘文館), 이 견해의 문제점에 대해서는 2장에서 언급하였다.(이 책 2장 주 63) 참조)

60) 윤선태, 2002, 〈한국 고대의 척도와 그 변화—고구려척의 탄생과 관련하여〉,《국사관논총》98, 39~46쪽.

61) 지금까지 확인된 1방의 규모인 동서 450고구려척, 남북 400고구려척에 고구려척 6척 1보제를 적용하면 완수(完數)가 되지 않지만 5척 1보제로는 동서 90보 남북 80보라는 완수를 얻을 수 있다. 또한 15고구려척인 소로(小路)와 45고구려척인 대로(大路)는 고구려척 6척 1보제로는 완수가 나오지 않지만 5척 1보제로는 3보와 9보라는 완수를 얻을 수 있다. 이것으로 보아 리방구획을 설정하는 데에는 35.5~36.2cm 범위의 고구려척 5척 1보제를 사용하였다고 추정된다.(여호규, 2002, 앞의 글, 44~45쪽)

3.2. 고구려 장안성과 신라 왕경

3.2.1. 6세기 고구려와 신라의 관계

신라 왕경에 격자형 도로망과 가로구획이 완비된 시기에 대해서
는 여전히 논란이 있지만, 그 도입 시기는 적어도 통일기 이전, 즉
중고기에 시행된 것은 분명해 보인다.[62] 연구자에 따라 신라 왕경의
가로구획 포치 시기를 황룡사 축조(553년) 이전으로 보기도 하였으
나,[63] 최근의 발굴성과로 황룡사 축조 이후인 6세기 중후반 무렵으
로 보는 것이 타당하다고 밝혀졌다.[64] 따라서 신라 왕경에 가로구획
이 도입된 통로는 고구려와 북제(北齊)로 압축된다.[65] 그런데 신라
가 북제와 교섭한 것은 6세기 중반에 단 2회에 지나지 않으므로,[66]

---

62) 대부분의 연구자들이 신라 왕경에 가로구획이 완비된 시기를 통일기 이후로 보고
    있지만, 상한시기만은 통일기 이전으로 보는 데 별 이견이 없다.
63) 신창수, 1995, 〈중고기 왕경의 사찰과 도시계획〉, 《신라왕경연구》, 136~137쪽.
    박방룡, 2001, 〈황룡사와 신라왕경의 조성〉, 《신라문화제학술논문집》 22, 50~51쪽.
    여호규, 2002, 앞의 글, 46~47쪽.
64) 국립경주문화재연구소, 2002, 앞의 책, 555쪽.
65) 같은 시기 남조의 도성에는 방제(坊制)가 시행되지 않았으며, 백제 사비도성 또
    한 가로구획이 시행되지 않았을 가능성이 높다.(田中俊明, 2003, 〈동아시아 도성
    제에서 고구려 장안성〉, 《백산학보》 67, 520쪽) 또한 백제 사비도성에 가로구획이
    시행되었다 하여도, 현재로서는 사비도성 내 공간구성 방식에 관한 명확한 파악이
    어려우므로 사비도성과 신라 왕경을 같은 선에서 살펴보기는 어렵다. 더 자세한 사
    항은 〈들어가는 말〉의 주 19) 참조.
66) 신라는 진흥왕 14년(553)에 한강 유역을 확보한 이후 중국과 직접 교섭하게 된
    다. 진흥왕 25년에 북제로부터 책봉을 받아 고구려와 대등한 지위를 인정받았으나

신라 왕경에 가로구획 방식이 도입된 것은 고구려의 영향을 먼저 살펴보는 것이 가장 합리적이라 생각한다.[67] 앞에서 살펴보았듯이, 고구려 장안성은 6세기 중후반에 축조되었으며, 당시 고구려와 신라는 밀접한 교섭관계를 유지하였다.

신라는 고구려와 우호와 적대관계를 반복하면서 고구려로부터 문화적으로 밀접한 영향을 받았다. 일찍이 4세기 후반에서 5세기 전반에 이르기까지 고구려와 신라는 고구려의 우세 속에 우호관계를 유지하였다. 신라 사신의 전진(前秦) 파견이나[68] 광개토왕대의 고구

《北齊書》 권7, 武成帝 河淸 3년 12월조; 노태돈, 1984, 〈5~6세기 동아세아의 국제정세와 고구려의 대외관계〉, 《동방학지》 44; 노태돈, 1999, 《고구려사연구》, 사계절), 이후의 대중교섭은 북제보다는 주로 남조인 진(陳)과 밀접한 관련을 맺는다. 564년부터 578년까지 북제에 2회 사신을 파견한 반면 진에 8회에 걸쳐 사신을 파견하였고(《三國史記》 권4, 新羅本紀 眞興王條 및 眞平王條), 진에서도 565년 사신을 보내 경론 1,700여 권을 보내는 등(《三國史記》 권4, 新羅本紀 眞興王 26年) 양국 사이에는 밀접한 교섭관계가 지속된다.

67) 지금까지 고구려 도성과 신라 왕경의 연관성에 대해서는 신라 도성제를 논하는 과정에서 부분적으로 다루어지거나, 전기 평양성과 관련하여 간략히 검토되었다. 먼저 민덕식은 신라 왕경의 초기 가로구획이 고식적(古式的)이며 독자적인 모습을 보이는 것은 신라가 당의 영향을 받기 이전에 고구려의 영향을 받아 도시계획에 입각했을 가능성을 나타내는 것으로 보았으나, 고구려 도성과 신라 왕경의 구체적인 연관성에 대해서는 검토하지 않았다.(민덕식, 1989, 〈신라왕경의 도시계획에 관한 시고(상)〉, 《사총》 35, 50~51쪽) 양정석은 북위로부터 영향을 받은 5~6세기 고구려의 사찰 조영방식과 평양 천도 직후의 도성계획이 황룡사의 금당 조영과 주변의 도성계획에 영향을 미쳤을 개연성을 제시하였다. 이와 함께 고구려 장안성의 축조와 황룡사의 중건이 거의 같은 시대에 진행된 것에 대해서 주목하면서도 그 원인과 배경에 대해서는 별다른 언급을 하지 않았다.(양정석, 2004, 《황룡사의 조영과 왕권》, 서경, 196~199쪽)

68) 《三國史記》 권3, 新羅本紀 奈勿王 26년. 신라 사신이 전진(前秦)에 갈 수 있었던 배경에는 고구려의 도움이 있었던 것으로 추정된다.(이병도, 1959, 《한국사》 고대편, 진단학회, 401~402쪽).

려군 출병, 신라 눌지왕의 즉위[69] 등 신라의 내정 문제에 고구려가 깊숙이 관여할 정도로 신라는 그 정치적 영향력 아래 놓여 있었다. 그러나 백제와 외교동맹을 필두로 신라는 고구려의 영향력에서 벗어나기 시작하여, 눌지왕 34년(450)에는 실직(悉直)에서 고구려의 변장(邊將)이 피살되는 사건이 일어나고,[70] 자비왕 7년(464)에는 신라에 주둔하던 고구려 병사 100명이 살해되는 등[71] 양국 관계는 악화되기 시작하였다.[72]

결국 5세기 후반에 들어서면서 양국 관계는 전면적인 대결 국면으로 접어든다. 고구려는 백제와 신라의 동맹 이후에는 전선의 균형을 유지하기 위하여 양국을 번갈아 침략하는 양상을 보였으나,[73] 475년에서 5세기 말에 이르는 시기에는 신라를 주된 공략 대상으로 삼는다. 이 시기에 고구려가 신라를 공격한 것은 481년 미질부(彌秩夫) 전투,[74] 484년 모산성(母山城) 전투,[75] 489년 호산성(狐山城) 전투,[76] 494년의 살수원(薩水原)·견아성(犬牙城) 전투,[77] 496·497

---

69) 《三國史記》 권3, 新羅本紀 訥祇王 즉위년.
70) 《三國史記》 권3, 新羅本紀 訥祇王 34년.
71) 《日本書紀》 권14, 雄略 8년.
72) 이에 고구려는 장수왕 28년(454)에 신라 북변을 침범하고 장수왕 56년(468)에 말갈을 동원하여 실직성을 공격하는 등 신라에 대한 견제를 취하였으나, 당시 백제와의 대치관계 때문에 신라에 대한 공세는 적극적으로 진행되지 못한 것으로 보인다.(정운용, 1994, 〈5~6세기 신라·고구려 관계의 추이〉, 《신라문화제학술논문집》 15, 45쪽)
73) 김영하, 1985, 〈고구려의 순수제(巡狩制)〉, 《역사학보》 106, 47~50쪽.
74) 《三國史記》 권3, 新羅本紀 炤知王 2년.
75) 《三國史記》 권3, 新羅本紀 炤知王 6년.
76) 《三國史記》 권18, 高句麗本紀 長壽王 77년.
77) 《三國史記》 권19, 高句麗本紀 文咨王 3년.

년 우산성(牛山城) 전투78) 등 6회에 이른다.

이렇듯 5세기 후반에 고구려는 신라를 강하게 압박하였다. 그런데 양국 관계가 크게 악화되었음에도 고구려의 제도와 문화는 신라에 상당한 영향을 미친다. 먼저 신라는 고구려의 압력에 대응하기 위해 고구려의 세력 아래에 있는 지방에 대한 지배력을 강화하였는데, 이런 중앙집권화를 추진하는 과정에서 고구려의 제도가 상당한 영향을 주었다. 예컨대 6세기 신라의 금석문에 보이는 군주(軍主), 당주(幢主)와 같은 군사령관과 지휘관의 칭호는 그 기원은 중국이지만 고구려의 것을 신라가 채용하였고, 성격 또한 유사하였을 것으로 보인다. 지방관인 도사(道使)도 마찬가지다. 문화적인 면에서도 고구려의 이른바 '북방불교'가 전래되었다.79)

이처럼 신라와 고구려 양국은 정치·군사적으로는 적대관계에 있으면서도 문화적으로는 일정한 교류를 맺어 왔다. 이와 같은 양상은 진흥왕 12년(551) 신라의 한강 유역 차지와, 이른바 신라의 북진이 진행되었던 시기에도 마찬가지였을 것으로 짐작된다. 그동안 6세기 중반 이후 신라와 고구려의 관계는 대립관계로만 파악되었고, 그로 인해 문화적 교류 또한 차단되었을 것으로 보는 선입견이 적지 않았다. 그러나 5세기 후반 고구려와 신라가 전면적인 대립관계에 들어선 시기에도 양국 사이의 문화적 교류는 계속되었듯이, 6세기 중반 이후의 고구려와 신라의 관계 또한 마찬가지였다. 당시 신라가 고구려로부터 가로구획 방식을 비롯한 도성제의 영향을 받아들였다는

---

78) 《三國史記》 권19, 高句麗本紀 文咨王 5·6년.
79) 노태돈, 1997, 〈삼국사기 신라본기의 고구려관계 기사 검토〉, 《경주사학》 16, 82쪽.

직접적인 관련 기록은 없으나, 6세기 중반에서 7세기 초에 이르기까지 이전에 비해 두드러지지는 않지만80) 여전히 지속적인 양국의 문화교류 양상으로 미루어 볼 때, 신라 왕경에 대한 고구려의 영향을 충분히 상정할 수 있을 것이라 생각한다.

뿐만 아니라 진흥왕 12년(551) 이후 전개된 양국 사이의 긴장관계도 그리 오랫동안 지속되지는 않는데,81) 이는 고구려의 반격과 함께 고구려와 신라가 맺은 화평관계 때문일 것이다. 당시 고구려는 신라의 북진을 현 수준에서 저지하기 위해 신라와 화평관계를 맺은 듯한데, 고구려가 일단 신라와 화평을 맺은 데에는 서북방의 위협이 주된 배경이 되었다. 당시 고구려는 남부 국경선에 안정을 취한 뒤 주력을 서북방으로 돌려 돌궐의 침공을 저지하는 데 힘썼다. 그에 따라 신라와 고구려 사이에는 상당 기간 평온을 유지할 수 있었다.82)

오히려 같은 시기 신라는 백제와 치열한 상쟁관계에 있었다. 진흥왕 14년(553)에 신라는 백제와 맺은 동맹을 일방적으로 파기하고 백제가 탈환한 한강 하류지역을 기습 공격하였다. 이때부터 신라와 백제의 대립이 본격적으로 전개되는데, 한강 하류지역을 빼앗긴 백제는 진흥왕 15년(554) 신라에 대한 전면적인 공격에 나서지만 치명적

---

80) 이전에 비해 고구려의 문화적 영향력이 감소된 것은 신라가 한강 유역을 확보한 이후 직접적인 대중(對中)교섭이 가능했기 때문으로 생각된다. 물론 신라 자체의 성장 또한 간과할 수 없다.

81) 이 책 2장 참조.

82) 노태돈, 1976, 〈고구려의 한수유역 상실의 원인에 대하여〉, 《한국사연구》 13, 54쪽. 568년 진흥왕이 함흥 북방까지 순수하면서 남긴 황초령비와 마운령비에서 '이웃 나라와 신의를 지키고 서로 화합하여 교류하며'라고 한 것은 당시 양국 관계의 한 면을 나타내 준다.

인 패배를 당하고 성왕(聖王)마저 전사한다. 이 전투로 나제동맹(羅濟同盟)은 완전히 깨지고 두 나라의 관계는 극도로 악화되어 백제가 멸망할 때까지 끊임없이 전투를 벌이게 된다. 진흥왕 23년(562)에는 백제가 변경을 침입해 왔고, 진평왕 2년(577)에는 일선(一善) 지역에서 백제군의 침입을 격퇴하였으며, 진평왕 24년(602)에는 아막성(阿莫城)에서 전투가 있었고, 같은 왕 33년(611)에는 가잠성(椵岑城)이 백제의 공격을 받아 함락되기도 하였다.[83]

이처럼 신라는 백제와 맺은 동맹이 깨진 뒤 백제의 군사적 위협이 증대되었기 때문에 고구려와 잠정적인 우호관계를 유지할 수밖에 없었을 것이다. 이러한 양국의 우호관계는 고구려가 한강 유역을 재탈환하기 위해 새로운 공세를 펼칠 때까지 지속되었다. 고구려의 재공세는 영양왕대 온달(溫達)의 출정[84]으로 가시화된다.

실제로도 6세기 중반 이후 신라와 고구려는 교전과 우호관계를 반복하는 가운데 문화적 교류를 지속하였다. 먼저 양국의 문화교류 양상은 신라에 대한 고구려 불교문화의 영향에서 찾아볼 수 있다. 진흥왕 12년(551)에 고구려의 승려 혜량(惠亮)이 신라에 와서 첫 승통(僧統)이 되어 불교의 여러 일을 총괄하였고, 북조(北朝)의 불상 양식을 기반으로 형성되었던 고구려의 불교조각 양식은 6세기 후반의 반세기 동안 신라의 불상 양식에 주류로서 작용하였다. 이러한 점은 황룡사지에서 출토된 금동불입상이나 숙수사지(宿水寺址) 출

---

83) 이우태, 1997, 〈신라의 융성〉, 《한국사》 7(삼국의 정치와 사회Ⅲ—신라·가야), 국사편찬위원회, 107~108쪽.
84) 《三國史記》권20, 高句麗本紀 嬰陽王 14·19년 및 《三國史記》권45, 列傳5 溫達條.

토 금동보살입상 등에서 살펴볼 수 있다. 황룡사지상은 조형적인 면
에서 대체로 북위 말에서 동위대의 북조 불상들과 유사한데, 신라
불교조각의 가장 초기 작품이라고 여겨지는 두 작품은 고구려의 조
각을 통해서 받아들인 북위와 동위 양식의 영향을 받은 것으로 보인
다. 특히 반가사유상 같은 경우에 부분적으로 고식(古式)의 동위 양
식이 고수되는 점은 고구려 양식과의 관계에서 이해되어야 할 것이
다.85)

   이와 관련하여 6세기 중엽으로 편년되는 중원(中原)의 봉황리 햇
골산마애불군상이 7세기 초로 편년되는 경주의 단석산마애불상군
과 밀접한 연관성을 나타내는 점도 주목된다. 두 불상군은 도상적
(圖像的)으로 같은 구성과 구도를 보이는데, 이러한 도상은 중국에
없는 독특한 것이어서 신앙적 사상적 요인을 삼국에서 구하지 않으
면 안 된다. 그런데 전자는 세장(細長)한 신체, 피건(被巾)의 존재,
도치(倒置)삼각형의 연봉대좌, 대좌 옆의 사자상(獅子像)의 존재 등
고구려 양식들이 많이 보여, 이러한 영향을 후자가 깊이 받았음을
알 수 있다. 더구나 단석산마애불상군의 유적에는 명문(銘文)이 있
어서 화랑도와 관계있는 미륵도량임이 확인되었으므로, 진흥왕 37
년(576)에 확립된 화랑제도가 고구려의 청소년 조직인 경당(扃堂)과
연관이 있을 가능성도 엿보인다.86)

   뿐만 아니라 고분자료들에도 고구려와 신라의 밀접한 교류가 잘

---

85) 최성은, 2000, 〈신라 불교조각의 대중관계〉, 《신라미술의 대외교섭》, 예경, 17~66쪽.
86) 강우방, 1994, 〈햇골산마애불군과 단석산마애불군〉, 《이기백선생고희기념 한국사
   학논총》 상.

나타난다. 6세기 중반 이후 경주에서는 적석목곽분에서 석실봉토분
으로 묘제 변화가 일어난다. 경주 일원에서 확인된 석실봉토분은 구
조의 전반적 양상이 삼국 가운데 고구려와 가장 유사하다. 즉 경주
일원 석실봉토분은 현실(玄室) 평면이 방형·장방형·횡장방형이
며, 연도(羨道) 위치는 중앙과 좌·우편재가 함께 하며, 우편재 연도
가 우세한 백제와는 달리 좌·우편재가 비슷한 비중을 차지한다는
점에서 고구려와 신라는 공통된다. 특히 횡장방형의 현실은 다인(多
人) 추가 합장에 따라 방형 현실에서 현실 폭이 증가한 결과로, 현재
횡장방형 현실은 집안(集安) 등 고구려 일부 지역과 통일기 신라 영
역에서만 관찰되어, 경주에서 석실봉토분의 등장에 미친 고구려의
영향에 대해 시사하는 바가 크다고 할 수 있다. 경주 이외에도 석실
봉토분에서 보이는 고구려의 영향은 신라와 고구려의 접경지였던
곳이나 신라에서 고구려로 나아가는 교통로의 요지에서 두드러진
다. 즉 여러 칸 구조의 포항 냉수리 석실이나 삼각고임식 천장의 의
성 학미리 석실분 등의 축조방식에서 고구려의 영향이 미쳤음을 알
수 있다.[87]

이처럼 6세기 중후반 이래 신라는 고구려와 우호와 교전관계를
반복하면서 여전히 문화적 영향력을 깊이 받았다.[88] 실제 양국 도

---

[87] 강현숙, 2003, 〈신라 고분미술에 보이는 고구려 영향에 대하여〉, 《신라문화제학
술논문집》 24, 7쪽.

[88] 고구려와 신라의 문화교류 양상은 금석문 자료에서도 살펴볼 수 있다. 고구려 장
안성의 축성과정을 나타내는 평양성 석각에는 '지'(之)를 종결어조사로 쓴 용례가
보이는데, 이러한 표기법은 같은 시기 중국 고전의 어디에도 쓰인 예가 보이지 않
는다. 그런데 이러한 용례는 신라의 금석문이나 고문서에서 더 많이 확인되어, 신
라가 고구려를 통해 중국의 한자를 받아들였고, 한자를 빌려 우리말을 표현하는 독

성의 가로구획 방식에서도 일정한 영향력이 감지된다.

3.2.2. 신라 왕경 가로구획의 포치(布置) 시기

신라 왕경은 자연발생적인 집락이 점차 도성으로 확대되는 과정을 거쳤으므로, 중국이나 일본의 경우와 같이 계획적으로 조성된 도성처럼 정연한 가로구획의 설정이나 도로의 개설이 어려운 상황이었을 것으로 짐작된다.[89] 즉 일종의 신도시와 같은 성격을 지녔던 여타 동아시아 도성과 달리, 왕경 전체에 가로구획을 한꺼번에 정비하는 것 자체가 불가능하였을 것이다. 따라서 신라 왕경 전역에 가로구획이 한꺼번에 정비된 것으로 파악하기보다는 적어도 두세 차례의 단계를 거쳐 완비되어 갔다고 보는 것이 타당하겠다.

지적도에서 확인되는 가로구획선의 각도 또한 지역별로 다르게 나타나, 신라 왕경의 가로구획이 단계적으로 실시되었을 가능성을 시사한다.[90] 즉 지형도·지적도에서 확인되는 도로의 방위가 크게

특한 표기법인 차자(借字)표기의 영향을 받았음을 알 수 있다. 비록 신라에서는 경주 명활산성비(551)를 기점으로 문장의 종결어조사로 '지'가 아닌 '야(也)'가 일반화되기 시작하지만, 이러한 '지'의 용례는 이후로도 상당 기간 확인된다. 특히 마찬가지의 용례가 《일본서기》를 비롯한 일본 고대문헌에서 많이 보이는데, 이는 신라를 통해 전해진 것으로서(이우태, 2006, 〈신라 금석문과 고구려 금석문의 차자표기─그 기원과 영향을 중심으로〉, 《고구려의 역사와 대외관계》, 서경), 7세기 중후반 신라와 일본의 밀접한 교섭관계와 신라 왕경과 후지와라쿄의 연관성을 뒷받침하는 자료로서 주목된다. 이에 대해서는 다음 장에서 다시 서술한다.

89) 이근우, 2005, 〈신라의 도성과 일본의 도성〉, 《신라문화》 26.

90) 일찍이 후지시마 가지오(藤島亥治郎)는 지적도 검토를 통하여 신라 왕경의 도시계획이 3차에 걸쳐 시행되었다고 보았다. 이러한 견해는 다른 연구자들도 공유하

두 종류로 구분되고,[91] 분황사 일대에도 서로 다른 방향의 가로구획 선이 중첩되어 나타나므로[92] 신라 왕경의 가로구획은 단계적으로 확장되었을 가능성이 크다.[93]

그렇다면 신라 왕경에 가로구획이 처음으로 포치된 시기는 언제 일까. 이와 관련하여 일찍이 황룡사 창건 이전에 이미 가로구획이 시행되었다고 보는 견해가 제기되었다. 즉 황룡사는 6세기 중반 이 래 네 차례나 개축되었지만, 사역은 남쪽으로 8미터 정도만 확장되 었고, 황룡사터 남쪽 동서도로도 다섯 차례나 개축되었지만 위치가 변동되지 않았으므로 황룡사터를 설정하던 6세기 중반 이전에 기본 적인 도로망이 완성되었다는 것이다.[94] 또한 황룡사 일대가 본래 저

었는데, 최근에는 발굴성과를 토대로 한 연구 성과로도 제기되었다. 즉 가로구획의 상한시기에 대해서는 이견이 있지만, 대체로 처음부터 신라 왕경 전 지역이 동시에 계획된 것이 아니라 6세기 중후반을 전후하여 황룡사를 중심으로 한 동서쪽 중앙 부 지역이 먼저 형성되었고, 이후 7세기 중후반~8세기에 이르러 경주 전역으로 확 장된다고 보는 것이다.(藤島亥治郎, 1969, 앞의 책; 鬼頭淸明, 1975, 〈新羅 都城制 發達〉, 《朝鮮建築史論集》上; 여호규, 2002, 앞의 글; 李恩碩, 2002, 〈新羅王京の 都市計劃〉, 《東アジアの古代都城》, 奈良文化財研究所創立50周年記念國際講演會 要旨集; 국립경주문화재연구소, 2002, 앞의 책; 김교년, 2003, 〈신라왕경의 발굴조 사와 성과〉, 《신라왕경조사의 성과와 의의》, 문화재연구소 국제학술대회 발표논문 제12집; 황인호, 2004, 〈경주 왕경 도로를 통해 본 신라 도시계획 연구〉, 동아대 석 사학위논문)

91) 도로의 두 방향을 지도상으로 계측하면 서쪽은 N2도50분E, 동쪽은 N1도25분W라 고 한다. 모든 도로의 방위가 이 움직임에 완전히 합치되는 것은 아니지만 동쪽과 서쪽으로 2개의 분별은 가능하다.(龜田博, 2000, 앞의 책, 248~249쪽)

92) 국립경주문화재연구소, 1995, 〈분황사 4차연도 발굴조사〉, 《연보》 5. 신창수, 1999, 〈분황사의 연혁과 발굴조사〉, 《분황사의 재조명》.

93) 여호규, 2002, 앞의 글, 45쪽.

94) 신창수, 1995, 앞의 글, 136~137쪽. 박방룡, 2001, 앞의 글, 50~51쪽.

습지였으므로 리방구획이 서쪽인 대릉원(大陵園) 일대에서 먼저 시
행된 다음 동쪽인 황룡사 일대로 확장되었다는 것이다.95)

이러한 견해는 일면 타당성이 있어 보인다. 그런데 최근의 발굴성
과에 따르면 새로이 확인된 황룡사터 동쪽 왕경 유적(S1E1구획)의 서
쪽 남북도로의 초축연대는 황룡사 조성을 위해 늪지에 매립한 적갈
색 점질토 상부에 도로가 형성되어 있으므로 빨라도 6세기 중반 이
후로 산정되며, 따라서 S1E1구획 조성 당시에 이미 황룡사가 존재하
였음을 알 수 있다. 또한 S1E1구획의 서쪽 외곽 남북도로도 황룡사
조성을 위해 늪지에 매립하여 다진 적갈색 토층의 상부에서 황룡사
초기의 외곽 담장으로 추정되는 석열 바깥에 접하여 평행하게 설치
되어 있다. 따라서 S1E1구획은 황룡사 창건이 시작된 진흥왕 14년
(553) 이후에 조성되었음이 유구의 층위상 선후관계로 밝혀졌다. 특
히 S1E1구획의 조성 시기는 출토된 기와와 토기의 분석 결과 그 상
한은 6세기 후반 무렵에서 7세기를 전후한 유물들로 검토되었다.96)
따라서 앞으로의 발굴조사와 연구 성과에 따라 신중히 검토되어야
할 문제이지만, 신라 왕경의 가로구획 상한시기는 황룡사 축조 이후
인 6세기 중후반으로 보는 것이 타당할 것이다.97)

---

95) 여호규, 2002, 앞의 글, 46~47쪽.
96) 국립경주문화재연구소, 2002, 앞의 책, 555쪽.
97) 현재 황룡사터 주변 도로보다 축조연대가 조금 이른 도로유적으로 인왕동 556번
 지 도로를 들 수 있다. 이 도로의 하층에서 출토된 고배는 현재의 편년관에 따르면
 6세기 전반에서 중반으로 편년되므로 이 도로가 형성된 시기는 6세기 중반으로 볼
 수 있다.(이은석, 2002, 앞의 글) 그러나 신라 왕경의 가로구획은 단계적으로 확장
 된 것으로 보는 것이 타당한 데다 황룡사터 주변의 가로구획이 중심이 되어 일차
 적인 가로구획이 정비된 것으로 보이므로, 신라 왕경의 가로구획의 상한시기는 황

현재 신라 왕경 전역에 가로구획이 완비된 시기는 통일기 이후로 보는 것이 일반적이므로,98) 신라 왕경에 가로구획이 도입된 시기는 황룡사 축조 이후부터 통일기 이전의 어느 한 시기로 추정된다. 이와 관련하여 선덕여왕대에 창건된 분황사(634)가 1방의 구획을 점한다는 사실이99) 눈길을 끈다. 이는 분황사 창건 당시 주변 지역이 가로구획으로 구획되었음을 반영하는 것이다. 더구나 앞에서 설명한 것처럼 분황사 일대에는 서로 다른 방향의 가로구획선이 중첩되고 분황사의 초석 아래에서 도로 유구가 발견되므로, 분황사 가람을 조영하면서 종전의 황룡사를 기준으로 한 가로구획선과 건축물을 하층으로 매몰하고 그 위에 새로운 가로구획선을 조성한 것으로 보인다.100) 분황사 주변 지역의 가로구획은 분황사 창건 이전에 어느 정도 완비되었던 것 같다.101)

따라서 6세기 중후반에 황룡사 일대를 중심으로 시행된 가로구획이 7세기 전반에는 분황사 일대까지 확장되었음을 알 수 있다. 이러한 사실은 적어도 7세기 전반 이전에 황룡사와 분황사 일대를 중심

___

룡사터 주변 리방유적과 도로유적을 중심으로 파악하는 것이 합리적일 것이다. 그러나 앞으로도 황룡사터 주변 도로보다 이른 도로유적과 왕경유적들에 대한 발굴조사가 축적된다면 신라 왕경의 가로구획의 상한시기는 이보다 앞당겨질 수 있으므로, 앞으로의 발굴조사를 면밀히 주시할 필요가 있다.

98) 그동안 가로구획의 도입 시기에 대해서는 논란이 있었지만, 가로구획이 왕경 전역에 본격적으로 시행된 시기에 대해서는 삼국통일 이후인 7세기 중후반을 전후한 시기로 보는 것이 일반적이었다. 구체적으로는 문무왕대, 신문왕대, 효소왕대, 경덕왕대 등으로 나누어지지만 통일기 이후로 보는 데는 별다른 이견이 없다.

99) 김병모, 1984, 앞의 글, 131쪽.

100) 여호규, 2002, 앞의 글, 46쪽.

101) 양정석, 2004, 《황룡사의 조영과 왕권》, 서경.

으로 1차적인 가로구획이 시행되었을 가능성을 시사한다.

현재 지적도에서 확인되는 가로구획의 범위는 대체로 남북으로는 황성동~포석정, 동서로는 서천~명활산 구간으로 확인되므로,102) 황룡사~분황사 일대를 중심으로 시행된 가로구획이 점차 왕경 전역으로 확대되어 갔음을 알 수 있다.(〈그림 3-10〉)103) 완비 시기는 많은 연구자들이 동의하듯 7세기 중후반에서 8세기 전반으로 볼 수 있다.

지금까지 살펴본 것처럼 신라 왕경의 가로구획이 어느 한 시기에 일시적으로 정비된 것이 아니라 단계적으로 확대되었고, 분황사 창건(634년) 이전에 기본적인 틀이 수립되었을 가능성이 높기 때문에, 적어도 통일기 이전, 즉 당의 영향을 받기 이전에 일차적인 가로구획을 마쳤을 가능성을 충분히 상정할 수 있다.

따라서 신라 왕경의 일차적인 가로구획 과정에서 북제 업남성(鄴

---

102) 여호규, 2002, 앞의 글, 44쪽. 신라 왕경의 가로구획 범위에 대한 여러 견해는 다음과 같다. 먼저 서쪽 경계선에 대해서는 서천 서쪽에서도 가로구획선이 확인되는 것으로 보기도 하지만(민덕식, 1989, 앞의 글), 대부분 서천까지로 보고 있다. 북쪽 경계선에 대해서는 북천과 서천 합류지점으로 보기도 하고(藤島亥治郎, 1969, 앞의 책), 북천 이북에서도 확인되는 것으로 보는데(장순용, 1976, 앞의 글; 우성훈, 1997, 앞의 글), 황성동 등지에서도 도로유적이 확인된다(국립경주박물관, 1991, 앞의 책). 동쪽으로는 낭산 부근으로 보기도 하고(윤무병, 1987, 앞의 글), 낭산과 명활산 중간지점 등으로 보고 있다(장순용, 1976, 앞의 글; 김병모, 1984, 앞의 글). 서남쪽으로는 남천 부근으로 보거나(藤島亥治郎, 1969, 앞의 책), 포석정 부근까지 가로구획이 확인되는 것으로 보고 있다(우성훈, 1997, 앞의 글). 동남쪽으로는 사천왕사지 남쪽, 망덕사지 북쪽으로 보는 데 이견이 없다.

103) 지형 제약상 중고기에 북천 이북까지 가로구획이 시행되었을 가능성은 지극히 낮다. 그러나 현재 북천 이북에서도 도로유적이 확인되므로, 적어도 북천 이남과 이북으로 가로구획이 단계적으로 시행되었음을 상정할 수 있다.

南城)과 같은 중국 도성이나 고구려 장안성의 영향을 받았을 가능성을 모두 상정할 수 있으나, 고구려와 지리적 정치적 관계를 고려할 때나 도로체계의 유사성과 가로구획의 측량기준으로서 고구려척을 사용한 점을 염두에 둘 때, 고구려 장안성과의 관련성을 먼저 고려해야 할 것이다.

다만 신라가 통일기를 전후하여 정치·문화적으로 당의 영향을 짙게 받았던 점을 상기하면,104) 당 장안성의 가로구획 방식을 비롯한 도성제의 영향 가능성도 배제할 수 없다. 현재 신라 중대의 관아는 월성(月城)과 그 북쪽 일대에 집중적으로 배치된 것으로 확인되는데,105) 이처럼 왕궁과 관아가 다른 장소에 배치된 것은 당 장안성에 가까운 형태다.106) 여기에 왕궁과 남당(南堂)의 건물배치 등도 당의 영향을 받아 바뀌었을 것으로 추정되지만, 관련 자료의 부족으로 정확한 사항은 확인할 수 없다.107)

이처럼 신라 왕경의 가로구획 도입시기와 고구려 장안성의 가로

---

104) 널리 알려졌듯이 신라는 진덕여왕 3년(649) 이래 당의 문물제도를 적극적으로 받아들였다. 당시 관복을 당풍으로 개정하였고 독자적인 연호를 버리고 당의 연호를 받아들였을 뿐만 아니라, 문무왕 3년(664)에는 부인들의 복식도 당풍으로 개정하였다. 따라서 7세기 중반 이후 가로구획의 확대 과정에서도 당 장안성의 영향을 받았을 가능성을 배제할 수 없다.

105) 김낙중, 1998, 〈신라 월성의 성격과 변천에 관한 연구〉, 서울대 석사학위논문.

106) 여호규, 2001, 〈신라중대 도성의 공간구조와 국가의례〉, 《한국의 도성—도성 조영의 전통》, 2001 서울학연구소 심포지엄 발표문.

107) 신라 왕경이 당 장안성의 영향을 받았다고 하여도, 지형적 특성상 신도시를 짓지 않는 한 완전한 도입은 어려웠을 것이다. 실제로 신라 왕경에는 통일기 이후에도 당 장안성의 도성계획 가운데 가장 특징적이라 할 주작대로가 완전히 갖추어지지 않았다.

구획 방식과의 유사성을 고려할 때 고구려의 영향을 먼저 상정할 수 있으나, 통일기 이후 왕경 전역으로 가로구획이 확대되는 과정에서는 당 장안성의 영향도 고려되어야 할 것이다.[108] 하지만 신라 왕경은 오랜 세월에 걸쳐 단계적으로 확장되었기 때문에 고구려나 당과 같은 주변 국가의 도성제를 받아들이더라도 완전한 수용은 어려웠을 것이다. 이는 신라 왕경이 다른 도성들과 달리 주변의 산성을 외곽성으로 대신하는 등 신라 왕경만의 독자적인 모습을 보이는 것에서도 확인할 수 있다.

현재 고구려 장안성의 실제를 완전히 확인하기 어려운 상황이므로 고구려와 신라 도성을 동일선에 놓고 비교하기란 쉽지 않으나, 적어도 가로구획 방식에서는 고구려가 신라에 일정한 영향을 미쳤다고 상정된다.

---

108) 민덕식 역시 신라 왕경의 초기 가로구획이 고식적이며 독자적인 모습을 보이는 것은 신라가 당의 영향을 받기 이전에 도시계획에 입각했을 가능성이 큰 것으로서 고구려의 영향을 받았으며, 7세기 후반에는 당 장안성의 영향이 일부 복합되었을 것으로 보았다.(민덕식, 1989, 앞의 글(上), 50~51쪽)

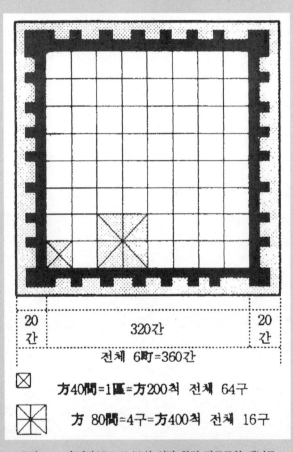

그림 3-1. 후지타(藤田元春)의 신라 왕경 가로구획 개념도

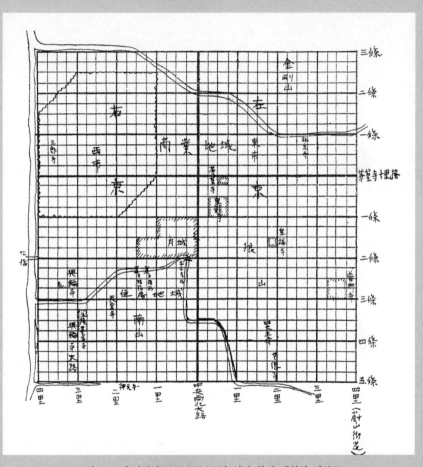

그림 3-2. 후지시마(藤島亥治郎)의 신라 왕경 계획안 예상도

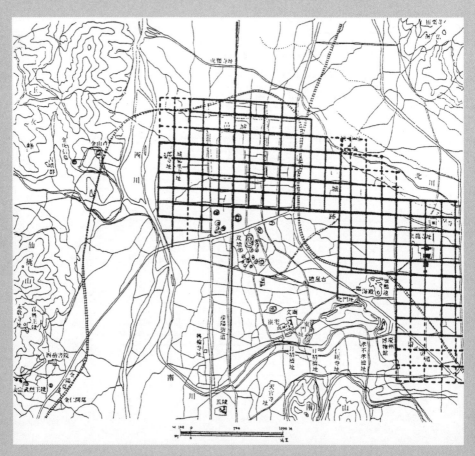

그림 3-3. 후지시마의 신라 왕경 가로구획 복원안

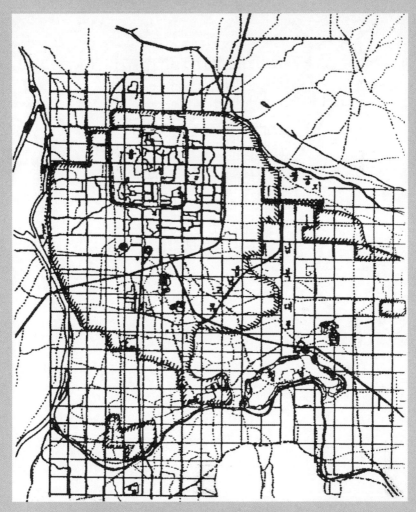

그림 3-4. 윤무병(尹武炳)의 신라 왕경 복원도 ①

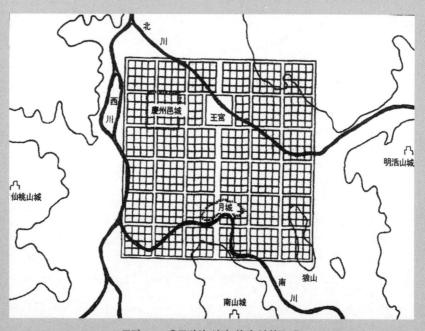

그림 3-5. 윤무병의 신라 왕경 복원도 ②

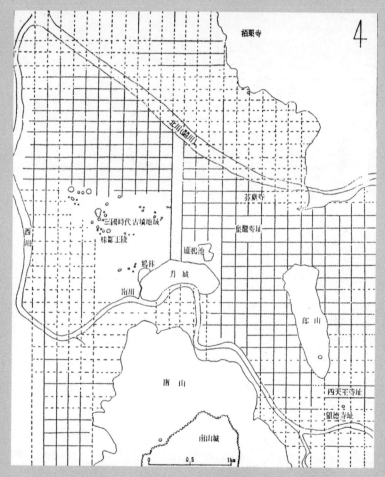

그림 3-6. 김병모(金秉模)의 신라 왕경 복원도

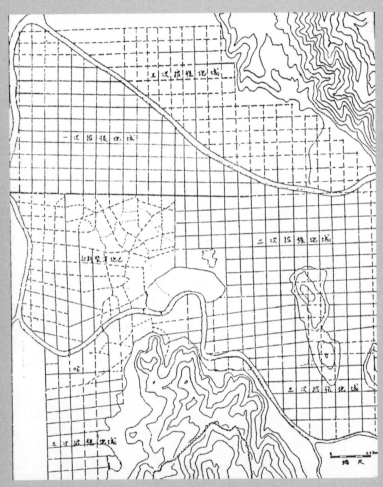

그림 3-7. 장순용(張順鏞)의 신라 왕경 복원도

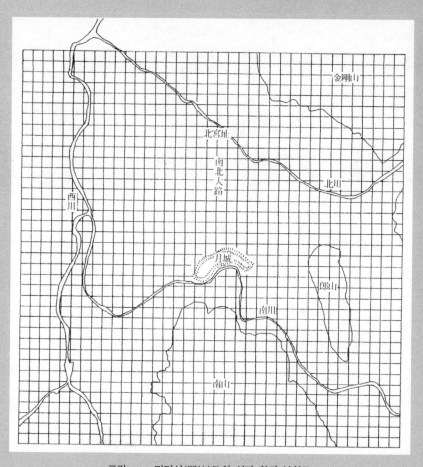

그림 3-8. 민덕식(閔德植)의 신라 왕경 복원도

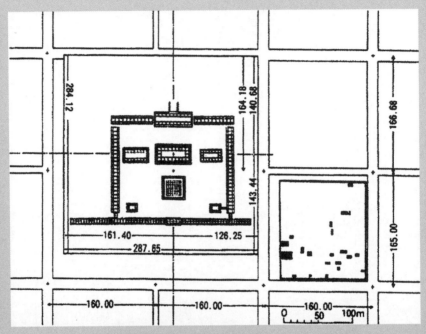

그림 3-9. 황룡사터 주변의 구획과 도로
(龜田博, 2000, 《日韓古代宮都の研究》)

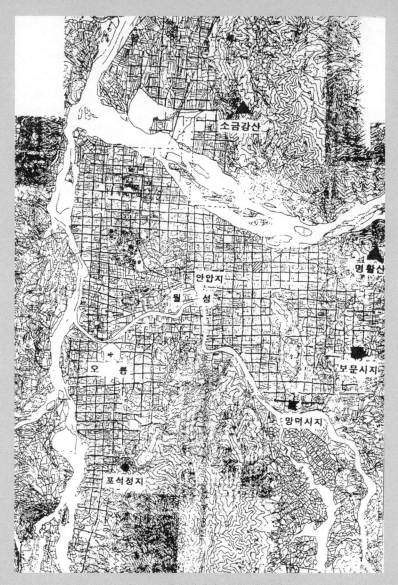

그림 3-10. 신라 왕경의 가로구획 범위
(우성훈, 1997, 〈신라왕경 경주의 도시계획에 관한 연구〉)

4장
나·일羅日 도성제의 전개와 관련성 검토

4.1. 후지와라쿄(藤原京)의 도성계획

4.1.1. 방의 형태와 규모 및 분할방식

일본 최초의 도성인 후지와라쿄(藤原京)에는 신라 왕경과 마찬가지로 질서정연한 격자형의 가로구획이 마련되었다. 후지와라쿄가 조영되던 7세기 중후반은 고구려·백제의 멸망을 비롯하여 동아시아 세계에 커다란 지각변동이 일어나던 시기였다. 당시 일본으로서도 국가체제의 확립을 위해 율령의 제정, 지방 지배제도의 정비 등 일련의 제도 정비 시책을 마련하지 않으면 안 되었다. 질서정연한 가로구획망을 갖춘 후지와라쿄의 조영은 그러한 시책의 하나로 추진되었던 것으로 보인다.

현재 후지와라쿄의 방(坊)의 형태에 대해서는 정방형이라는 데 별다른 이견이 없다. 그러나 전체 가로구획의 범위와 1방의 규모에 대해서는 크게 두 견해로 나누어지고 있다. 하나는 기시 도시오(岸俊

男)가 제시한 복원안이다. 그는 율령 조문의 검토를 통하여 후지와라쿄의 경역(京域)을 남북 12조(條), 동서 8방(坊)으로 복원하였고, 1방의 크기는 반리(半里; 약 265m) 사방으로 파악하였다.[1] 이러한 기시 도시오의 복원안은 이후의 발굴성과와 일치하여 한동안 일본 학계에서 정설로 받아들여졌다.(〈그림 4-1〉)

그러나 1990년대 중반 이후 기시 도시오에 의해 설정된 후지와라쿄의 경역보다 넓게 조방도로(條坊道路)가 포치된 것이 확인되면서, 이른바 '대후지와라쿄설'(大藤原京說)이 제기되고 있다. 이는 애초부터 기시 도시오에 의해 설정된 경역보다 넓은 남북 10조, 동서 10방의 경역이 설정되어 있었으며, 1방의 규모도 반리 사방이 아니라 1리(약 530m) 사방이라는 것이다.[2](〈그림 4-2〉)

실제로 기존에 기시 도시오(岸俊男)에 의해 설정된 경역 범위 외에서 조방제에 합치되는 동서도로와 남북도로가 20사례 가까이 발굴되었으므로, 조방도로의 시행 범위가 기존에 설정된 경역보다 더 넓게 미친 것은 확실해 보인다. 그러나 이른바 대후지와라경역 안에는 야마토 3산(大和三山; 耳成山·香具山·畝傍山)의 구릉지대가 많

---

1) 岸俊男, 1976, 〈日本の宮都と中國の都城〉,《日本古代文化 探究-都城》, 社會思想社; 1988,《日本古代宮都の研究》, 岩波書店. 기시 도시오(岸俊男)의 복원안에 따르면 후지와라쿄는 동서 4리, 남북 6리의 범위로서 반리 사방의 방이 동서 8방, 남북 12조로 두어지며, 후지와라노미야(藤原宮)는 경(京)의 중앙 북쪽에 16방분을 차지한다. 여기에는 후지와라쿄 주변의 고대 도로와 후지와라쿄의 경역이 일정한 상관관계를 갖는 것으로 판단되었다.
2) 小澤毅, 1999, 〈古代都市藤原京の成立〉,《考古學研究》44-3; 中村太一, 1996, 〈藤原京と周禮王城〉,《日本歷史》582. 대후지와라쿄설에 따르면 후지와라노미야는 경역의 중앙에 위치한다.

은 부분을 차지하고 있으므로, 대후지와라경역 전체에 규칙적인 조
방제가 시행되었다고 보기는 어렵다.3) 현재 대후지와라경역에서 발
견되는 조방도로의 유구는 북쪽과 서쪽에서 집중적으로 발견되며,
남쪽과 동남쪽에서는 거의 확인되지 않는다. 따라서 대후지와라쿄
설에서 제기하는 10조·10방의 정연한 경역이 아니라, 북쪽과 서쪽
으로 크게 돌출한 부정형의 형태를 갖추게 된다. 더구나 대후지와라
경역에서 발견된 조방도로의 경우 경내의 조방도로와 직접 비교할
수 있는 것은 겨우 세 사례일 뿐이며,4) 10조·10방이라는 방의 수
는 방령(坊令)에 관한 율령의 조문과도 맞지 않는다.5)

이처럼 기시 도시오에 의해 복원된 경역보다 바깥쪽에 조방도로
가 포치된 것은 거의 확실하나, 남북 10조·동서 10방의 정연한 대
후지와라경역이 확정되었다고 보기에는 여러 가지 문제점이 있다.
이에 애초에 남북 12조·동서 8방의 경역이 천도된 이후 확장되었
다는 이른바 '경역(京域)확장설'6)과 대후지와라경역이 남북 12조·
동서 8방으로 축소된 것이라는 '경역축소설'7)이 그 대안으로 제시

---

3) 仁藤敦史, 1999, 〈藤原京の京域と條坊〉, 《日本歷史》 619.

4) 林部均, 2001, 《古代宮都形成過程の硏究》, 靑木書店, 190쪽.

5) 〈다이호우령〉(大寶令)에는 경내(京內)의 4방을 담당하는 방령(坊令)의 정원을
   좌우경직 각각 12명으로 규정하고 있는데, 이를 근거로 기시 도시오(岸俊男)는 후
   지와라쿄가 남북 12조, 동서 각 4방으로 합계 8방이라 본 것이다. 이러한 문제점들
   때문에 대후지와라쿄설에 부정적인 연구자들은 이를 조방도로가 아닌 단순한 경외
   (京外)도로에 지나지 않는 것으로 보기도 한다.

6) '경역확장설'에서는 천도 당시에는 기시 도시오가 복원한 남북 12조, 동서 8방의
   경역이 설정되었으나, 천도 후 〈다이호우령〉의 제정에 따라 정치기구와 율령관인
   이 증가하고 택지가 부족해지자 후지와라쿄의 북쪽과 서쪽으로 대규모적인 확장이
   이루어진 것으로 보았다.(林部均, 2001, 앞의 책, 198~199쪽)

되나, 현재로서는 어떠한 견해가 맞는지 확실치 않다.(〈그림 4-3〉)
다만 천도 이후나 이전에 경역이 확장된 것이든 축소된 것이든 정
연한 조방제가 시행된 경역은 모두 남북 12조·동서 8방을 기본으
로 하고 있으며, 대후지와라경역이 마련되었다고 하여도 정연한 조
방제가 시행되었다고 보기에는 많은 문제점이 드러나기 때문에, 후
지와라쿄의 기본적인 경역은 반리 사방의 방을 기초로 하는 남북
12조·동서 8방으로 보는 것이 타당하리라 생각한다. 이 경우 후지
와라쿄의 1방의 규모는 신라 왕경의 방의 규모와 대체로 비슷한 양
상을 띤다.

　이와 함께 후지와라쿄의 각 방은 십자로에 의해 4분할된 것으로
파악된다.8) 즉 하나의 방은 4개의 구획(町)으로 나누어져 신라 왕경
의 4분할 방식과 마찬가지로 구획되었음을 알 수 있다. 물론 방의 크
기를 1리 사방으로 설정하는 대후지와라쿄설에서는 방의 분할방식
을 헤이세이쿄(平城京)와 같은 16분할 방식(1坊 16坪制)으로 보고 있
으나, 이는 기수(奇數)대로가 우수(偶數)대로보다 규모가 작다는 것
을 근거로 대로가 아닌 조간로(條間路)로 보았기 때문이다. 그러나
기수대로에서도 15미터 정도의 대로급 도로가 조사되고 있고, 기수
대로와 우수대로 사이에 엄밀한 의미에서 규격의 차이가 있었다고
보기 어렵기 때문에,9) 후지와라쿄의 방은 기존의 견해와 같이 4분

7) '경역축소설'에서는 후지와라노미야를 중심으로 대후지와라경역에 조방제가 시행
　되었다가, 〈다이호우령〉을 계기로 관인의 거주공간이 후지와라노미야를 중심으로
　집중되면서 경역이 축소된 것으로 파악하였다.(仁藤敦史, 1999, 앞의 글)
8) 岸俊男, 1988, 앞의 책.
9) 仁藤敦史, 1992, 〈倭京から藤原京へ〉, 《國立歷史民俗博物館研究報告》 45, 55쪽.

할방식에 의해 구획되었다고 보는 것이 타당할 것이다.

무엇보다 후지와라쿄의 가로구획 방식은 등간격으로 선을 구획한 후 조방도로를 내고 그 안에 방을 구획한 것이기 때문에, 방의 규모가 고르지 않다. 이러한 양상은 같은 등분할 방식을 시행한 헤이세이쿄에서 좀 더 구체적으로 살펴볼 수 있다. 헤이세이쿄는 〈다이호우령〉(大寶令) 소척(小尺) 1,800자의 방격지할선(方格地割線)을 축선으로 해서 대로와 배수로(측구)를 할당하고 다시 방격지할을 동서·남북으로 4등분하고 소로를 할당하는 등분할 방식을 채택하고 있다. 이때 도로의 폭이 1,800자 방격지할 속에 포함되기 때문에 대로에 붙은 각 방의 면적은 자연 작아지게 되었다.10) 이처럼 후지와라쿄와 헤이세이쿄에서는 고구려 장안성이나 신라 왕경과 마찬가지로 도로와 방의 너비를 따로 설정하지 않고 도로중심선을 기준으로 구획하였다. 이에 도로폭에 따라 택지 면적이 일정하지 않게 되자, 나가오카쿄(長岡京; 784)와 헤이안쿄(平安京; 793) 이후에는 둘의 너비를 따로 설정하여 택지를 균등 분배하게 된다.11)

---

10) 예를 들어 주작대로와 2조대로에 붙은 평(坪)의 너비는 8,900평방미터밖에 안 된다. 일반적인 소로와 방간로(坊間路)에 의해 구획된 평의 너비가 1만 6천 평방미터인 것과 비교하면 절반 정도의 너비다.(奈良國立文化財研究所, 1989, 《平城京展》, 16쪽)

11) 山中章, 1991, 〈長岡京から平安京へ〉, 《古代の日本》 6(近畿Ⅱ), 223~229쪽; 여호규, 2002, 〈신라 도성의 공간구성과 왕경제(王京制)의 성립과정〉, 《서울학연구》 18, 39쪽.

4.1.2. 도로체계

후지와라쿄의 조방도로에는 신라 왕경의 대로(大路), 중로(中路), 소로(小路)와 같은 도로체계의 유형화가 이루어졌음이 확인된다. 현재 후지와라쿄의 조방도로는 151개 지점에서 조사되는데,[12] 도로폭 측정이 가능한 조방도로를 규모에 따라 구분해 살펴보면 다음과 같다.

먼저 2조대로(二條大路)[13]는 '경내조방도로'(京內條坊道路)[14]가 두 지점에서 발견되었는데, 도로폭이 각각 15.2미터와 15미터로 보고되었으며, 4조대로(四條大路)[15]는 경내조방도로의 도로폭이 14.9미터, '궁내선행(宮內先行)조방도로'[16]는 15.4미터, '관련(關聯)조방도로'[17]는 14.8미터로 확인되었다. 이 밖에 8조대로[18]의 경내조방도로의 도로폭은 14.4미터, 10조대로[19]는 경내조방도로가 4개의 지점에서 각각 도로폭 14.5미터에서 15미터로 확인되었다. 또한 서2방(西二坊)대로[20]는 경내조방도로의 도로폭은 15.2미터, 관련조방도

---

12) 櫻原市千塚資料館, 1998, 《藤原京―最近の調査成果から》.

13) 奈良國立文化財研究所, 1985, 《飛鳥·藤原宮發掘調査槪報》 15.

14) 기시 도시오(岸俊男)가 복원한 남북 12조, 동서 8방의 경역 안 조방도로를 말한다.

15) 奈良國立文化財研究所, 1980, 《飛鳥·藤原宮發掘調査槪報》 10.

16) 후지와라노미야는 경내의 조방도로를 메우고 그 위에 조영된 것으로 보인다. 이처럼 후지와라노미야 조영 전에 먼저 조영된 조방도로를 '궁내선행조방도로'라 한다.

17) 앞에서 설명하였듯이 1996년 이후 기시 도시오(岸俊男)가 설정한 경역(京域)보다 넓게 조방도로가 포치된 것이 확인되는데, 이처럼 기시 도시오가 복원한 경역 이외에서 발견되는 조방도로를 '관련조방도로'라 한다.

18) 奈良國立文化財研究所, 1976, 《飛鳥·藤原宮發掘調査槪報》 6.

19) 櫻原考古學研究所, 1990, 《奈良縣遺跡調査槪報》 1989年度.

로의 도로폭은 14.8미터이며, 서10방(西十坊)대로는 관련조방도로의
도로폭이 14미터로 확인되었다. 도로폭에 관해 여러 견해가 제기되
고 있는 6조대로[21])의 경우는 16.2미터와 14.3미터로 확인되었으며,
동2방(東二坊)대로[22])는 경내조방도로의 도로폭이 10.4미터로 보고
되었다. 마지막으로 9조대로[23])는 경내조방도로의 도로폭이 12.5미
터로 확인되었다.

다음으로 1조대로[24])는 경내조방도로가 두 지점에서 각각 7.2미
터와 5.8미터로, 관련조방도로의 경우는 7.1미터로 확인되었다. 3조
대로[25])는 경내조방도로의 도로폭이 약 7.2미터로, 궁내선행조방도
로의 도로폭은 7.4미터로 보고되었다. 5조대로[26])는 궁내선행조방
도로의 도로폭이 두 지점에서 각각 9.2미터와 7.1미터로 확인되었으
며, 동1방(東一坊)대로[27])는 궁내선행조방도로가 두 지점에서 모두 8
미터로 확인되었다. 서1방(西一坊)대로[28])는 경내조방도로의 도로폭
이 두 지점에서 7.1미터와 6.3미터로, 관련조방도로는 6.9미터로 보

20) 奈良國立文化財研究所, 1990, 《飛鳥·藤原宮發掘調査概報》 20.
21) 奈良國立文化財研究所, 1981, 《飛鳥·藤原宮發掘調査概報》 11.
22) 奈良國立文化財研究所, 1995, 《飛鳥·藤原宮發掘調査概報》 25.
23) 櫻原考古學研究所, 1980, 《奈良縣遺跡調査概報》 1979年度.
24) 奈良國立文化財研究所, 1990, 《飛鳥·藤原宮發掘調査概報》 20.
   奈良國立文化財研究所, 1993, 《飛鳥·藤原宮發掘調査概報》 23.
25) 奈良國立文化財研究所, 1980, 《飛鳥·藤原宮發掘調査概報》 10.
26) 奈良國立文化財研究所, 1989, 《飛鳥·藤原宮發掘調査概報》 19.
   奈良國立文化財研究所, 1996, 《飛鳥·藤原宮發掘調査概報》 26.
27) 奈良國立文化財研究所, 1985, 《飛鳥·藤原宮發掘調査概報》 15.
28) 奈良國立文化財研究所, 1992, 《飛鳥·藤原宮發掘調査概報》 22.
   奈良國立文化財研究所, 1993, 《飛鳥·藤原宮發掘調査概報》 23.

고되었고, 서5방(西五坊)대로는 관련조방도로의 도로폭이 세 지점에서 각각 7.8미터, 5.8미터, 6.5미터로 확인되었다. 문제는 서3방(西三坊)대로[29]인데, 경내조방도로가 여섯 지점에서 발견되면서 그 도로폭이 각각 5.2미터에서 15.8미터까지 다양하게 보고되고 있다.

마지막으로 도로폭 5.5미터 전후에 해당하는 조간로(條間路)와 방간로(坊間路)가 80개 지점(전체 24조)에서 확인된다.[30]

이처럼 후지와라쿄 조방도로의 규모는 3단계의 규격성을 지녔음을 알 수 있다. 먼저 〈표 4-1〉에서 1단계로 분류된 조방도로들은 경내조방도로, 궁내선행조방도로, 관련조방도로 할 것 없이 모두 약 15미터 전후로 설정되었음을 확인할 수 있다. 물론 동2방대로의 도로폭은 이와 달리 10.4미터로 확인되고 있으나, 다른 두 지점에서 발견된 동2방대로의 측구심심간(側溝心心間) 거리가 16미터와 16.6미터로 확인되고 있어, 동2방대로의 도로폭 역시 다른 15미터 전후의 대로와 비슷하였을 가능성을 상정할 수 있다. 이들 15미터 전후의 조방도로들은 모두 우수대로에 해당한다. 그러나 기수대로인 9조대로의 경우도 이와 큰 차이가 나지 않는 12.5미터여서, 우수대로만이 모두 15미터 전후의 도로폭을 지녔다고 단정할 수는 없다.[31]

---

29) 奈良國立文化財研究所, 1976, 《飛鳥・藤原宮發掘調査槪報》 6.
　　奈良國立文化財研究所, 1987, 《飛鳥・藤原宮發掘調査槪報》 17.
　　奈良國立文化財研究所, 1994, 《飛鳥・藤原宮發掘調査槪報》 24.
　　奈良國立文化財研究所, 1996, 《飛鳥・藤原宮發掘調査槪報》 26.
30) 林部均, 2001, 앞의 책, 215쪽.
31) 앞에서 설명하였듯이 '대후지와라쿄설'을 주장하고 있는 연구자들은 기수대로를 대로가 아닌 조간로로 보면서, 후지와라쿄 역시 헤이세이쿄와 같은 16분할방식(1坊 16坪制)으로 구획된 것으로 보고 있다. 그러나 이에 대해서는 본문에서 제시한

표 4-1. 후지와라쿄 조방도로의 규모

분류	도로명	도로폭 (m)		
		경내조방도로	궁내선행조방도로	관련조방도로
1	2조대로	15.2 / 15		
	4조대로	14.9	15.4	14.8
	6조대로	16.2 / 14.3		
	8조대로	14.4		
	10조대로	14.6 / 15 / 14.5 / 14.7		
	서2방대로	15.2		14.8
	서10방대로			14
	동2방대로	10.4 * 다른 지점의 側溝心心間 거리는 12 / 16 / 16.6		
	9조대로	12.5		
2	1조대로	7.2 / 5.8		7.1
	3조대로	7.2	7.4	
	5조대로		9.2 / 7.1	
	동1방대로		8 / 8	
	서1방대로	7.1 / 6.3		6.9
	서5방대로			7.8 / 5.8 / 6.5

것처럼 기수대로에서도 15미터 정도의 대로급 도로가 조사되고 있으므로, 기수대로가 반드시 우수대로보다 좁게 설정된 것으로 단정할 수 없다.

3	조간로	1조조간로	5.5 / 5.4 / 5.2		
		2조조간로	6.8 / 5.4 / 5.2 / 5.1		
		3조조간로	5.8		
		4조조간로	6.3	5.8 / 5.5 / 6 / 5.4 / 5.4 / 6 / 6	
		5조조간로	9.4	5	5.4 / 5.4
		6조조간로	7	6	
		7조조간로	6		5.8
		8조조간로	5.2		5
		10조조간로			5.5
	방간로	동1방방간로		6.4 / 5.5	
		동2방방간로	5.5	5.8 / 5.3 / 5.9 / 5.2	
		동3방방간로	5.5 / 6.5 / 6.3 / 5.8 / 6.4 / 5.5 / 5.7		
		서1방방간로		5.8	
		서2방방간로	5.3 / 5.3 / 6 / 5.6 / 5.4 / 4.8	5.5 / 6 / 5.6 / 5.4 / 6	
		서3방방간로	5.8 / 5.3 / 4.8 / 5.7 / 5.6 / 4.9		6.3
		서5방방간로			5.5
		서6방방간로			5.7 / 4.9
		서7방방간로			5.8
		서10방방간로			5.4 / 5

* 6개 지점에서 조사된 수치의 차가 너무 큰(14.3m, 10.4m, 5.2m, 15.8m, 7.85m, 6.6m) 서3
방대로의 경우는 표 작성에서 제외하였다.

〈표 4-1〉에서 2단계로 분류된 조방도로들은 대부분의 도로폭이 8미터 전후로 나타남을 알 수 있다. 이는 모두 기수대로에 해당한다. 그러나 일단 〈표 4-1〉에서 제외한 서3방대로의 경우, 지금까지 확인된 여섯 지점 가운데 14.3미터, 15.8미터의 도로폭이 확인되므로, 마찬가지로 기수대로가 반드시 우수대로보다 좁게 설정되었다고 볼 수 없다.

마지막으로 〈표 4-1〉에서 3단계로 분류된 조간로와 방간로의 경우는 도로폭이 대체로 5.5미터로 설정되었음을 알 수 있다. 다만 5조 조간로의 경내조방도로의 경우는 9.4미터로 확인되고 있으나, 궁내 선행조방도로와 관련조방도로의 도로폭이 각각 5미터와 5.4미터로 확인되고 있으므로, 조간로와 방간로의 도로폭은 대체로 5.2미터에서 5.8미터 범위 안에 있는 것으로 보아도 무방하리라 생각된다.

따라서 후지와라쿄의 조방도로의 도로폭은 각각 15미터 전후, 8미터 전후, 5.5미터 전후의 규격성을 지녔음을 알 수 있다. 일반적으로 일본에서는 조방도로를 조사할 때 도로의 본래 노면이 남겨지지 않는 경우가 많기 때문에, 도로의 규모를 논하는 경우에는 먼저 양쪽 측구의 중축선 사이의 거리(측구심심간 거리)를 기준으로 한다. 이 경우 각각의 측구심심간 거리는 50대척(大尺; 16m), 25대척(8.9m), 20대척(6.5m)으로서 역시 일정한 규격성을 지녔음을 확인할 수 있다.[32] 따라서 후지와라쿄의 조방도로는 도로폭만이 아니라 측구심심간 거리를 기준으로 살펴보아도 일정한 규격성이 있으며, 그 규모

---

32) 奈良國立文化財硏究所, 1999, 《藤原京硏究資料(1998)》.

또한 비슷한 양상을 나타냄을 알 수 있다.

이와 같이 후지와라쿄의 조방도로는 그 도로폭에 의해서 3단계의 도로 유형으로 구분된다. 그러나 종래의 연구에서는 후지와라노미야(藤原宮)의 전면을 통하는 6조대로의 경우는 헤이세이쿄와 마찬가지로 다른 대로에 비해 그 도로폭이 넓은 것으로 이해하여, 6조대로와 주작대로를 포함하여 5단계로 분류하기도 하였다.[33] 하지만 6조대로는 기존의 연구에서 21미터로 복원된 것과 달리, 1996년 서1방대로와의 교차점에서 16.2미터의 도로폭이 확인되므로, 6조대로 역시 다른 15미터 전후의 대로와 동일한 규격이었을 가능성이 높아 보인다.[34] 다음에 서술할 주작대로의 규모도 마찬가지다.

따라서 후지와라쿄의 조방도로는 신라 왕경의 15미터 이상 대로, 10미터 안팎의 중로, 5미터 안팎의 소로와 마찬가지로, 도로폭을 기준으로 15미터 안팎, 8미터 안팎, 5.5미터 안팎의 도로로 구분할 수 있다.

한편 후지와라쿄의 주작대로로 불리는 도로가 궁내에서 두 지점, 경내(京內)에서 한 지점이 조사되는데, 이 주작대로의 도로폭은 경내에서 발견된 경우는 24미터로 확인되지만, 궁내에서 발견된 궁내선행조방도로의 경우는 그 도로폭이 15.8미터와 16.5미터로 확인되고 있어, 다른 일반 대로와 비슷한 규모를 보인다.[35] 즉 궁내에서

33) 井上和人, 1994, 〈藤原京─新益京造營に關する諸問題〉, 《佛敎文化》 154(2004, 《古代都城條里制の實證的研究》, 學生社, 93～94쪽)
34) 黑岐直, 1998, 〈藤原京の條坊幅再檢討する〉, 《季刊明日香風》 6, 18쪽.
35) 奈良國立文化財研究所, 1977, 《飛鳥・藤原宮發掘調査槪報》 7.

발견된 주작대로는 일반 대로와 마찬가지로 16미터 전후로 나타나며, 경내에서 발견되는 주작대로는 이보다 규모가 큰 24미터로 확인된다.

물론 본격적인 후지와라쿄의 조영에 따라 궁외 주작대로의 도로폭을 24미터로 확대하였을 가능성도 없지 않지만, 경내에서 발견된 24미터 너비의 주작대로의 경우는 동·서의 배수로가 같은 지점에서 확인되지 않는 데다,36) 미미나시(耳成)산 북방에서 확인된 도로폭도 20미터를 넘지 않는다.37) 더구나 경내 주작대로 검출 지점의 바로 남쪽으로는 히다카(日高)산이 근접해 있어서 의례 공간으로서 주작대로의 역할을 충분히 다하지 못했을 것으로 보인다.38)

이상에서 살펴본 후지와라쿄의 조방도로 규모와 주작대로의 미비 등은 앞장에서 살펴본 신라 왕경과 상당한 유사성을 나타낸다.

4.1.3. 영조척

현재 후지와라쿄의 가로구획에도 신라 왕경과 마찬가지로 고구려척이 사용된 것으로 보인다. 고대 한국 관련 자료에는 고구려척에 관한 기록이 전혀 나타나지 않지만, 일본의 《영의해》(令義解), 《영집해》(令集解) 등에는 고구려척에 관한 기록이 나타나고 있어39) 고

---

36) 위와 같음.
37) 黑岐直, 1998, 앞의 글, 18쪽.
38) 林部均, 2001, 앞의 책, 235~236쪽.
39) 《令義解》권10, 雜令 第30. "凡度十分爲寸… 十寸爲尺 一尺二寸爲大尺一尺 十尺爲丈… 凡度地量銀銅穀者…皆用大 此外官私悉用小者."

구려척과 관련하여 이를 실제로 사용한 고대 일본의 사례가 매우 중
요한 자료로 평가된다.

이들 자료를 검토해보면 〈다이호우령〉(大寶令; 701) 당시 정비된
소척(小尺)은 당대척(唐大尺)이며 그 1.2배인 대척(大尺)은 고구려척
임을 알 수 있다.[40] 또한 고구려척은 〈다이호우령〉에서 대척으로
되어 있지만, 당시의 기준척이 아니라 도지(度地)의 편리를 위해 척
을 장대(長大)하게 만들어서 사용한 양전척(量田尺)이었다. 이는 '고
려법'(高麗法)으로 표현된다는 점에서 고구려의 양전척에서 기원한
것으로 보인다.[41]

이처럼 당시까지 일본 사회에서는 여러 척도 제도가 있었음에도
고구려척이 널리 쓰이고 있었으며, 도성의 가로구획은 실제 양전과
다르지 않기 때문에 후지와라쿄 조영 당시의 토지 측량에도 고구려
척(대척)이 영조척으로 사용되었을 것으로 보인다.

실제 후지와라쿄의 조방 설정에는 고구려척이 기준척으로 사용된
것으로 확인된다. 앞서 살펴보았듯이 후지와라쿄의 경역은 동서 4
리, 남북 6리로서, 여기에는 12조 8방의 조방제가 마련되어 있었다.

《令集解》권12, 田部. "又雜令云 度地以五尺爲步 又和銅六年二月十九日格 其度
地以六尺爲步者未知令格之趍 幷段積步改易之義 請具分釋 无使 疑惑也 答幡云令
以五尺爲步者是高麗法用爲度地令便 而尺作 長大 以二百五十步爲段者 亦是高麗
術云之 卽以高麗五尺 准今尺大六尺相當 故格云以六尺爲步者則是 令五尺內積步
改名六尺 積步耳 其於之无所損益也 然則 時人念 令云五尺格云六尺 卽依格文可
加一尺者 此不然 唯令云五尺者 此今大六尺同覺示耳."

40) 龜田隆之, 〈日本古代に於ける田租田籍の研究〉, 《古代學》 4-2, 122~125쪽.
   박찬흥, 1995, 〈고구려척에 대한 연구〉, 《사총》 44, 12~13쪽.
41) 윤선태, 2002, 앞의 글, 34쪽.

1리는 1,500대척(약 530m)이므로, 후지와라쿄의 경역은 동서 6천 대척(약 2,140m), 남북 9천 대척(약 3,200m)이라는 완수치(完數値)로 계획되었음을 확인할 수 있다.[42] 또한 1방의 규모는 한 변이 750대척(반리, 약 265m)이므로, 750대척의 방을 기준으로 조방이 설정되었음을 알 수 있다.

후지와라노미야의 궁역 또한 고구려척을 기준으로 설정되었음이 확인된다. 후지와라노미야 궁역은 4방의 넓이를 가지기 때문에 3천 대척을 바탕으로 설정되었음을 알 수 있다. 뿐만 아니라 후지와라노미야의 사지(四至)를 구획하는 대원(大垣), 궁의 중추부를 구성하는 조당원(朝堂院)과 태극전(太極殿)의 규모도 모두 고구려척(대척)에 의한 완수치 또는 정수비의 수치로 확인된다.[43]

이러한 양상은 앞에서 살펴보았듯이 조방도로에서도 마찬가지다. 후지와라쿄의 조방도로는 대로·중로·소로로 유형화되었는데, 이는 측구심심간 거리로 각각 50대척(16m), 25대척(8.9m), 20대척(6.5m)

---

42) 기시 도시오(岸俊男)는 후지와라노미야의 동서 중축선이 야마토(大和) 분지를 남북으로 종관하는 중도(中ッ道)와 하도(下ッ道)의 중간에 있는 것을 지도상으로 확인하여, 지도상에서 계측한 중도와 하도 사이의 거리가 약 2,118미터로서 고구려척(1척=0.353m로 환산) 5척 1보의 1,200보(6,000척)에 해당한다는 것을 확인하였다. 300보(1,500척)는 1리이기 때문에 이는 4리가 되는 것이다.(岸俊男, 1988, 〈方格地割の展開〉, 《日本古代宮都の硏究》) 한편 대후지와라쿄설의 논자들은 이보다 넓은 경역을 설정하고 있지만, 현재로서는 대후지와라경역의 실질적인 사지(四至)가 확인되지 않으므로 구체적인 경역의 규모 자체를 논의하기 힘들다.

43) 井上和人, 2004, 앞의 책, 66~78쪽. 후지와라노미야의 건물 조영에는 고구려척(대척) 말고도 소척이 함께 사용된 것이 확인되어, 〈다이호우령〉의 척도 규정과 마찬가지로 대척과 소척이 병용되었음을 확인할 수 있다. 후지와라노미야에서 검출되는 유구에서 1소척은 0.293~0.296미터 전후의 실측치가 구해지므로, 고구려척(대척)은 소척의 1.2배인 0.352~0.356미터 전후가 된다.

으로서, 그 규모가 모두 완수치로 계획되었음을 알 수 있다.

특히 후지와라쿄의 경우는 선행조방도로가 지할구(地割溝)로 활용된 것으로 보이는데, 후지와라쿄의 조영 당시 고도를 기점으로 측량한 후 선행조방도로를 구획하고, 이를 기준으로 후지와라쿄의 조방구획과 시설물을 조영한 것으로 보인다. 4조대로와 동2방대로, 동1방방간로 등에는 도로의 중간에 도랑을 판 예가 발견되며, 이는 도로 배수로와 달리 인위적으로 매납된 것으로 확인되기 때문에 조방 시행에 선행하는 지할구로 판단된다.44)

이상에서 살펴본 것처럼 후지와라쿄의 조방구획이나 후지와라노미야의 궁역 설정, 그리고 조방도로의 조영 등에는 예외 없이 고구려척이 기준척으로 사용된 것으로 보인다. 이는 같은 시기 고구려 장안성이나 신라 왕경과 마찬가지 양상으로서, 당시 일종의 '고구려척 문화권'45)이 형성되었음을 알 수 있다.

---

44) 小澤毅, 1999, 앞의 글, 57쪽

45) 고구려척은 해당 국가의 양전제와 밀접히 연관되면서 고구려를 떠나 동아시아 각국으로 전파되어 중국의 일원적인 척도제와 구분되는 '고구려척 문화권'을 탄생시켰다. 물론 이러한 이원적인 척도제는 중국에 수·당(隋唐)제국이 등장하고 이들의 힘이 군사력과 율령을 매개로 동아시아 전역으로 확대되면서 고구려척 문화권은 서서히 소멸되고 결국 동아시아는 모두 당대척(唐大尺)으로 척도제가 일원화된다. 그러나 신라와 고대 일본의 당대척 일원화 과정이 당과 달리 대척 6척=1보제로 귀결된 것은 고구려척 문화권의 잔영이며 이는 일원화 이후 양국 척도제의 변화에 계속해서 영향을 미치게 된다.(윤선태, 2003, 〈웅진·사비기 백제의 척도제—사비도성의 공간구성과 관련하여〉, 《고대 동아세아와 백제》, 서경, 511쪽)

4.2. 신라 왕경과 후지와라쿄의 비교

4.2.1. 후지와라쿄 조영기의 나일관계

후지와라쿄가 조영되던 7세기 중후반에는 일본과 당의 교류가 단절된 채 신라와 밀접한 관계를 맺고 있었으므로,[46] 후지와라쿄 조영기의 나일관계를 살펴본다면 후지와라쿄 조영의 배경이 더욱 분명해질 것으로 생각된다.

후지와라쿄 조영 당시의 나일관계를 살펴보기 위해서는 먼저 후지와라쿄의 조영 개시 연대를 살펴볼 필요가 있다.

A-1. 이 해에 신성(新城)에 도읍을 만들려고 하였다. 구역 안의 전지(田地)는 공사(公私)를 불문하고 다 경작하지 않아 모두 황폐하였다. 그러나 도읍을 만들지는 않았다.(《日本書紀》 권29, 天武 5년)

A-2. 소자(小紫) 삼야왕(三野王) 및 궁내 관대부(官大夫)들에 명하여, 신성(新城)에 보내 그 지형을 보게 하였다. 도읍을 만들려고 하였다.(《日本書紀》 권29, 天武 11년)

A-3. 정광사(淨廣肆) 광뢰왕(廣瀬王), 소금중(小錦中) 대반련안마

46) 기시 도시오(岸俊男)는 후지와라쿄가 당 장안성이 아닌 북위 낙양성의 영향을 받은 것으로 이해하면서 당시 당과의 교류 단절에 주목하였다.(岸俊男, 1988, 앞의 책) 이처럼 당시 일본과 당의 교류가 단절된 사실은 후지와라쿄의 원류 문제와 맞물려 후속 연구자들도 주목하고 있다.(林部均, 2001, 앞의 책, 354쪽; 양정석, 2004, 《황룡사의 조영과 왕권》, 서경; 이근우, 2005, 〈신라의 도성과 일본의 도성〉, 《신라문화》 26)

려(大伴連安痲呂) 및 판관(判官), 녹사(錄事), 음양사(陰陽師), 공장(工匠)들을 기내(畿內)에 보내 도읍을 만들 땅을 보게 하였다. 이 날 삼야왕(三野王), 소금하(小錦下) 채녀신축라(采女臣筑羅)들을 신농(信濃)에 보내 지형을 보게 하였다.…… 천황이 경사(京師)를 순행하여 궁실(宮室)의 땅을 정하였다.(《日本書紀》 권29, 天武 13년)

B-1. 고시황자(高市皇子)가 후지와라궁지(藤原宮地)를 보았다. 공경백료(公卿百寮)가 따랐다.…… 천황이 후지와라(藤原)에 가서 궁지(宮地)를 보았다. 공경백료가 모두 따랐다.(《日本書紀》 권30, 持統 4년)

B-2. 사자(使者)를 보내 신익경(新益京)에서 지진제(地鎭祭)를 지내게 하였다.(《日本書紀》 권30, 持統 5년)

B-3. 천황이 신익경의 도로를 보았다.…… 정광사(淨廣肆) 난파왕(難波王)들을 보내 후지와라궁지에서 지진제를 지내게 하였다.…… 천황이 후지와라궁지를 보았다.(《日本書紀》 권30, 持統 6년)

B-4. 후지와라노미야에 행차하였다. 그날로 궁에 돌아왔다.…… 후지와라노미야에 천거(遷居)하였다.(《日本書紀》 권30, 持統 8년)

위의 사료 B에 따르면 후지와라쿄는 지토(持統) 4년(690)에 고시황자(高市皇子)가 귀족 관인을 데리고 후지와라의 궁지 시찰을 기점으로 조영이 시작된 것으로 보인다. 그러나 후지와라쿄 건설이 완료된 것은 690년대의 지토조(持統朝)이지만, 그 조영 개시 연대는 덴무조(天武朝)까지 올려 보는 것이 일반적이다.[47] 사료 A에는 덴무조인 670년대에 이미 '신성'(新城)에 관한 기사가 보이는데,[48] 이 '신성'은

---

47) 岸俊男, 1988, 앞의 책; 小澤毅, 1999, 앞의 글; 仁藤敦史, 1999, 앞의 글; 龜田博, 2000, 《日韓古代宮都の硏究》, 學生社; 林部均, 2001, 앞의 책.

후지와라쿄를 지칭한다. 사료 B에 보이는 지토조의 '신익경'(新益京)
도 마찬가지다.49) 따라서 후지와라쿄는 덴무조에 '신성'으로 조영되
기 시작하여, 지토조에는 '신익경'으로 불리고,50) 지토 8년(694)에는
천도가 시행됨으로써 조영 공사가 거의 완성되었다고 볼 수 있다.

  후지와라쿄의 조영이 덴무조에 개시된 것은 발굴조사에 의해서도
뒷받침된다. 먼저 덴무천황의 능인 회우대내릉(檜隈大內陵)이 후지
와라쿄의 중축선 위에 바르게 위치하는 것이 확인되었는데, 《일본
서기》에 따르면 회우대내릉은 지토 원년(687)에 축조되기 시작하였
으므로, 이미 이 시기 이전에 후지와라쿄 조영이 시작되었음을 알
수 있다.51) 또한 후지와라쿄의 4조유적(四條遺跡)에서는 조방도로
의 시공과 함께 2기의 고분이 파괴되었음이 확인되었다. 조방도로는
이 고분의 주구(周溝)를 메운 뒤에 조영되었으므로, 고분이 파괴된
시기 즉 주구를 메운 시기는 후지와라쿄의 조영 개시 연대를 나타낼
가능성이 매우 높다.52) 그런데 이 주구의 매토에서 출토된 토기의
편년은 덴무조로 상정되므로,53) 적어도 이 시기에는 후지와라쿄의

---

48) 《日本書紀》 권29, 天武 5년.
49) 《日本書紀》 권30, 持統 5·6년.
50) 엄밀히 말해 일본의 고대 사료에는 '후지와라쿄'(藤原京)라는 명칭은 보이지 않는
   다. '후지와라'(藤原), '후지와라노미야'(藤原宮), '후지와라궁지'(藤原宮地) 등의 명
   칭이 보일 뿐이다. 후지와라쿄라는 명칭은 후지와라노미야에 대한 조어(造語)로서
   후지와라쿄의 범위를 처음으로 고증한 기타 사다키치(喜田貞吉)가 사용한 용어
   다.(八木充, 1996, 《研究史飛鳥藤原京》, 吉川弘文館, 52쪽) 따라서 지토조(持統朝)
   에는 《일본서기》에 보이는 것처럼 '신익경'(新益京)으로 불렸을 가능성이 높다.
51) 岸俊男, 1988, 앞의 책.
52) 櫻原考古學研究所, 1988, 〈櫻原市四條遺跡發掘調查槪報〉, 《奈良縣遺跡調查槪
   報》 1987年度.

조영을 위한 토지 조성이 시작되었음을 알 수 있다.

무엇보다 후지와라노미야의 태극전(太極殿) 하층과 궁 북면 중문(中門)의 하층에서 궁내선행조방(宮內先行條坊)의 주작대로와 함께 그것과 거의 평행한 운하(SD1901A)가 조사되었는데, 선행조방의 배수로(側溝)와 운하는 병존한 시기도 있었지만, 먼저 선행조방이 메워진 뒤 운하가 메워졌음이 확인되었다.54) 이 운하에서는 대량의 토기와 함께 연대가 기록된 목간이 출토되었는데, '임오'(壬午), '갑신'(甲申), '계미'(癸未) 등 덴무 11년(682)에서 덴무 13년(684)에 걸친 간지가 기록된 목간과 '진대사'(進大肆)와 같이 덴무 14년(685)에 제정된 관위를 기록한 목간이 출토되어,55) 역시 후지와라쿄의 조영이 덴무조에 개시되었음을 알 수 있다.

또한 후지와라쿄의 경역 안에 위치한 약사사(藥師寺) 금당의 남면과 중문의 하층에서도 서3방방간로(西三坊坊間路)에 상당하는 선행조방도로가 조사되었는데, 약사사의 당탑(堂塔)은 이들 선행조방도로를 메우고 조영되었음이 확인되었다.56)《일본서기》에 따르면 약사사는 덴무 9년(680)에 축조되기 시작하였으므로,57) 후지와라쿄의 조영 개시 연대가 덴무 9년(680)을 넘지 않음을 알 수 있다.

---

53) 林部均, 2001, 앞의 책, 195~196쪽.
54) 奈良國立文化財研究所, 1977,《飛鳥·藤原宮發掘調査槪報》7.
　　奈良國立文化財研究所, 1978.《飛鳥·藤原宮發掘調査槪報》8.
55) 奈良國立文化財研究所, 1980,《藤原宮木簡》2 解說, 1980, 15~32쪽.
56) 奈良國立文化財研究所, 1994,《飛鳥·藤原宮發掘調査槪報》24.
　　奈良國立文化財研究所, 1996,《飛鳥·藤原宮發掘調査槪報》26.
57)《日本書紀》권29, 天武 9년 11월조.

이상에서 살펴본 것처럼, 후지와라쿄의 조영은 적어도 덴무 9년 이전에 개시되었음을 알 수 있으며, 《일본서기》(사료 B-1)에 따르면 후지와라쿄 조영 계획은 덴무 5년(676)까지 올려 볼 수 있다.58) 즉 후지와라쿄의 건설이 완료된 것은 690년대의 지토조이지만, 그 조영 계획을 입안하고 토지조성 등을 시행한 것은 670년대의 덴무조임을 알 수 있다.

지금까지 일본학계에서는 덴무조 이래 〈다이호우령〉(701)이 완성되는 시기인 7세기 중후반에 대해서, 다른 시기와 마찬가지로 중국으로부터 학예나 문물의 영향을 계속 받았다고 보는 것이 일반적이었다. 당시 30여 년 동안이나 견당사(遣唐使) 파견이 중단되었는데도 중국으로부터 문화 유입이라는 큰 줄기는 부인되지 않았으며, 한편으로는 후지와라쿄 조영의 자생설과 같은 일본의 독자성을 강조하는 견해가 제기되었다. 그러면서도 이 시기 한반도로부터 받은 문화적 영향에 대해서는 별달리 주목하지 않았다. 그러나 이 시기의 이른바 대륙 문화 흡수 경로에 대해서는 신라와의 관계가 무엇보다 중시되어야 할 것이다.

실제로 신라는 백촌강(白村江) 전투 후 일본과 국교를 재개하는 문무왕 8년(668)부터 일본에서 〈다이호우령〉이 편찬되는 효소왕(孝昭王) 10년(701)까지 약 30여 년 동안 끊임없이 일본에 사절을 파견했으며, 일본 또한 비슷한 양상을 나타냈다. 이 시기는 바로 후지와라쿄의 조영이 시작되어 완성된 시기와 일치한다.

---

58) 仁藤敦史, 1999, 앞의 글.

　　문무왕 3년(663)의 백촌강 전투 후 완전히 단절되었던 신라와 일
본의 관계는, 고구려의 멸망을 앞두고 당에 대한 위기감을 공유하면
서, 문무왕 8년(668) 김동엄(金東嚴)의 도일(渡日)과 일본의 답사 파
견을 계기로 국교가 재개된다. 그로부터 8세기 초에 이르기까지 신
라의 대일사절 파견과 일본의 견신라사(遣新羅使) 파견은 〈표 4-2〉

표 4-2. 7세기 중엽~8세기 초의 나일관계(668~709)

연대			신라 사절			견신라사		
서력	신라	일본	인명	관위	비고	인명	관위	비고
668	文武8	天智7	金東嚴	級湌	국교 재개	道守臣麻呂	小山下	국교 재개
669	文武9	天智8	督儒	沙湌				
670	文武10	天智9				阿曇連頰垂		
671	文武11	天智10	金萬物	沙湌				
672	文武12	天武元	金押實		金押實에 대한 배의 사여			
673	文武13	天武2	金承元 金薩儒 寶眞毛	韓阿湌 一吉湌 貴干	賀騰極使 弔先皇喪使 送使			
			金利益	韓奈末	送高麗使			
675	文武15	天武4	(金)忠元	王子	왕자 忠元의 도일	大伴連國麻呂	小錦上	
			朴勤脩	級湌				
676	文武16	天武5	金清平 金好儒 被珍那	沙湌 汲湌 奈末		物部連麻呂	大乙上	
			金楊原	大奈末	送高麗使			

678	文武18	天武7	加良井山 金消勿	奈末 級湌	金消勿의 난파			
679	文武19	天武8	甘勿那	奈末	送高麗使			
			金項那	阿湌				
680	文武20	天武9	考那	大奈末	送高麗使			
			金若弼	沙湌				
681	神文元	天武10	金忠平	一吉湌		采女臣竹羅	小錦下	
682	神文2	天武11	金釋起	大那末	送高麗使			
683	神文3	天武12	金主山	沙湌				
684	神文4	天武13	金物儒	大奈末	일본 대당유학생과 포로 인도	高向臣麻呂	小錦下	
685	神文5	天武14	金智祥	波珍湌				
687	神文7	持統元	金霜林	王子	왕자 金霜林의 도일	田中朝臣法麻呂	直廣肆	
689	神文9	持統3	金道那	級湌				
690	神文10	持統4	金高訓	大奈末				
692	孝昭元	持統6	朴億德	級湌				
693	孝昭2	持統7	金江南	沙湌		息長眞人老	直廣肆	
695	孝昭4	持統9	金良琳	王子	왕자 金良琳의 도일	小野朝臣毛野	直廣肆	
697	孝昭6	文武元	金弼德	一吉湌				
	孝昭9	文武4	金所毛	薩湌		佐伯宿祢麻呂	直廣肆	
703	聖德2	大寶3	金福護	薩湌		波多朝臣廣足	從五位下	
704	聖德3	慶雲元				幡文通	正六位上	
705	聖德4	慶雲2	金儒吉	一吉湌				
706	聖德5	慶雲3				美努連淨麻呂	從五位下	
709	聖德8	和銅2	金信福					

* 인명과 관위는 대사(大使)만 표기하였다.

에서 확인할 수 있듯이 거의 매년 이루어진다. 즉 당이 669년부터 시작된 신라와의 싸움에서 패배한 뒤 한반도에서 완전히 철수하는 677년 사이에, 일본은 668·670·675·676년에 걸쳐 견신라사를 파견한다. 신라에서도 668·669·671·672·673년 등 거의 매년 사신이 파견되고 있다. 이는 신라와 당 사이에 전쟁이 계속되는 동안에 일본이 신라와 긴밀한 관계를 유지하였음을 의미한다.59)

이처럼 나당전쟁 동안의 대당문제와 백제 부흥세력을 염두에 둔 신라의 적극적인 대일외교의 전개,60) 그리고 이에 호응한 덴지조(天智朝) 후반의 친신라정책은 덴무조에 이르러 완전히 정착되기에 이른다. 특히 나당의 대립 속에서 671년 11월 당의 곽무종(郭務悰)이 일본에 파견된 이후61) 당과 일본의 관계는 30여 년 동안이나 단절된다. 같은 해 웅진(熊津) 함락 당시 웅진의 공방을 둘러싸고 당과 신라 두 진영은 일본을 자기편으로 끌어들이기 위해 치열한 외교전을 전개했던 것으로 보이는데, 곽무종의 원군 요청에 대한 거절로 실질적으로 당과 일본의 관계는 단절되고, 일본은 완전히 친신라정책으로 선회하게 되었다.62)

이러한 친신라정책은 지토조에 이르기까지 지속된 것 같다.〈표

---

59) 김현구, 1998,〈백촌강싸움 직후 일본의 대륙관계의 재개〉,《일본역사연구》8, 22쪽.
60) 古畑徹, 1983,〈七世紀末から八世紀初にかけての新羅·唐關係〉,《朝鮮學報》107, 31쪽.
61) 《日本書紀》권28, 天智 10년 11월조.
62) 鈴木靖民, 1992,〈七世紀東アジアの爭亂と變革〉,《アジアからみた古代日本》, 角川書店.
   김현구, 1998, 앞의 글, 21~22쪽.

4-2)에서 확인할 수 있듯이 신라는 덴무조(672~686)에 열두 차례 사신을 파견하였으며, 지토조(687~696)에는 여섯 차례 사신을 파견하였다. 일본 또한 전체 10여 차례의 견신라사를 파견하고 있다.

여기서 중요한 것은 일본이 덴무조 이래 친신라정책으로 전환하면서 잦은 왕래로 신라로부터 다양한 문화를 도입하였으리라는 점이다. 이는 7세기 중후반의 일본 불교문화에 나타나는 신라 불교문화의 영향에서 살펴볼 수 있다.

7세기 전반 일본의 고대문화, 특히 아스카기(飛鳥期)의 불교문화는 삼국 가운데에서 백제의 영향이 가장 강하였으나, 7세기 중후반에 들면서부터 신라의 불교문화를 적극 수용하기 시작하였다. 이러한 과정에서 일본의 불교문화는 아스카기에서 하쿠호기(白鳳期)로 성장·발전해 갔다.63) 먼저 7세기 중후반 일본의 불교에는 신라 학문승을 중심으로 신라의 불교가 큰 영향을 미쳤다. 당시 일본의 당 유학승은 도자(道慈)와 승정(升正) 2명인 데 비해, 신라 학문승은 관상(觀常), 운관(雲觀), 지륭(智隆), 명총(明聰), 관지(觀智), 신예(神叡), 행선(行善) 등 기록상 15명의 이름이 나오며, 이들의 귀국연도는 668년 이후로부터 707년까지 집중적으로 나타나고 있다. 이들은 귀국 후 일본 불교계의 지도자가 됨에 따라 일본의 불교계는 신라 불교에 직결되었음을 알 수 있다.64)

이와 함께 7세기 중후반 일본의 불상조각에도 기법·재료뿐만 아

---

63) 홍순창, 1988, 〈7·8세기에 있어서의 신라와 일본과의 관계〉, 《신라문화제학술논문집》 9, 281쪽.
64) 신형식, 1994, 〈통일신라의 대일관계〉, 《강좌한일관계사》, 현음사, 110~145쪽.

니라 양식적 측면에서 신라 불상의 영향이 확인된다. 7세기 중엽의
신라에서는 이전과 달리 석불 조성이 성행하는데, 일본 또한 하쿠호
기에 들어서 돌을 재료로 하여 조상을 시도하고 있다. 현재 남아 있
는 나라현(奈良縣) 사쿠라이시(櫻井市)의 석위사(石位寺)석가삼존상
이 대표적이며, 7세기 후반의 백봉불(白鳳佛)로 보이는 효고현(兵庫
縣) 가사이시(加西市) 호조정(北條町)에서 발견된 고법화(古法華)의
석가삼존상과 효고현 가사이시 한조정(繁昌町)의 오존석불도 마찬
가지이다. 이처럼 하쿠호기에 석불이 나타나는 것은 통일신라시대
경주에 흩어진 석불의 영향으로 보이며, 이것은 일본에서도 새로운
소재에 대한 시도임을 알 수 있다.[65]

특히 통일을 전후한 신라에서는 종파불교의 성행으로 이전과 달
리 아미타삼존불이 조성되기 시작하였는데,[66] 일본의 하쿠호기에도
아미타상이 점차 유행하여 7세기 후반에는 집중적으로 조성되었다.
대표적인 것으로 나라(奈良) 장곡사(長谷寺)의 법화설상동판(法華說
相銅版)을 비롯하여 귤부인염지불(橘夫人念持佛)인 아미타삼존상,
삼중(三重) 하견폐사(夏見廢寺)에서 출토된 아미타삼존의 단편들,
천원사(川原寺)에서 출토된 방형삼존불 등을 들 수 있다. 이 가운데
나라 장곡사의 법화설상동판은 중앙에 다보탑을 중심으로 좌우에 7
존상으로 구성되어 있고 맨 하부에 명문이 새겨져 있는데, 이 중앙

---

65) 본래 일본은 한반도에서 건너간 금동불을 모본으로 하여 아스카기에는 대부분 정
   교한 금동불과 목조불상을 조성하였다.(김영애, 1997, 〈7세기 후반 신라불교조각이
   일본 백봉불교조각에 미친 영향〉, 《미술사학연구》 214, 10~13쪽)
66) 신라의 아미타삼존불로는 경주배리석불입상, 경주서악삼존불, 안압지판불 등을
   들 수 있다.

의 다보탑은 일본에서도 보기 드문 석탑의 형식을 띠고 있으며 명문을 새긴 글씨 또한 당시 신라에서 유행한 구양순(歐陽詢)풍을 보이고 있어 신라를 통한 양식의 이동을 보여주고 있다.[67] 《일본서기》에도 신라가 덴무천황의 상(喪)에 조문하기 위해 사자(使者)편에 금동아미타상과 관음·세지보살상 각 1구를 보낸 기록이 나타나고 있어,[68] 신라에서 일본으로 직접 아미타삼존이 전해진 사실을 확인할 수 있다.[69]

이처럼 덴무조 이후의 긴밀한 나일관계를 바탕으로 7세기 중후반의 일본 불교문화는 신라 불교문화의 영향을 많이 받았다고 할 수 있다. 당시 양국 사이에는 불교문화뿐만 아니라 신라의 문물과 제도·학예·기술 등이 전수되었을 것이다.[70] 무엇보다 이 시기는 30여 년 동안 일본의 견당사 파견이 중단되었던 시기에 해당된다. 당시 일본은 당의 제도를 모방하여 율령제 확립의 마무리 작업에 노력하고 있었으므로 어떠한 수단을 강구하더라도 당에서 직접 문물·

---

67) 片岡直樹, 1993, 〈長谷寺銅版法華說相圖考〉, 《佛敎藝術》 208.
68) 《日本書紀》 권30, 持統 3년.
69) 김영애, 1997, 앞의 글, 18~23쪽. 김영애는 이 밖에도 신라와 마찬가지로 일본의 불상 또한 동형(童形)에서 미소년형으로 변화하는 것을 지적하였다.
70) 이와 함께 7세기 중후반 신라와 일본의 문화교류를 나타내는 자료로서, 신라의 금석문에서 확인되는 독특한 차자(借字)표기법인 '지'(之)의 용례가 일본에서 확인되는 사실을 들 수 있다. 신라와 마찬가지로 문장의 종결어조사로 쓰인 '지'의 용례는 《일본서기》를 비롯한 일본 고대문헌에서도 많이 확인되는데, 이는 신라를 통해 전해진 것으로 보인다. 즉 7세기 후반에 일본에서 유학한 신라 학문승을 통해서 신라의 차자표기가 일본에 전파되고 그 가운데 '지'자의 특수한 용법도 함께 전달되었을 것이다.(이우태, 2006, 〈신라 금석문과 고구려 금석문의 차자표기―그 기원과 영향을 중심으로〉, 《고구려의 역사와 대외관계》, 서경)

제도를 수용하고자 하였을 것이다. 그럼에도 견당사가 파견되지 않았던 만큼 차선책으로서 당연히 신라를 통한 대륙 문화의 수용에 노력하였을 것으로 보인다.[71) 덴무조 이래의 밀접한 나일관계는 그러한 가능성을 충분히 나타내고 있다.

이상에서 7세기 중후반 일본은 당과의 직접적인 교류가 단절되었으며, 이에 신라와의 긴밀한 대외관계가 이른바 대륙문화의 흡수에 큰 역할을 차지하였음을 살펴보았다. 특히 이 시기는 후지와라쿄의 조영 계획이 입안되고 토지 조성이 시작되는 등 후지와라쿄 조영이 개시되어 완성된 시기와 일치한다. 이 시기에 일본이 신라로부터 도성제의 영향을 받아들였다는 직접적인 관련 기사는 없으나, 당시 일본과 당의 국교가 단절된 상황을 고려할 때, 그즈음 밀접한 관계를 유지하였던 신라와 일본의 관계는 후지와라쿄 조영의 배경으로 주목되지 않을 수 없다.

4.2.2. 도성계획의 원리 비교

일본학계에서는 종래 후지와라쿄가 헤이세이쿄(平城京)나 헤이안쿄(平安京)와 마찬가지로 당 장안성의 영향을 받은 것으로 이해하였다. 그런데 기시 도시오(岸俊男)에 의해서 후지와라쿄의 형성과정이 구체적으로 밝혀지면서 통설과 달리 당 장안성이 아니라 북위 낙양성의 영향을 받았다는 견해가 제기되었다.[72) 이에 대해 기존과 같이

---

71) 關晃, 1955, 〈遺新羅使の文化的意義〉, 《山利大學學藝部硏究報告》 6.
72) 岸俊男, 1988, 앞의 책. 기시 도시오(岸俊男)는 도성의 평면 형태, 궁성의 위치, 방

당 장안성의 영향을 받은 것으로 보아야 한다는 반론이 제기되기도 하였으나[73] 후지와라쿄와 당 장안성 사이의 여러 구조적 차이점을 쉽게 좁히지는 못한 것으로 보인다.

비록 기시 도시오의 견해처럼 후지와라쿄가 북위 낙양성의 영향을 받았다고 하더라도, 한반도 도성의 연계 없이 직접적인 관련을 고려하기는 힘든 것으로 생각된다. 후지와라쿄를 조영한 때에는 북위 낙양성이 폐기된 지 이미 160여 년이 지났을 시기이고, 당시 일본과 북위 사이에는 별다른 교류가 없었던 것으로 파악된다. 실제로 중국의 《위서》(魏書), 《북제서》(北齊書), 《주서》(周書)에는 일본에 관한 기록이 없고, 《일본서기》, 《속일본기》(續日本紀) 등에도 북위에 관한 기록이 나오지 않는다. 마찬가지로 후지와라쿄의 조영시기에는 견당사(遣唐使)가 파견되지 않아 당 장안성의 직접적인 영향도 고려하기 힘들다.

따라서 후지와라쿄의 조영에는 당시 밀접한 교류관계를 유지하였던 신라의 영향을 먼저 고려해야 할 것으로 생각된다. 앞에서 살펴보았듯이 후지와라쿄의 조방도로는 신라 왕경과 마찬가지로 대로·중로·소로로 유형화되었으며, 도로의 규모에서도 상당한 유사성을 나타내고 있다. 주작대로 또한 23미터에서 24미터 안팎의 도로폭을 넘지 않는 데다, 배수로(측구)가 발견되지 않는 등 실제적인 문제점이 지적되고 있을 뿐만 아니라, 지형상의 제약 등으로 과연 주작대

의 형태와 4분할방식, 시(市)의 형태 등 각 방면에 착안하여 후지와라쿄가 당 장안성을 모방한 것이 아니라 북위의 낙양성을 모방하였다고 보았다.

73) 王仲殊, 1983, 〈日本の古代都城制度の原流について〉, 《考古雜誌》 69-1.

로로서 기능하였는지에 대해 의문이 제기되고 있다.

이른바 주작대로라는 것은 도성의 중앙을 남북으로 관통하고 경역(京城)을 동서로 나누는 도성의 중앙도로를 말한다. 이는 교통로로서의 기능을 초월하여 국가 통치의 위신을 과시하고 절대권력자의 상징성을 나타내기 위해 건설된 무대장치 가운데 하나라고 할 수 있다.74) 따라서 당 장안성의 경우 주작대로의 폭은 150미터에서 155미터에 이르며, 헤이세이쿄와 헤이안쿄에서도 주작대로의 도로폭은 70여 미터에 이르는 등 일반 대로에 비해 월등한 규모를 갖추었다.

그러나 신라 왕경과 후지와라쿄에서는 아직까지 이처럼 넓은 남북도로는 확인되지 않는다. 따라서 신라 왕경과 후지와라쿄에 나타나는 주작대로의 규모나 그 기능의 미비점은 대로·중로·소로로 구분되는 경내도로의 유형화와 함께 같은 시기 다른 동아시아 도성과 구별되는 이들 도성만의 특성이라 할 수 있다.75)

이와 함께 신라 왕경과 후지와라쿄에는 왕궁의 위치에서도 일정한 연관성이 엿보인다. 앞에서 말했듯이 후지와라쿄의 경역은 기본적으로 기시 도시오(岸俊男)에 의해 복원된 남북 12조·동서 8방으로 설정되는 가운데, 이보다 넓게 조방도로가 포치된 것이 확인되면서 이른바 '대후지와라쿄설'이 제기되고 있다. 이에 대해서는 '경역축소설'이나 '경역확장설'과 같은 여러 이견이 제시되고 있으나, 기

---

74) 井上和人, 2004, 앞의 책.
75) 고구려 장안성의 도로체계도 대로·중로·소로로 유형화되었으며, 주작대로 자체가 없던 것으로 파악되어 이들 도성과의 일정한 연관성이 엿보인다. 반면 헤이세이쿄(平城京)와 당 장안성 등 다른 동아시아 도성의 도로체계는 최소 7, 8유형의 복잡한 규격성을 보인다.

존에 설정된 경역 외에서도 조방도로가 확인되므로 천도 이후나 이
전에 확대된 것이든 축소된 것이든 기존의 경역보다 넓은 범위에 조
방제가 시행된 것은 분명해 보인다. 문제는 기존처럼 12조 8방의 경
역으로 상정할 경우 후지와라노미야는 경역의 북쪽에 위치하는 것
이 되지만, 이보다 확대된 경역에 조방제가 포치된 것으로 보면 후
지와라노미야는 경역의 중앙에 위치하는 것이 된다.

널리 알려져 있듯이 중앙 궁궐의 형태는 일본 안에서도 헤이세이
쿄를 포함한 이후의 도성과 대조적인 것이며, 같은 시기의 중국 도
성에서도 그러한 모델은 찾을 수 없다. 이에 '대후지와라쿄설'을 주
장하는 연구자들은 후지와라쿄와 같은 중앙 궁궐의 모델을 《주례》
고공기(考工記)에서 찾는다. 즉, 후지와라쿄는 실재의 중국 도성을
직접적인 모델로 한 것이 아니라, 《주례》에 나타나는 중국 도성의
이상형에 기초하여 설계되었다는 것이다. 무엇보다 후지와라쿄의
조영시기에는 견당사의 파견이 30여 년 동안 중단되었기 때문에 정
보 부족에 의해 중국 도성의 직접적인 모방이 불가능하였고, 이에
일본이 독자적으로 문헌상의 이상형을 체현하였다는 것이다.[76]

그러나 이러한 후지와라쿄의 중앙 궁궐 형태는 이미 신라 왕경에
마련되어 있었다. 신라 왕경의 복원이 아직 철저하게 이루어지지 않
아 궁성의 내부구조나 각종 배치 양상 등을 상세히 비교할 수는 없
지만, 신라의 궁성이 월성에 위치하였기 때문에 신라의 왕궁은 후지
와라쿄와 마찬가지로 경역 중앙에 위치하였던 것은 분명해 보인다.

---

76) 小澤毅, 1999, 앞의 글, 64~65쪽.

　신라의 정궁(正宮)에 대해서는 의견이 분분하지만 여러 왕궁 가운
데 월성(月城)의 규모가 가장 클 뿐만 아니라,《삼국사기》등의 문
헌에 따르면 신라 왕들은 월성에 위치한 왕궁에 가장 오랫동안 거처
하였음을 알 수 있다. 특히 최근 고고학 발굴을 통해 월성 주변에 궁
궐이나 관아 건물이 밀집한 사실도 확인되었다.77) 이러한 고고학 발
굴 성과는 월성이 중고기 이래 신라의 정궁이었을 가능성을 시사한
다.78)

　한편 종래 성동동(城東洞) 전랑지(殿廊址)를 통일기 이후의 정궁
으로 보는 견해79)가 제기되었는데, 이처럼 성동동 전랑지를 통일기
이후의 정궁으로 볼 경우 신라의 왕궁은 경역의 북쪽에 위치하여 남
북조 이래의 다른 동아시아 도성과 마찬가지로 좌북조남(坐北朝南)
의 도성구조를 이루게 된다. 그러나 통일기에 왕은 시종일관 월성
안에 거처하였다. 그리고 월성에서 '재성'(在城) 기와명문이 많이 발
견되었으며,《삼국사기》에도 월성을 '재성'이라고 별칭했다는 기록
이 전해진다.80) 게다가 '후세의 왕들이 많이 양월성(兩月城; 新月
城·滿月城)에 거처하였다'고 전하는 기록도 확인된다.81) 이러한 자
료들은 통일기에 왕들이 시종일관 월성 안에 거처하였고, 정전과 내
전을 비롯한 왕궁의 주요 건물들이 월성에 있었음을 증명한다. 따라

77) 김낙중, 1998,〈신라 월성의 성격과 변천에 관한 연구〉, 서울대 석사학위논문.
78) 여호규, 2002, 앞의 글, 57쪽.
79) 윤무병, 1987,〈신라 왕경의 방제(坊制)〉,《두계이병도(斗溪李丙燾)박사구순(九
　　旬)기념 한국사학논집》, 지식산업사.
80)《三國史記》권7, 新羅本紀 文武王 13년·聖德王 35년.
81)《三國史記》권34, 雜志3 地理1 新羅疆界條.

서 성동동 전랑지를 정궁으로 보는 견해는 설득력이 약하다고 볼 수
밖에 없다.82)

이처럼 신라의 왕궁은 후지와라쿄와 마찬가지로 경역의 중앙에
위치하였음을 알 수 있다. 실제로는 궁성인 월성이 왕경에서 서남쪽
에 약간 치우쳐 있으나, 이는 기존의 월성을 두고 왕경을 획정하였
을 뿐만 아니라 서쪽에 하천이 가로막는 등 경주평야의 입지조건 때
문으로 추측된다.83)

따라서 후지와라쿄에 나타나는 중앙 궁궐의 원칙은 시기적으로
상당한 거리가 있는 데다, 문헌으로만 접할 수 있었던 《주례》 고공
기의 영향보다는 같은 시기 빈번한 왕래를 통하여 직접적인 도입이
가능하였을 신라의 영향을 더욱 중시해야 할 것이다.

지금까지 살펴본 것처럼 일본의 후지와라쿄는 신라 왕경과 마찬
가지로 대로·중로·소로의 조합에 의한 가로구획 방식을 취하고
있으며, 주작대로가 일반 대로보다 우월한 규모를 갖추지 못하고 의
례 공간으로서의 역할을 다하지 못하였다. 왕궁 역시 천도 이후나
이전에 경역의 중앙에 위치하였을 가능성이 크다. 이는 당 장안성의
도성계획과는 명확한 차이를 나타내는 것으로서, 후지와라쿄가 같
은 시기 당 장안성과는 다른 발상에서 설계·시공되었을 가능성을
나타내는 것이다.

---

82) 전덕재, 2006, 〈신라 왕궁의 배치양상과 그 변화〉, 《신라문화제학술논문집》 27,
182쪽.
83) 민덕식, 1987, 〈신라 왕경과 한·중·일 고대도성과의 비교고찰〉, 《최영희선생화
갑기념 한국사학논총》, 67쪽. 민덕식은 신라 왕경의 중앙 궁궐 구조가 《주례》 고공
기를 따른 것으로 추정하였다.

도성을 조영하는 데서 궁(宮)과 경(京)의 조영은 거의 함께 이루어진다. 그러나 후지와라쿄의 경우 경의 조방 시공연대는 궁의 조영연대와 명확히 달라 보인다. 앞서 설명하였듯이 후지와라노미야의 하층에는 경내와 다른 선행조방이 시공되어 있으며, 더욱이 궁내에 선행하는 건물군의 존재도 확인된다.[84] 따라서 후지와라노미야의 위치가 결정된 것은 빨라야 덴무조 말년으로, 그 즈음에야 조영이 시작되었을 것이다.[85] 이 시기에는 신라 왕경에도 2차 가로구획의 확장이 이루어지고, 중앙 궁궐의 형태도 갖추어졌을 것으로 짐작된다.

따라서 후지와라쿄의 도성계획 원리에 대해서는 방(坊)의 분할방식을 비롯하여 고구려척의 사용, 경내도로의 규모와 유형화, 주작대로의 규모와 기능 문제, 왕궁의 위치 등에서 상당한 유사성을 보이는 신라 왕경과의 연관성이 먼저 고려되어야 할 것이다.[86] 또한 후지와라쿄의 조영 당시 당과의 교류를 단절하고 신라와 밀접한 관계를 유지했던 사실도 그 배경으로 고려되어야 할 것이다. 마지막으로 신라 왕경, 후지와라쿄와 일정한 연관성을 보이는 고구려 장안성과의 계보관계도 염두에 두어야 할 것이다.

---

84) 奈良國立文化財研究所, 1978,《飛鳥・藤原宮發掘調查報告》II.

85) 林部均, 2001, 앞의 책, 218~220쪽.

86) 이 밖에도 신라 왕경과 후지와라쿄의 도성계획 원리에는 몇 가지 유사점이 확인된다. 먼저 신라 왕경과 후지와라쿄에는 외성(羅城)이 축조되지 않았으며, 후지와라쿄의 조당원(朝堂阮)은 신라의 남당(南堂)과 밀접한 연관성을 가지는 것으로 확인된다.(이근우, 2005, 앞의 글, 209쪽) 또한 신라 왕경의 방의 명칭은 반향사하방(反香寺下坊), 분황사상방(芬皇寺上坊) 등 대표적인 건축물에 따라 상・하방으로 구분한 것으로 전하는데, 일본의 후지와라쿄도 임방(林坊), 소치정(小治町) 등의 고유명칭이 전해진다.(민덕식, 1987, 앞의 글, 67쪽)

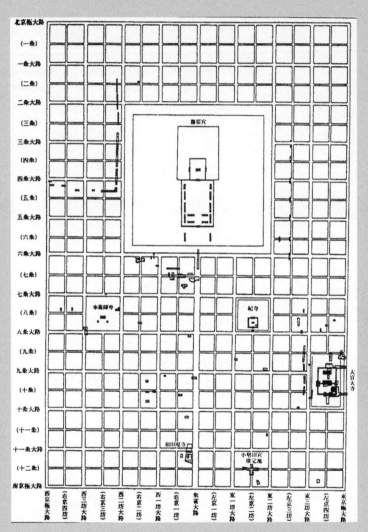

그림 4-1. 기시(岸俊男)설의 후지와라쿄 복원도
(奈良國立文化財研究所, 1985, 《藤原宮》, 飛鳥資料館圖錄 第13冊)

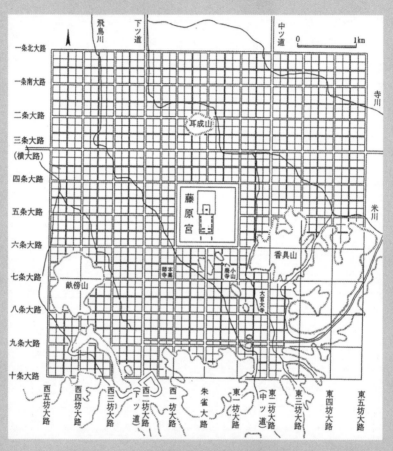

그림 4-2. 대후지와라쿄설의 후지와라쿄 복원도

(小澤毅, 1999, 〈古代都市藤原京の成立〉, 《考古學硏究》 44-3)

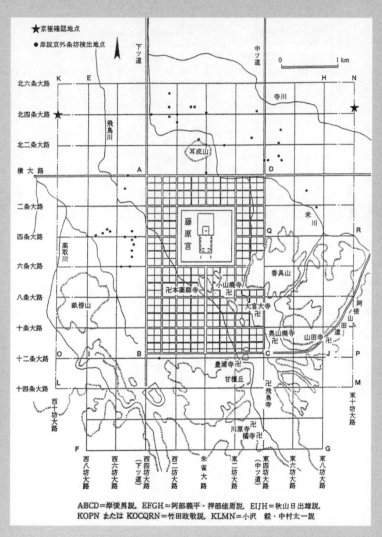

ABCD＝岸俊男説, EFGH≒阿部義平·押部佳周説, EIJH＝秋山日出雄説,
KOPN または KOCQRN＝竹田政敬説, KLMN＝小沢 毅·中村太一説

그림 4-3. 후지와라쿄의 복원에 관한 여러 학설

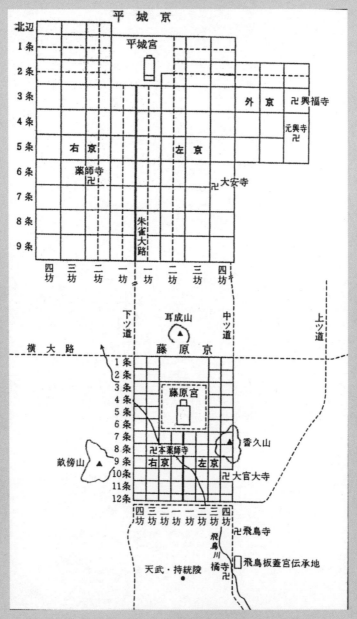

그림 4-4. 후지와라쿄·헤이세이쿄 비교 대조도

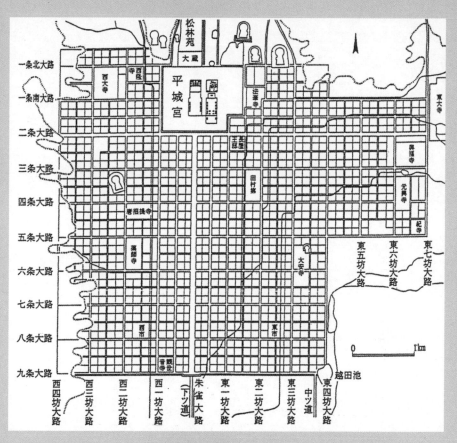

그림 4-5. 헤이세이쿄 복원도

(《日本古代史'王城と都市'の最前線》)

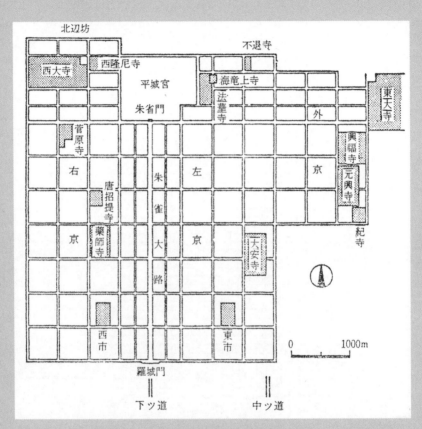

그림 4-6. 헤이세이쿄 평면도

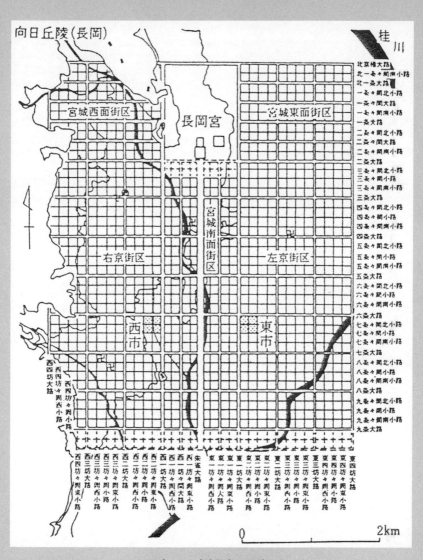

그림 4-7. 나카오카쿄 복원도

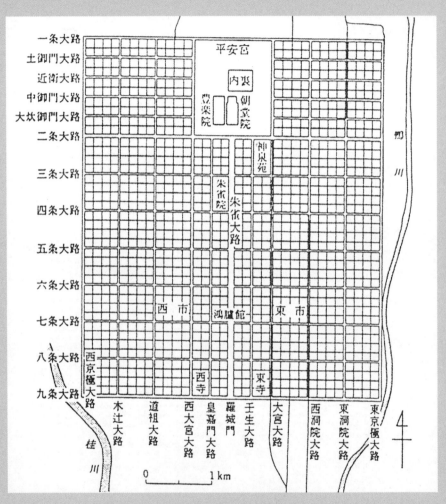

그림 4-8. 헤이안쿄 복원도

맺는말

　이 책에서는 도성의 가로구획(街路區劃) 방식에 초점을 맞추어 북위(北魏)와 수·당대(隋唐代) 도성을 비롯한 고구려 장안성(長安城), 신라 왕경(王京), 일본 후지와라쿄(藤原京) 등 6세기에서 8세기 동아시아 도성 사이의 연관성을 검토해 보았다.

　본래 중국에서는 고대 도성제의 기본 원칙이 된 《주례》(周禮) 고공기(考工記) 장인영국조(匠人營國條)에 이미 도로망에 의한 도시구획에 대한 규정이 마련되었으나, 규격화된 일정한 면적의 방(坊)으로 도시 전체를 구획한 것은 북위 낙양성(洛陽城)이 최초인 것으로 논의된다. 북위 낙양성에서는 방이 도성의 한 구역 단위로 등장하면서 리(里)의 대칭으로 사용되었고, 리와 방이 동일한 실체로 인식되었다. 방의 형태와 규모에 대해서는 《낙양가람기》(洛陽伽藍記)와 《위서》(魏書) 등의 관련 자료를 바탕으로 볼 때, 각 변이 300보(1里)

로서 4변의 합이 1,200보인 정방형 형태를 갖추었음을 알 수 있다.

고구려 장안성의 방의 형태는 조선 후기의 문헌자료에서 그 면모를 파악할 수 있는데, 한백겸(韓百謙)의 〈기전도〉(箕田圖)에는 동서로 긴 장방형으로, 《기자지》(箕子志)의 〈정전도〉(井田圖)에는 정방형으로 그려져 있다. 이러한 〈기전도〉, 〈정전도〉와 외성(外城)의 실측자료 등을 중심으로 일찍이 북한학계에서는 장안성의 방의 형태와 규모에 대해서 다양한 견해가 제기되었다. 한백겸의 〈기전도〉를 바탕으로 한 견해에서는 동서 120미터, 남북 84미터의 동서 장방형으로 파악하였고, 〈정전도〉와 1930년대의 〈평양시가도〉를 바탕으로 한 견해에서는 1변 170미터의 정방형으로 설정하였다. 두 견해를 종합하여 장안성의 지형조건에 맞게 장방형과 정방형의 구획들이 적절히 배합된 것으로 파악한 견해도 있다.

현재 고구려 장안성의 도시구획 흔적은 남아 있지 않아 방의 형태와 규모를 밝히기 위해서는 관련 문헌자료와 외성의 실측자료를 비교 검토할 수밖에 없다. 그런데 장안성의 가로구획은 외성이 둘러진 제한된 공간 안에서 시행되었고, 외성의 형태 역시 방형(方形)이 아니었다. 따라서 〈기전도〉에 보이는 대로(大路)로 구획된 나머지 공간에 장방형이나 정방형 가운데 어느 한 형태로만 방 전체를 완전하게 전개시키기에는 무리가 따랐다. 그 결과 연구자들의 해석이 분분해 혼란이 가중된 측면이 있다. 실제 한백겸은 《기전유제설》(箕田遺制說)에서 함구문(含毬門)과 정양문(正陽門) 사이의 유적이 가장 선명하다고 하면서 〈기전도〉에 그 구획을 장방형으로 묘사하였다. 그러나 실제로 1930년대 평천리 일대에 남아 있던 방의 형태는 장방형이 아닌 정방형으로 확인된다. 따라서 고구려 장안성의 방의 형태는 장방형과 정방형 방이 적절하게 배합되었다고 보는 것이 가장 타당할 듯하다. 다만 방의 크기에 대해서는 좀 더 다른 해석도 가능하겠지만, 기존의 연구와 큰 차이가 나지는 않을 것이다.

신라 왕경에서는 《삼국사기》나 《삼국유사》 등의 관련 자료로 미루어 볼 때, 방이 리보다 작은 하위의 공간단위로 파악된다. 방의 형태는 지적도 검토를 통해 동서로 약간 긴 장방형으로 의견이 모아진다. 그 규모에 대해서는 연구자에 따라 다양한 견해가 제기되었는데, 지금까지의 연구 성과를 종합하면 동서 160에서 165미터, 남북 140에서 145미터임을 알 수 있다.

일본 후지와라쿄(藤原京)의 방 형태에 대해서는 정방형이라는 데 별다른 이견이 없다. 그러나 그 규모에 대해서는 기시 도시오(岸俊男)가 제시한 반리(半里; 약 265m) 사방이 정설로 받아들여지다가, 최근에는 기존에 설정된 후지와라쿄의 경역(京域)보다 넓게 조방도로가 포치(布置)된 것으로 보면서 방의 크기를 1리(약 530m) 사방으로 설정하는 '대후지와라쿄설'(大藤原京說)이 제기되고 있다. 실제 기존에 설정된 경역 밖에서 조방제(條坊制)에 합치되는 동서도로와 남북도로가 20사례 가까이 발굴되어, 조방도로의 시행 범위가 기존에 설정된 경역보다 더 넓게 미친 것은 확실해 보인다. 그러나 대후지와라경역 안에는 야마토 3산(大和三山)의 구릉지대가 많은 부분을 차지하고 있으므로, 대후지와라경역 전체에 규칙적인 조방제가 시행되었다고 보기는 어렵다. 현재 대후지와라경역에서 발견되는 조방도로의 유구는 북쪽과 서쪽에서 집중적으로 발견되며 남쪽과 동남쪽에서는 거의 확인되지 않고 있다. 따라서 대후지와라쿄설에서 제기하는 10조·10방의 정연한 경역이 아니라, 북쪽과 서쪽으로 크게 돌출한 부정형의 형태를 갖추게 된다. 더구나 대후지와라경역에서 발견된 조방도로의 경우, 경내의 조방도로와 직접 비교할 수 있는 것은 겨우 세 사례일 뿐이며, 대후지와라쿄설에서 제기하는 10조·10방이라는 방의 수는 방령(坊令)에 관한 율령의 조문과도 맞지 않는다.

이에 애초에 남북 12조·동서 8방의 경역이 천도된 이후 확장되었다는 이른바 '경역확장설'(京域擴張說)과 대후지와라경역이 남북 12조·동서 8방으로 축소된 것이라는 '경역축소설'(京域縮小說)의 두 견해가 대안으로 제시되나, 현재로서는 어떠한 견해가 맞는지 확실하지 않다. 다만 천도 이후나 이전에 경역이 확장된 것이든 축소된 것이든 정연한 조방제가 시행된 경역은 모두 남북 12조·동서 8방을 기본으로 하고 있으며, 대후지와라경역이 마련되었다고 하여도 정연한 조방제가 시행되었다고 보기에는 많은 문제점이 드러나기 때문에, 후지와라쿄의 기본적인 경역은 반리(半里) 사방의 방을 기초로 하는 남북 12조·동서 8방으로 보는 것이 가장 타당할 듯하다. 이 경우 후지와라쿄의 1방의 규모는 고구려 장안성이나 신라 왕경의 방의 규모와 대체로 비슷한 양상을 나타내게 된다.

이상에서 6세기에서 8세기 동아시아 도성의 방의 형태는 동서 장방형이나 정방형 가운데 어느 한 형태로 다양하게 설정되었고, 그 규모 또한 각기 다르게 설정되었음을 확인하였다. 당시 방의 형태와 규모는 각 도성이 처한 환경에 따라 변용되는 것이 자연스러운 현상이었으며, 경우에 따라서는 한 도성 안의 방의 형태와 규모 또한 다르게 설정될 수 있었다. 그만큼 각 도성에서 방의 형태와 규모는 어떠한 절대적 기준 아래 운용되지는 않았던 것이다. 다만 리와 방이 동일한 실체로 인식되었던 중국 도성에 비해, 방이 리의 하위 공간 단위로 운영되었던 신라 왕경의 경우는 방의 크기가 중국 도성에 비해 작은 것이 자연스러운 결과였다. 고구려 장안성의 방의 규모도 중국 도성에 비해서는 작았으나, 신라 왕경보다는 다소 컸던 것으로 보인다. 후지와라쿄의 방의 크기는 견해에 따라 다른 해석이 가능할 수 있겠으나, 고구려 장안성이나 신라 왕경과 비슷한 규모였을 것으로 짐작된다.

이처럼 각 도성의 방의 형태와 규모는 지형적 특성에 맞게 다양하게 변용된 것으로 보이지만, 방의 분할방식에서는 일정한 유사성이 보인다. 일찍부터 고구려 장안성의 방에는 전자형(田字形)의 4분할법이 적용된 것으로 논의되어 왔다. 한백겸의 《기전유제설》이나 그가 그린 〈기전도〉를 보면 격자형의 도로망에 의해 매개 구획이 전자형(田字形)으로 분할되어 1방[田]이 4구로 이루어진 것을 확인할 수 있다. 즉 고구려 장안성의 1방은 십자형의 소로에 의해 4등분되는 4분할법이 적용된 것으로 확인된다.

이러한 4분할법은 신라 왕경에도 적용된 것으로 보인다. 현재까지의 발굴성과로는 방내의 소로는 발견되지 않으나, 방 내부의 우물에서 시작된 소규모 배수로(측구)가 다시 중규모의 배수로에 연결되고, 중규모의 배수로가 다시 대규모의 배수로에 연결되는 것을 볼 때, 도로 또한 이와 유사한 체계로 조직되었을 것으로 생각된다. 즉 방

과 방 사이의 도로나 리(대구획)와 리 사이의 도로체계가 고구려 장
안성과 같은 것으로 보아 신라 왕경의 매개 방도 십자형 소로에 의
해 4분할되었을 가능성이 크다.

　후지와라쿄 역시 각 방은 십자로에 의해 4분할된 것으로 확인된
다. 즉 한 개의 리 안에는 4개의 방이 있고, 그것은 다시 4개의 구획
(町)으로 나누어져 고구려 장안성의 4분할방식과 마찬가지로 구획
되었음을 알 수 있다. 최근에 기존의 견해보다 방의 크기를 2배로 설
정하는 '대후지와라쿄설'이 제기되면서 분할방식도 헤이세이쿄(平城
京)와 같은 16분할방식(1坊 16坪制)으로 구획되었다고 보는데, 이는
기수대로(奇數大路)를 우수대로(偶數大路)보다 규모가 작다는 것을
근거로 대로가 아닌 조간로(條間路)로 보았기 때문이다. 그러나 기
수대로에서도 15미터 정도의 대로급 도로가 조사되고 있고, 기수대
로와 우수대로 사이에 규격성의 차이가 있었다고 보기 어렵기 때문
에, 후지와라쿄의 방은 기존의 견해와 같이 4분할법에 의해 구획된
것으로 보는 것이 타당할 것이다.

　이러한 4분할방식은 이미 북위 낙양성에도 적용되었다. 《낙양가
람기》에 따르면 각 방에는 사방에 한 개의 문이 있고 십자로 교차하
는 종횡의 도로가 나 있어, 북위 낙양성의 방 역시 십자로에 의해
4분할되었음을 알 수 있다. 반면 당 장안성의 방은 십자로에 의해
4등분된 것 말고도 궁성 이남의 각 방은 동서 방향의 소로에 의해
2등분되거나 4분할된 것을 다시 4등분해 16개의 소구획으로 나눈
예가 확인된다. 후지와라쿄 이후의 헤이세이쿄와 헤이안쿄(平安京)
의 각 방도 16개의 소구획으로 나누어지고 있어, 전자형(田字形)의

4분할방식은 6세기에서 8세기 동아시아 도성 가운데 당 장안성을 제외한 고구려 장안성과 신라 왕경, 북위 낙양성, 일본 후지와라쿄에 공통적으로 나타나고 있다.

이들 도성에는 가로구획 방식에서도 일정한 유사성이 확인된다. 즉 등간격(等間隔)으로 토지 분할을 한 뒤 도로를 내고 있어 도로폭에 따라 방과 택지의 면적이 달라지는 특징을 보인다.

먼저 북위 낙양성의 방은 본래 1리에서 동서·남북의 종횡의 가로(街路)가 설계될 때 동서·남북 방향의 도로폭의 반을 빼낸 나머지의 토지를 방장으로 둘러싼 것이다. 즉 '리'의 면적에서 동서남북으로 통하는 도로폭의 반을 뺀 면적의 4주에 담장을 두른 면적단위를 '방'이라고 하였다. 이 때문에 도로폭의 차이에 따라 방의 면적도 달라져 리방(里坊)에 대소의 구별이 있었다.

이러한 양상은 고구려 장안성에서도 마찬가지였다. 고구려 장안성에서는 실측조사에서 확인된 대로 말고도 중로와 소로의 위치를 확인할 수 없으므로 정확한 가로구획 방식을 파악하는 데 한계가 있으나, 북한학자들에 의한 일련의 연구에서 방의 크기는 방과 방, 구와 구 사이의 도로폭을 밝히고 도로의 중심축을 분할축으로 하여 설정된 것으로 확인된다. 도로의 중심축을 분할선으로 하지 않고서는 방의 크기와 택지의 규모를 일정한 체계로 유형화시키기 어렵기 때문이다. 즉 고구려 장안성에서는 본래 도시를 계획할 때 우선 1방의 규모를 일정한 면적으로 구획하고, 여기서 도로폭을 제외시킨 나머지를 주택구역으로 삼았기 때문에, 1방을 구획한 데서 4구의 면적과 4구의 동서남북에 만들 도로폭의 반을 낸 것이 아닌가 추측된다.

결국 사방의 도로면적에 따라 방내의 실제 택지면적도 차이가 있었을 것이다. 이러한 양상은 신라 왕경과 후지와라쿄에서도 마찬가지였다.

반면 당 장안성에서는 도로를 기준으로 가로(街路)를 구획함으로써 도로와 택지의 너비를 따로 산정하여 일정한 택지 규모를 마련하였다. 발굴자료나 관련 연구성과에 이에 관한 구체적인 언급이 없어 정확한 파악이 쉽지는 않으나, 주작대로 양쪽 구획의 경우를 보면 도로중심선을 기준으로 동일한 등간격에 의해 구획되지는 않은 것으로 보인다. 이에 관해서는 앞으로 면밀한 검토가 필요하나 가로구획 방식에서도 당 장안성과 다른 도성 사이의 일정한 차이점을 확인할 수 있다.

한편 각각의 기준척이 사용되었던 북위 낙양성이나 당 장안성과 달리, 고구려 장안성을 비롯한 신라 왕경과 일본 후지와라쿄에는 가로구획의 측도기준으로서 고구려척이 사용된 것으로 확인된다.

고구려 장안성은 세키노 다다시(關野貞)에 의해 처음으로 실측된 이후 동위척(東魏尺)에서 기원하는 고구려척을 기준으로 축성된 것으로 논의되어 왔다. 그는 외성 안의 도로와 주택구역의 경계를 표시하던 표석(標石) 사이의 간격을 실측하여 고구려 장안성이 35.6센티미터를 단위 길이로 하는 고구려척을 기준으로 구획되었음을 확인하였다. 비록 후속 연구를 통해 고구려척이 동위척에서 기원하지 않았다는 점이 명확해졌으나, 이러한 그의 견해는 현재까지도 설득력을 얻고 있다. 실제 장안성을 비롯하여 현존하는 고구려유적에서 고구려척이 사용된 것이 확인되어, '고구려척'이라는 명칭 그대로 고

구려에서 자생한 척도가 도성 조영의 측도기준으로 사용되었을 가
능성이 크다. 이러한 가능성은 최근의 고구려척에 대한 연구성과에
의해 더욱 구체화되고 있다.

신라 왕경에 사용된 척도는 연구자에 따라 주척(周尺)이나 당척
(唐尺)으로 논의되기도 하였으나, 고구려척이 사용되었다는 견해가
더 타당해 보인다. 일찍이 신라 중고기 유적의 실측을 통해 신라에
도 고구려척이 사용되었고 신라 왕경의 가로구획 역시 고구려척에
의거하여 이루어졌다는 견해가 제기되었는데, 신라에서 당대척(唐
大尺)이 수용되기 이전에 고구려척 5척=1보제가 존재하였고, 이로
인해 당과는 다른 척보 환산법인 당대척 6척=1보제가 실시되었으
므로, 신라 왕경의 영조척을 고구려척으로 파악한 기존의 연구는 타
당성이 있다고 생각한다.

무엇보다 주목되는 것은 일본 후지와라쿄의 가로구획에도 고구려
척이 사용되었을 가능성이 크다는 점이다. 고대 한국 관련 자료에는
고구려척에 관한 기록이 전혀 나타나지 않지만, 일본의 《영의해》(令
義解), 《영집해》(令集解) 등에는 고구려척에 관한 기록이 나타나 고
구려척을 실제로 사용한 고대 일본의 사례가 매우 중요한 자료로 평
가된다. 이들 자료를 검토해보면 〈다이호우령〉(大寶令; 701) 당시 정
비된 소척(小尺)은 당대척이며, 그 1.2배인 대척(大尺)은 고구려척임
을 알 수 있다. 또한 고구려척은 〈다이호우령〉에서 대척으로 되어
있지만, 당시의 기준척이 아니라 도지(度地)의 편리를 위해 척을 장
대(長大)하게 만들어서 사용한 양전척(量田尺)이었다. 이는 '고려법'
(高麗法)으로 표현되는 점으로 보아 고구려의 양전척에서 기원하였

을 것이다. 이처럼 당시까지 일본 사회에서는 여러 척도제도가 있었음에도 고구려척이 널리 쓰였으며, 도성의 가로구획은 실제 양전과 다르지 않기 때문에 후지와라쿄 조영 당시의 토지 측량에도 고구려척(대척)이 영조척으로 사용되었음을 알 수 있다.

이처럼 고구려에서 자체적으로 사용되었던 척도가 신라 왕경을 비롯하여 일본 후지와라쿄의 측량기준에도 사용되었다는 것은 이들 도성의 가로구획 방식의 연관성과 관련하여 많은 것을 시사하고 있다. 비록 방의 형태와 규모가 다르더라도 고구려척을 기준으로 가로구획이 이루어지고 일정 단위로 전체가 구획되었을 뿐만 아니라 도로와 배수로(측구)가 축조되었기 때문에, 이들 도성은 기본적으로 같은 단위의 가로구획 방식에 따라 조영되었음을 알 수 있다.

고구려 장안성, 신라 왕경, 후지와라쿄에는 도로체계에서도 일정한 유사성이 확인된다. 먼저 고구려 장안성의 도로체계는 《기전유제설》에 따르면 방을 4분할하는 십자로인 소로(小路)와 방과 방 사이를 구획하는 방간로인 중로(中路), 방보다 큰 대구획을 구획하는 대로(大路)가 축조되어 있었다. 이 가운데 대로의 경우는 1953년의 북한에 의한 현지조사와 그 이전 세키노 다다시의 실측조사에 의해 실제로도 확인되었다. 다만 중로의 경우는 〈기전도〉에 따르면 함구문 남북대로와 정양문 남북대로의 사이에 남북으로 세 갈래가 있는 것으로 확인되지만, 20세기 초의 지적도에 따르면 남북로는 두 갈래밖에 없는 것으로 확인되고, 소로의 경우는 실제로 확인된 바가 없어, 〈기전도〉와 실제 도로체계 사이의 오차에 대한 검증은 어느 정도의 한계를 지닐 수밖에 없다. 하지만 고구려 장안성의 도로가 대로·중로·소로로 유형화된 것은 사실로 보아도 큰 문제가 없을 것이다. 이와 함께 대로의 실측치를 바탕으로 중로와 소로의 도로폭도 함께 추산되었는데, 북한학계의 연구자들은 《기전유제설》에 보이는 1·3·9무(畝)로(路)의 도로가 3배수로 확장된다는 사실에 착안하여, 배수로를 포함하지 않은 대로의 폭이 약 12.6미터에서 12.8미터(36자)이므로, 중로는 4.2미터(12자)로, 소로는 1.4미터(4자)로 산정하였다.

신라 왕경에서도 고구려 장안성과 마찬가지로 대로·중로·소로의 도로체계가 확인된다. 현재 발굴조사로 확인된 신라 왕경 도로는 21개소로서 현 경주시의 전역에 걸쳐 포치된 것으로 조사되었다. 그 가운데 황룡사지 동쪽 왕경 유적(S1E1지구)의 외곽에 설치된 도로유구의 규모에 대해 구체적인 실측치를 확인할 수 있었는데, 각각의 도로는 너비에 따라 15미터 이상의 대로, 10미터 안팎의 중로, 5미터 안팎의 소로 등 세 유형으로 분류되어 고구려 장안성의 도로체계와 유사함을 확인할 수 있다. 이러한 도로 규모의 유형화는 다른 신라 왕경도로에서도 나타나는 특성이라 할 수 있다.

후지와라쿄의 도로체계도 대로·중로·소로 사이에 일정한 규격성의 차이가 인정된다. 즉 도로폭을 기준으로 15미터 안팎, 8미터 안팎, 5.5미터 안팎의 도로로 구분할 수 있다. 종래의 연구에서는 후지와라노미야(藤原宮)의 전면을 통하는 6조대로(條大路)와 주작대로(朱雀大路)는 다른 일반 대로보다 도로폭이 넓은 것으로 파악하여 도로체계를 5단계로 분류하기도 하였다. 하지만 6조대로는 기존의 연구에서 21미터로 복원된 것과 달리, 1996년 서1방대로와의 교차점에서 16.2미터의 도로폭이 확인되므로, 6조대로 역시 다른 15미터 안팎의 대로와 같은 규격이었을 가능성이 높다. 주작대로의 규모도 마찬가지다. 따라서 후지와라쿄의 조방도로는 고구려 장안성, 신라 왕경과 마찬가지로 대로·중로·소로로 유형화되었을 것이다.

반면 북위 낙양성(內城)의 도로체계는 도로폭 17미터에서 51미터의 동서대로 4조(條)와 12미터에서 42미터의 남북대로 4조가 배치되고 이를 토대로 각 도로들이 격자형의 도로망을 이루는데, 중축선을 이루는 동타가(銅駝街)라는 대로의 도로폭은 40미터에서 42미터 정도로 확인된다. 그 밖에 방내를 4분할하는 십자로가 있었던 것은 분명하나, 그 외의 구체적인 도로체계나 도로폭에 대해서는 자세히 알수 없다. 당 장안성의 대로는 남북 11조, 동서는 14조로 확인되는데, 대로의 경우 100보(147m, 실측치는 150~155m)에 이르는 주작대로를 비롯해 60보(88.2m), 47보(69.1m)의 세 종류가 확인되며, 각 방내의 소로는 15미터에서 20미터 정도로 확인된다. 그 외에도 성문을 지나지 않는 대로의 폭은 39미터에서 65미터로, 성벽에 붙은 도로의 폭은 20미터에서 25미터 정도로 다양하다.

이상에서 도로폭에 따른 차등적인 도로체계의 유형화는 당시 동아시아 도성에 일반적으로 나타나는 양상이었으나, 특히 고구려 장안성, 신라 왕경, 후지와라쿄에서는 대로·중로·소로의 3단계로 유형화되었음을 알 수 있다.

무엇보다 이들 도성에는 이른바 주작대로에서도 일정한 유사성이 보인다. 후지와라쿄의 경우 주작대로로 불리는 도로가 궁내에서 2지점, 경내(京內)에서 1지점이 조사되었는데, 이 주작대로의 도로폭은 경내에서 발견된 경우는 24미터로 확인되지만 궁내에서 발견된 궁내선행조방도로(宮內先行條坊道路)의 경우는 도로폭이 15.8미터와 16.5미터로 확인되어, 다른 일반 대로와 비슷한 규모를 나타낸다. 즉 궁내에서 발견된 주작대로는 일반 대로와 마찬가지로 16미터 전후로 보이며, 경내에서 발견되는 주작대로는 이보다 규모가 큰 24미터로 보인다. 더구나 경내 주작대로의 검출지점의 바로 남쪽으로는 히다카(日高)산이 근접해 있어서 의례 공간으로서 주작대로의 역할을 충분히 다하지 못했을 것으로 보인다.

신라 왕경에서도 이와 유사한 양상이 나타나는데, 종래에 성동동(城東洞) 전랑지(殿廊址)로부터 월성(月城) 북쪽 중앙부로 이어지는 120미터 너비의 남북대로의 존재를 상정하여, 이를 당 장안성과 같은 주작대로로 이해한 견해가 제기되었으나, 이후의 발굴조사에서 도로폭이 10미터 안팎으로 확인됨으로써 성동동 전랑지에서 월성에 이르는 주작대로의 존재는 부정되기에 이르렀다. 이후 국립경주박물관 전시 및 수장고 건립터 안에서 발굴 조사된 남북도로의 도로폭이 최대 23.7미터로 확인되었지만, 배수로가 확인되지 않아 과연 왕경의 중심도로로 기능하였는지 의문이 제기된다.

고구려 장안성에서도 남북대로 가운데 주작대로로서 기능한 대로가 없었던 것으로 보인다. 이러한 양상은 북위 낙양성에서도 마찬가지인데, 궁성 남쪽의 남북도로인 동타가가 실제적인 중축가로로서의 역할을 하고 있으나 도로폭이 다른 대로와 비슷한 규모를 나타내고 있어 주작대로로 보기는 어렵다.

반면 당 장안성의 경우는 주작대로의 폭이 150미터에서 155미터에 이르고 있어 다른 도성들과 확연한 차이를 보이며, 당 장안성의 영향을 받은 헤이세이쿄(平城京)와 헤이안쿄(平安京) 등에서도 주작대로의 폭은 70여 미터에 이르고 있어 일반 대로에 비해 월등한 규모를 갖추었음을 알 수 있다.

실제 주작대로는 수·당대(隋唐代)에 들어서 황제권이 강화되고 중앙집권체제가 확립되면서 좌북조남(坐北朝南)의 도성구조와 함께 완성된 것으로 파악된다. 물론 북위 낙양성에서부터 북쪽에 궁궐을 두는 좌북조남의 궁궐배치가 이루어지고, 동타가가 도성 남반부의 동서를 양분하면서 수·당대 주작대로 설계의 기초가 된 것은 분명해 보인다. 그러나 북위 낙양성의 동타가는 도로의 규모도 그렇지만 도성의 남반부에만 편재되어 규모면에서나 기능면에서 아직 주작대로로 이름 붙이기에는 미흡한 단계라고 할 수 있다. 따라서 고구려 장안성을 비롯한 신라 왕경과 후지와라쿄의 가로구획은 북위 낙양성의 영향을 받아들였기 때문에, 당 장안성과는 달리 주작대로의 규모나 기능이 완성되지 않은 형태로 나타나는 것으로 파악된다.

그동안 고구려 장안성의 가로구획 방식에 대해서는 북위 낙양성(東魏·北齊의 鄴南城 포함)의 영향을 받은 것인지, 아니면 당 장안성의 영향을 받은 것인지 의견이 분분하였다.

널리 알려졌듯이 북위 낙양성에는 도성 전체에 전면적인 가로구획이 시행되고 남북중축선이 마련되면서 도성의 북부에 궁궐이 위치함으로써, 이전의 도성과 다른 파격적인 구조가 이루어졌다. 그런데 고구려 장안성에도 도성 전체에 가로구획이 포치되었을 뿐만 아니라, 미흡하지만 외성 안에 남북대로가 존재하고 좌북조남의 도성

배치가 마련되었다.

당시 고구려와 북위의 교섭관계의 추이를 살펴보아도 양국 사이에는 매우 긴밀한 관계를 유지하였음을 알 수 있다. 고구려는 장수왕(長壽王) 50년(462) 이후 거의 매년 북위에 사신을 파견하였으며, 장수왕 60년(472) 이후에는 한 해에 2회 또는 3회에 걸쳐 사신을 파견하고 있다. 북위 또한 고구려에 파견한 사절의 횟수가 남조(南朝)에 이어 두 번째로 많을 정도로 고구려와의 관계를 중시하였다. 이러한 잦은 사절의 파견을 통해 북위(북조)의 불교문화의 양상 등 다양한 문화가 고구려에 전래되었는데, 특히 고구려가 북위와 긴밀한 교섭관계를 유지하던 5세기 후반은 북위가 평성(平城)에서 낙양성으로 천도를 준비하면서 새로운 도성을 조영한 시기이다. 당시 고구려는 한 해에 몇 차례씩 사절을 파견하면서 낙양성 조영 과정을 지켜보았을 것이고, 가로구획 방식을 포함한 낙양성의 도성계획 원리는 같은 시기 고구려에 상세히 알려졌을 가능성이 매우 높다. 이러한 양상은 북위를 이은 동위와 북제와의 관계에서도 마찬가지였을 것으로 짐작된다. 북위 낙양성에 처음으로 마련된 이른바 북위식(北魏式) 도성제가 동위·북제의 업남성(鄴南城)의 모범이 된 것은 잘 알려진 사실이다.

반면 수(隋) 대흥성(大興城; 당 장안성)이 축조된 이후 고구려와 수의 관계는 긴장과 갈등의 연속이었다. 그러한 상황에서 가로구획 방식을 포함한 일련의 도성제를 수로부터 받아들였다고 보기는 어렵다. 여기에는 수 대흥성이 축조된 시기(582)로부터 고구려 장안성 천도(586)까지 도성제를 받아들이기에는 시간적 여유가 충분치 않다는 점도 고려되어야 할 것이다. 또한 당 장안성의 외곽성의 증축은 654년에야 이루어졌다. 고구려 장안성의 천도가 당 장안성(수 대흥성)의 축조시기보다 몇 년 늦기는 하지만, 그보다 30여 년을 앞서 축조가 시작되었고, 외곽성의 축조 또한 시기적으로 앞섰다는 점을 고려한다면 고구려 장안성의 가로구획 방식에는 북위 낙양성과의 관련성을 더 우위에 두어야 할 것이다.

물론 북위 낙양성의 도성 구조는 당 장안성에 일정한 영향을 미쳐 그 선례가 되었다. 북위 낙양성에 보이는 좌북조남의 도성 배치는 당 장안성의 도성 배치의 원형이 되었고, 동타가는 주작대로 설계의 기초가 되었다. 그러나 당 장안성은 모든 면에서 북위 낙양성에 비해 수미일관되게 정비되었고, 가로구획 방식 또한 더욱 정연한 형태를 이루었으며 주작대로를 기준으로 동서로 양분되었기 때문에, 어떤 복원도를 보아도 기본적 골격에 관한 한 거의 차이가 나지 않는다. 이러한 이른바 장안식(長安式) 도성제는 주변 국가에도 커다란 영향을 미친 것으로 파악되는데, 현재 발해(渤海)의 상경성(上京城), 일본의 헤이세이쿄(平城京)와 헤이안쿄(平安京) 등은 모두 당 장안성을 모방하였다는 데 큰 이견이 없다.

그러나 고구려 장안성 역시 당 장안성의 영향을 받았다면, 방의 분할방식이나 도로체계 등에서 한층 복잡하고 계획적인 양상이 나타나야 할 것이다. 특히 고구려 장안성의 도성 구획은 북위 낙양성의 영향을 받아들였기 때문에, 당 장안성과는 달리 주작대로의 규모나 기능이 완성되지 않은 형태로 나타나는 것으로 보인다. 이처럼 고구려 장안성의 가로구획 방식이 당 장안성보다는 북위 낙양성에 가까운 고식(古式)을 취하는 것은 고구려가 당에 앞서 북위로부터 가로구획 방식을 받아들였다는 것을 방증하는 것으로 생각된다.

신라 왕경에 격자형의 도로망과 가로구획이 완비된 시기에 대해서는 여전히 논란이 있지만, 그 도입시기는 적어도 통일기 이전, 즉 중고기에 시행된 것은 분명해 보인다. 연구자에 따라 신라 왕경의 가로구획 포치 시기를 황룡사(皇龍寺) 축조(553년) 이전으로 보기도 하였으나, 최근의 발굴 성과에 의해 황룡사 축조 이후인 6세기 중후반 무렵으로 보는 것이 타당하다고 밝혀졌다. 따라서 신라 왕경에 가로구획이 도입된 통로는 고구려와 북제로 압축된다. 그런데 신라가 북제와 교섭한 것은 6세기 중반에 단 2회뿐이므로, 신라 왕경에 가로구획 방식이 도입된 것은 고구려의 영향을 먼저 살펴보는 것이 가장 합리적일 것이다. 고구려와 지리적 정치적 관계를 고려할 때나 도로체계의 유사성과 고구려척을 사용한 것을 염두에 둘 때도 마찬가지다.

신라는 일찍이 고구려와 우호와 적대관계를 반복하면서 고구려로부터 문화적으로 밀접한 영향을 받았다. 이와 같은 양상은 진흥왕(眞興王) 12년(551)에 신라의 한강 유역 차지와 북진이 진행되었던 시기에도 마찬가지였다. 그동안 6세기 중반 이후 신라와 고구려의 관계는 대립관계로만 파악되었고, 그로 인해 문화적 교류 또한 차단되었을 것으로 보는 선입견이 적지 않았던 것으로 보인다. 그러나 5세기 후반 고구려와 신라가 전면적인 대립관계에 들어선 시기에도 양국 사이의 문화적 교류는 계속되었듯이, 6세기 중반 이후의 고구려와 신라의 관계 역시 마찬가지였다. 실제 북조(北朝)의 불상 양식을 기반으로 형성되었던 고구려의 불교조각 양식이 6세기 후반의 반 세기 동안 신라의 불상 양식에 주류로서 작용하였으며, 고분자료들에도 고구려와 신라의 밀접한 교류 양상이 잘 나타난다.

더구나 진흥왕 12년(551) 이후 전개된 양국 사이의 긴장관계도 그리 오랫동안 지속되지는 않았다. 이는 고구려의 반격과 함께 고구려와 신라 사이에 맺어진 화평관계 때문으로 보이는데, 그에 따라 신라와 고구려는 상당 기간 평온한 관계를 유지할 수 있었다. 오히려 같은 시기 신라는 백제와 치열한 상쟁관계에 있었다. 당시 신라는 백제와 동맹이 결렬된 이후 군사적 위협이 증대되어 있었기 때문에 고구려와 잠정적인 우호관계를 유지할 수밖에 없었을 것이다. 이러한 양국의 우호관계는 고구려가 한강 유역을 재탈환하기 위해 새로운 공세를 펼칠 때까지 지속되었다.

그런데 신라 왕경은 자연발생적인 집락이 점차 도성으로 확대되는 과정을 거쳤으므로 일종의 신도시와 같은 성격을 지녔던 다른 동아시아 도성과 달리 왕경 전체에 가로구획을 한꺼번에 정비하는 것 자체가 불가능하였을 것이다. 따라서 신라 왕경 전역에 가로구획이 한꺼번에 정비된 것으로 파악하려는 시도보다는 적어도 두세 차례의 단계를 거쳐 완비되어 갔다고 보는 것이 타당할 것이다. 먼저 신라 왕경에 가로구획이 도입된 시기는 황룡사 축조 이후로부터 통일기 이전의 어느 한 시기로 추측될 수 있다. 이와 관련하여 선덕여왕대(善德女王代)에 창건된 분황사(芬皇寺; 634)가 1방의 구획을 점하고 있다는 사실이 주목된다. 이는 분황사 창건 당시 주변 지역이 가로구획으로 구획된 사실을 반영하는 것으로 보인다. 더구나 분황사 일대에는 서로 다른 방향의 가로구획선이 중첩되고 있으며, 분황사의 초석 아래에서도 도로 유구가 발견되므로, 분황사 주변 지역의 가로구획이 분황사 창건 이전에는 어느 정도 완비되었던 것으로 파악된다. 따라서 6세기 중후반에 황룡사 일대를 중심으로 시행된 가로구획이 7세기 전반에는 분황사 일대까지 확장되었음을 알 수 있다. 이러한 사실은 적어도 7세기 전반 이전에 황룡사와 분황사 일대를 중심으로 1차적인 가로구획이 시행되었을 가능성을 시사한다. 다만 통일기 이후 왕경 전역으로 가로구획이 확대되는 과정에서는 당 장안성의 영향도 고려되어야 할 것이다.

현재 고구려 장안성의 도성 연구가 그 실제를 완전히 확인하기 어려운 상황에서 두 도성을 동일선에 놓고 비교하는 것이 쉽지 않으나, 적어도 가로구획 방식에서는 고구려가 신라에 일정한 영향을 미쳤던 것으로 상정된다.

마지막으로 일본학계에서는 종래 후지와라쿄가 헤이세이쿄, 헤이안쿄와 마찬가지로 당 장안성의 영향을 받은 것으로 이해하였다. 그런데 기시 도시오(岸俊男)에 의해서 후지와라쿄의 형성과정이 구체적으로 밝혀지면서 통설과 달리 당 장안성이 아니라 북위 낙양성의 영향을 받았다는 견해가 제기되었다. 이에 대해 기존과 같이 당 장안성의 영향을 받은 것으로 보아야 한다는 반론이 제기되기도 하였으나, 후지와라쿄와 당 장안성 사이의 여러 구조적 차이점을 쉽게 좁히지는 못한 것으로 보인다. 비록 기시 도시오의 견해처럼 후지와라쿄가 북위 낙양성의 영향을 받았다고 하더라도, 한반도 도성의 연계 없이 직접적인 관련을 고려하기는 힘들다. 후지와라쿄를 조영한 때에는 북위 낙양성이 폐기된 지 이미 160여 년이 지났을 시기이고, 당시 일본과 북위 사이에는 별다른 교류가 없었기 때문이다. 마찬가지로 후지와라쿄의 조영시기에는 견당사(遣唐使)가 파견되지 않아 당 장안성의 직접적인 영향을 받았다고 여기기도 힘들다. 견당사의 파견이 덴지(天智) 8년(669)부터 다이호우(大寶) 2년(702)까지 30여 년에 걸쳐 중단되어 도성제에 관한 직접적인 정보의 입수가 어려웠기 때문이다.

따라서 후지와라쿄의 조영에는 고구려 장안성이나 신라 왕경과 같은 한반도 도성의 영향을 먼저 고려해야 할 것이다. 특히 후지와라쿄 조영 당시 밀접한 교섭관계를 유지하였던 신라의 영향을 주목해야 할 것이다. 당시 일본은 당과의 교류가 단절된 채 신라와 밀접한 관계를 맺고 있었다. 신라는 백촌강(白村江) 전투 후 일본과 국교를 재개하는 668년부터 일본에서 〈다이호우령〉이 편찬되는 701년까지 약 30여 년 동안 끊임없이 일본에 사절을 파견하고 있으며, 일본 또한 비슷한 양상을 나타내고 있다. 후지와라쿄의 건설이 완료된 것은 690년대의 지토조(持統朝)이지만, 그 조영 계획을 입안하고 토지 조성 등을 시행한 것은 670년대의 덴무조(天武朝)이므로, 이 시기는 바로 후지와라쿄의 조영이 개시되어 완성된 시기와 일치한다.

당시 일본은 신라와 자주 왕래하면서 다양한 문화를 도입하였다. 7세기 중후반에 들어서 신라의 불교문화를 적극적으로 수용하여 신라 학문승을 중심으로 일본의 불교계가 신라의 불교에 직결되었으며, 일본의 불상조각에도 기법·재료뿐만 아니라 양식적 측면에서 신라 불상조각의 영향이 미치게 되었다. 당시 양국 사이에는 불교문화뿐만 아니라 신라의 문물과 제도·학예·기술 등이 전수되었을 것으로 짐작된다. 이 시기에 일본이 신라로부터 도성제의 영향을 받아들였다는 직접적인 관련 기사는 없으나, 당시가 일본과 당의 국교가 단절된 상황이었음을 고려할 때 같은 시기 밀접한 관계를 유지하였던 신라와 일본의 관계는 후지와라쿄 조영의 배경으로 주목되지 않을 수 없다.

앞서 살펴보았듯이 후지와라쿄의 조방도로는 고구려 장안성, 신라 왕경과 마찬가지로 대로·중로·소로로 유형화되었으며, 경내도로의 규모와 주작대로에서 신라 왕경과 후지와라쿄의 도로는 더욱 분명한 유사성을 보인다. 주작대로 자체가 존재하지 않았을 가능성이 큰 고구려 장안성에 비해, 신라 왕경과 후지와라쿄의 주작대로는 도로의 규모가 거의 같이 나타날 뿐만 아니라, 당 장안성과 같은 주작대로로 보기는 어렵지만 도성의 중심도로로 기능하였을 가능성이 엿보여, 고대 한일 도성 사이의 연관성을 더욱 분명하게 나타낸다.

이와 함께 신라 왕경과 후지와라쿄에는 왕궁의 위치에서도 일정한 연관성이 엿보인다. 후지와라쿄의 경역은 기본적으로 기시 도시오(岸俊男)에 의해 복원된 남북 12조·동서 8방으로 설정되는 가운데 이보다 넓게 조방도로가 포치되었다. 경역이 천도 이후나 이전에 확대된 것이든 축소된 것이든 후지와라노미야(藤原宮)는 경역의 중앙에 위치하는 것이 된다. 이러한 중앙 궁궐의 형태는 일본 안에서도 헤이세이쿄를 포함한 이후의 도성과 대조적이며, 같은 시기의 중국 도성에서도 그러한 모델은 찾을 수 없다. 이에 '대후지와라쿄설'을 주장하는 연구자들은 후지와라쿄와 같은 중앙 궁궐의 모델을

《주례》(周禮) 고공기(考工記)에서 찾는다. 즉 후지와라쿄는 실재의 중국 도성을 직접적인 모델로 한 것이 아니라, 《주례》에 보이는 중국 도성의 이상형에 기초하여 설계되었다는 것이다.

그러나 이러한 후지와라쿄의 중앙 궁궐 형태는 이미 신라 왕경에 마련되어 있었다. 신라의 정궁(正宮)에 대해서는 여러 의견이 분분하지만 여러 왕궁 가운데 월성(月城)의 규모가 가장 클 뿐만 아니라, 《삼국사기》등의 문헌에 따르면 신라 왕들은 월성에 위치한 왕궁에 가장 오랫동안 거처하였음을 알 수 있다. 특히 최근 고고학 발굴을 통해 월성 주변에 궁궐이나 관아 건물이 밀집되어 있던 사실도 확인되었다. 이러한 고고학 발굴 성과는 월성이 중고기 이래 신라의 정궁이었을 가능성을 시사한다. 이처럼 신라의 왕궁은 후지와라쿄와 마찬가지로 경역의 중앙에 위치하였음을 알 수 있다.

따라서 후지와라쿄에 나타나는 중앙 궁궐의 원칙은 시기적으로 상당한 거리가 있는데다 문헌으로밖에 접할 수 없었던 《주례》고공기의 영향보다는, 같은 시기 잦은 왕래로 직접 도입이 가능하였을 신라의 영향을 더욱 중시해야 할 것이다.

이상에서 도성의 가로구획 방식이라는 측면에서 살펴볼 때, 북위 낙양성 – 고구려 장안성 – 신라 왕경 – 일본 후지와라쿄로 이어지는 도성의 계보관계를 상정할 수 있다. 특히 고구려척의 사용과 도로체계의 유형화, 그리고 도로 규모의 유사성 등에서 고구려 장안성과 신라 왕경, 일본 후지와라쿄는 좀 더 구체적인 연관성을 보인다. 이에 북위 낙양성의 가로구획 방식이 고구려 장안성의 도성구획에 일정한 영향을 미쳤고, 여기에 고구려만의 독자성이 가미된 가로구획 방식이 신라 왕경과 일본 후지와라쿄에 좀 더 구체적인 영향을 미쳤던 것으로 보인다. 다만 현재까지의 연구 성과로는 북위 낙양성을 비롯하여 고구려 장안성이나 신라 왕경과 후지와라쿄를 같은 선에서 비교 검토하는 것은 쉽지 않다. 이들 도성의 연관성에 대해서는 앞으로의 발굴 성과와 연구의 집적으로 좀 더 명확하게 규명될 수 있을 것이다.

참고문헌

I. 사료 및 문헌자료

《三國史記》,《三國遺事》,《高麗史》,《新增東國輿地勝覽》,《久菴遺稿》
《平壤續志》,《韓國金石全文》(許興植 編),《譯註 韓國古代金石文》
《周禮》,《魏書》,《北史》,《南齊書》,《隋書》,《舊唐書》,《資治通鑑》
《洛陽伽藍記》,《水經注》,《兩京新記》,《長安志》,《唐兩京城坊考》
《日本書紀》,《續日本紀》,《令義解》,《令集解》

II. 보고서

1. 국내

慶州古蹟發掘調査團, 1990 《월성해자 발굴조사보고서》 1
國立慶州文化財研究所, 1991, 《年報》 창간호
———, 1992, 《年報》 2
———, 1993, 《年報》 3
———, 1994, 《年報》 4
———, 1995, 《年報》 5
———, 1996, 《年報》 6

──, 1997, 《年報》 7

──, 1998, 《年報》 8

──, 2000, 《年報》 10

──, 1995, 《殿廊址·南古壘 發掘調查報告書》

──, 1992, 《芬皇寺 發掘調查報告書》

──, 1996, 《王京地區內 가스관埋立地 發掘調查報告書》

──, 2002, 《新羅王京─發掘調查報告書》 1

──, 2003, 《慶州 西部洞 19番地 遺蹟 發掘調查報告書》

──, 2003, 《慶州 仁旺洞 556·566番地遺蹟 發掘調查報告書》

國立慶州博物館, 1991, 《慶州隍城洞遺蹟發掘調查略報告書─住公아파트 建立敷地 第2次地區》

──, 2002, 《國立慶州博物館敷地內 發掘調查報告書─美術館敷地 및 連結通路敷地》

國立慶州博物館·慶州市, 1997, 《경주유적지도》

東國大學校 慶州캠퍼스 博物館·慶州大學校博物館, 1998, 〈東川洞 7B/L內 都市遺蹟 發掘調查報告〉, 指導委員會 會議資料

東國大學校 慶州캠퍼스 博物館, 2002, 《王京遺蹟 I ─隍城初等學校 講堂敷地》

文化財管理局 文化財研究所, 1984, 《皇龍寺遺蹟 發掘報告書》 1

嶺南文化財研究阮·慶尙北道慶州教育廳, 2001, 《慶州龍江洞苑池遺蹟》

韓國文化財保護財團·(주)大興住宅, 2001, 《慶州市 隍城洞 537-2 賃貸아파트 新築敷地 發掘調查 報告書》

韓國文化財保護財團·慶州市, 2002, 《慶州 隍城洞 遺蹟 537-1·10, 537-4, 535-8, 544-1·6番地 發掘調查 報告書》

──, 2003, 《慶州 北門路 王京遺蹟 試·發掘調查 報告書》

韓國文化財保護財團·(주)영우주택건설, 2005, 《慶州 隍城洞 950-1·7番地 共同住宅 新築敷地 發掘調查報告書》

2. 국외

奈良國立文化財研究所, 1976, 《飛鳥·藤原宮發掘調查槪報》 6

———, 1977, 《飛鳥・藤原宮發掘調査槪報》7

———, 1978, 《飛鳥・藤原宮發掘調査槪報》8

———, 1980, 《飛鳥・藤原宮發掘調査槪報》10

———, 1981, 《飛鳥・藤原宮發掘調査槪報》11

———, 1983, 《平城宮跡—藤原宮から平城宮へ》

———, 1985, 《飛鳥・藤原宮發掘調査槪報》15

———, 1987, 《飛鳥・藤原宮發掘調査槪報》17

———, 1989, 《飛鳥・藤原宮發掘調査槪報》19

———, 1990, 《飛鳥・藤原宮發掘調査槪報》20

———, 1992, 《飛鳥・藤原宮發掘調査槪報》22

———, 1994, 《飛鳥・藤原宮發掘調査槪報》24

———, 1996, 《飛鳥・藤原宮發掘調査槪報》26

———, 1976, 《飛鳥・藤原宮發掘調査報告書》

奈良市, 1974, 《平城京朱雀大路發掘調査報告》

櫻原考古學硏究所, 1980, 《奈良縣遺跡調査槪報》1979年度

———, 1988, 《奈良縣遺跡調査槪報》1987年度

橿原市敎育委員會, 2000, 《藤原宮西北官衛地區》

———, 2003, 《輕寺跡・藤原宮跡・藤原京跡》

———, 2004, 《千塚山遺跡・藤原宮跡・大藤原京跡・下明寺遺跡》

———, 1998, 《藤原京—最近の調査成果から》

———, 1990, 《奈良縣遺跡調査槪報》1989年度

Ⅲ. 연구서

1. 국내

과학백과출판사, 1978, 《고구려》

董鑒泓 編・成周鐸 譯, 1993, 《中國都城發達史》, 학연문화사

김경대, 1997, 《신라 왕경도시계획 원형모색과 보존체계 설정 연구》, 서울대학교

박사학위논문

김두하, 1990, 《벽수와 장승》, 집문당

김석형, 1988, 《고대한일관계사》, 한마당

김일성종합대학 고고학 민속학강좌, 1973, 《대성산의 고구려유적》, 김일성종합대
　　학출판부

金鍾完, 1995, 《中國南北朝史硏究》, 일조각

金翰奎, 1999, 《韓中關係史》Ⅰ, 아르케

나희라, 1999, 《新羅의 國家 및 王室 祖上祭祀 硏究》, 서울대학교 박사학위논문

盧鏞弼, 1996, 《新羅眞興王巡狩碑硏究》, 일조각

盧泰敦, 1999, 《高句麗史硏究》, 사계절

리화선, 1993, 《조선건축사》Ⅰ, 발언

문명대, 1980, 《韓國彫刻史》, 열화당

米田美代治, 1975, 《韓國上代建築의 硏究》, 동산문화사

朴方龍, 1998, 《新羅 都城 硏究》, 동아대학교 박사학위논문

朴漢濟, 1988, 《中國中世胡漢體制硏究》, 일조각

사회과학원역사연구소, 1979, 《조선전사》 3

徐榮洙, 1981, 《三國時代의 韓中關係史硏究—三國과 南北朝의 交涉을 중심으
　　로》, 단국대학교 박사학위논문

손영종, 1990, 《고구려사》, 과학백과사전종합출판사

申東河, 2000, 《新羅 佛國土思想의 展開樣相과 歷史的 意義》, 서울대학교 박사
　　학위논문

申榮勳, 1975, 《韓國 古建築 斷章 (上)》, 동산문화사

辛鍾遠, 1992, 《新羅初期佛敎史硏究》, 민족사

양정석, 2004, 《皇龍寺의 造營과 王權》, 서경

楊衒之·서윤희 역, 2001, 《洛陽伽藍記》, 눌와

余昊奎, 1998, 《高句麗 城》Ⅰ, 국방군사연구소

尹張燮, 1983, 《韓國建築硏究》, 동명사

李丙燾, 1959, 《韓國史》古代篇, 震檀學會

李宗峯, 1999, 《高麗時代 度量衡制 硏究》, 부산대학교 박사학위논문

이종욱, 1982, 《新羅國家形成史硏究》, 일조각

李弘稙, 1971, 《韓國古代史의 研究》, 新丘文化社

林起煥, 2004, 《고구려 정치사연구》, 한나래

張順鏞, 1976, 《신라왕경의 도시계획에 관한 연구》, 서울대학교 환경대학원 석사
　　　학위논문

정예경, 1998, 《중국 北齊・北周 불상 연구》, 예경

정효운, 1995, 《고대 한일 정치관계사 연구—6〜7세기 한일관계사를 중심으로》,
　　　학연문화사

中國建築史編纂委員會 編・梁金石 譯, 1990, 《中國建築槪說》, 태림문화사

최희림, 1978, 《고구려 평양성》, 과학백과사전출판사

賀業鉅 저/ 윤정숙 역, 1995, 《중국도성제도의 이론—周禮 考工記의 도성제도》,
　　　이회문화사

한국고대사학회・서울시정개발연구원, 2004, 《고구려의 역사와 문화유산》, 서경

2. 국외

葛城末治, 1974, 《朝鮮金石攷》

古代都城制研究集會實行委員會編, 1996, 《古代都城の儀礼空間と構造》

龜田博, 2000, 《日韓古代宮都の研究》, 學生社

駒井和愛, 1977, 《中國都城・渤海研究》, 雄山閣出版

鬼頭淸明, 1994, 《大和朝廷と東アジア》, 吉川弘文館

―――, 2000, 《古代木簡と都城の研究》, 塙書房

今泉隆雄, 1993, 《古代宮都の研究》, 吉川弘文館

奈良國立文化財研究所, 1980, 《藤原宮木簡》2 解說, 1980

―――, 1989, 《平城京展》

―――, 1999, 《藤原京研究資料(1998)》

―――, 2002, 《飛鳥藤原宮發掘調査出土木簡槪報》

奈良國立文化財研究所飛鳥資料館編, 1984, 《藤原宮—半世紀にわたる調査と研
　　　究》

奈良縣立橿原考古學研究所附屬博物館編, 1983, 《中國の都城遺跡》

東潮・田中俊明, 1988, 《韓國の古代遺跡》1(新羅篇), 中央公論社

───, 1995,《高句麗の歷史と遺蹟》, 中央公論社

藤島亥治郎, 1969,《朝鮮建築史論》

狩野久, 1990,《日本古代の國家と都城》, 東京大學出版社

劉慶柱, 2000,《古代都城与帝陵考古學研究》, 科學出版社

劉敦楨, 1978,《中國古代建築史》, 中國建築工業出版社

木下正史, 2003,《藤原京—よみがえる日本最初の都城 》, 中央公論新社

文化財研究所奈良文化財研究所, 2002,《日中古代都城図録》

───, 2003,《東アジアの古代都城》, 吉川弘文館

米田美代治, 1944,《韓國上代建築の研究》, 秋田屋

芳賀章內編, 1988,《古代の都城—飛鳥から平安京まで》, 雄山閣出版

范祥雍, 1959,《洛陽伽藍記校注》, 中國佛寺史志彙刊 第2輯 第1冊

北京市文物研究所 編, 1992,《中國古代建築辭典》, 中國書店

斯波義信, 2002,《中國都市史》, 東京大學出版社

山尾幸久, 1989,《古代の日朝關係》, 塙書房

山中章, 1997,《古代日本都城の研究》, 柏書房

杉山信三・小笠原好彦 編, 1992,《高句麗の都城遺跡と古墳—日本都城制の源
　　　流を探る》, 同朋舎出版

西安市地方志館, 1990,《唐代長安詞典》

新井宏, 1992,《まぼろしの古代尺》, 吉川弘文館

岸俊男 編, 1985,《中國の都城遺跡—日本都城制の源流を探る》, 同朋舎出版

岸俊男, 1988,《日本古代宮都の研究》, 岩波書店

楊寬, 1987,《中國都城の起源と發展》, 學生社

───, 1993,《中國古代都城制度史研究》, 上海古籍出版社

葉大松, 1977,《中國建築史》

葉驍軍 編, 1986,《中國都城歷史圖錄》, 蘭州大學出版社

吳洛, 1981,《中國度量衡史》, 臺灣商務印書館

吳松弟, 1998,《中國古代都城》, 商務印書館

劉敦楨, 1987,《中國古代建築史》, 明文書局

愛宕元 譯註, 1994,《唐兩京城坊考》, 平凡社

橿原市, 1991,《よみがえる藤原宮と京—建都1300年にむけて》

王仲殊, 1984, 《漢代考古學槪說》, 中華書局

仁藤敦史, 1998, 《古代王權と都城》, 吉川弘文館

林部均, 2001, 《古代宮都形成過程の研究》, 靑木書店

田中琢, 1984, 《平城京》, 岩波書店

井上和人, 2004, 《古代都城條里制の實證的研究》, 學生社

朝鮮總督府, 1922, 《大正十年度古蹟調査報告書》 1

齊藤忠, 1973, 《新羅文化論攷》, 吉川弘文館

佐藤武敏, 2004, 《長安》, 講談社

靑木保, 1984, 《儀禮の象徵性》, 岩波現代新書

村田治郎, 1981, 《中國の帝都》, 綜藝社

八木充, 1996, 《研究史飛鳥藤原京》, 吉川弘文館

賀業鉅, 1985, 《考工記營國制度研究》, 中國建築工業出版社

───, 1986, 《中國古代城市規劃史論叢》, 中國建築工業出版社

───, 1996, 《中國古代城市規劃史》, 中國建築工業出版社

Ⅳ. 연구논문

1. 국내

姜友邦, 1994, 〈햇골산磨崖佛群과 斷石山磨崖佛群〉, 《이기백선생고희기념한국사
　　　학논총》 上

姜仁求, 1990, 〈신라왕릉개관〉, 《신라오릉》, 한국정신문화연구원

강종원, 1992, 〈신라 왕경의 형성과정〉, 《백제연구》 23

강현숙, 2003, 〈新羅 古墳美術에 보이는 高句麗 影響에 대하여〉, 《新羅文化祭學
　　　術論文集》 24

孔錫龜, 1998, 〈5～6世紀 高句麗의 對外關係〉, 《高句麗 領域擴張史 研究》, 서경

權鶴洙, 1999, 〈黃龍寺 建物址의 營造尺 분석〉, 《韓國上古史學報》 31

김교년, 2003, 〈新羅王京의 發掘調査와 成果〉, 《新羅王京調査의 成果와 意義》,
　　　文化財研究所 國際學術大會 發表論文 第12輯

金洛中, 1998, 〈신라 월성의 성격과 변천에 관한 연구〉, 서울대학교 석사학위논문

김리나, 1998, 〈高句麗 佛敎彫刻樣式의 展開와 中國 佛敎彫刻〉, 《제4회 전국미술 사학대회 고구려 미술의 대외교섭》, 예경

金秉模, 1984, 〈도시계획〉, 《역사도시 경주》, 열화당

金榮敏, 1990, 〈洛陽伽藍記研究〉, 한국외국어대학교 석사학위논문

金英愛, 1997, 〈7세기 후반 新羅佛敎彫刻이 일본 白鳳佛敎彫刻에 미친 영향〉, 《미술사학연구》 214

金瑛河, 1985, 〈高句麗의 巡狩制〉, 《歷史學報》 106

──, 1999, 〈三國과 南北國時代의 東海岸地方〉, 《한국 고대사회와 울진지방》, 울진군·한국고대사학회

金泰植, 1995, 〈三國史記 地理志 新羅條의 史料的 檢討〉, 《三國史記의 原典 檢 討》, 한국정신문화연구원

金鉉球, 1998, 〈白村江싸움 직후 일본의 大陸關係의 再開〉, 《日本歷史研究》 8

나기주, 1986, 〈都城計劃綜考〉, 《日本學》 5

남일룡·김경찬, 1998, 〈청암동토성에 대하여(1)〉, 《조선고고연구》 1998-2

盧重國, 1981, 〈高句麗·百濟·新羅 사이의 力關係變化에 대한 一考察〉, 《東方 學志》 28

盧泰敦, 1976, 〈高句麗의 漢水流域 喪失의 原因에 대하여〉, 《韓國史研究》 13

──, 1984, 〈5～6世紀 東亞細亞의 國際情勢와 高句麗의 對外關係〉, 《東方學 志》 44

──, 1997, 〈삼국사기 신라본기의 고구려관계 기사 검토〉, 《慶州史學》 16

藤島亥治郎, 1930, 〈朝鮮建築史論〉(1)·(2), 《建築雜誌》

劉慶柱, 2006, 〈北魏洛陽城的考古發見与研究〉, 《中國史研究》 40

리화선, 1980, 〈안학궁의 터자리 복원을 위한 몇가지 문제〉, 《력사과학》 1980-1

──, 1986, 〈고구려 금강사와 그 터자리 구성에 대하여〉, 《조선고고연구》 1986-4

──, 1989, 〈고구려 평양성외성안의 리방의 형태와 규모 그 전개에 대하여〉, 《력사과학》 1989-1

문명대, 1989, 〈한국고대조각의 대외교섭에 관한 연구〉, 《예술논문집》 20, 예술원

閔德植, 1986, 〈신라왕경의 도시설계와 운영에 관한 고찰〉, 《백산학보》 33

248

――, 1987, 〈新羅王京과 韓・中・日 古代都城과의 比較考察〉, 《최영희선생화갑기념한국사학논총》

――, 1989, 〈高句麗의 後期都城〉, 《韓國史論》 19, 국사편찬위원회

――, 1989, 〈신라왕경의 도시계획에 관한 시고〉(上)(下) 《사총》 35・36

――, 1992, 〈高句麗 平壤城의 築城過程에 關한 硏究〉, 《國史館論叢》 39

――, 2003, 〈高句麗 平壤城의 都市形態와 設計〉, 《高句麗硏究》 15

――, 2006, 〈高句麗 平壤城과 新羅王京의 區域分割制 比較〉, 《白山學報》 75・76

閔喆熙, 2002, 〈高句麗 陽原王・平原王代의 政局變化〉, 《史學志》 35

朴方龍, 1995, 〈新羅 都城의 交通路〉, 《慶州史學》 16

――, 1996, 〈신라 도성의 궁궐배치와 古道〉, 《고고역사학지》 11・12

――, 2001, 〈皇龍寺와 新羅王京의 조성〉, 《新羅文化祭學術論文集》 22

박진숙, 2004, 〈長壽王代 高句麗의 對北魏外交와 百濟〉, 《韓國古代史硏究》 36

박진욱, 1978, 〈백제・신라에 이웃하였던 말갈에 대하여〉, 《력사과학》 1978-3

朴贊興, 1995, 〈高句麗尺에 대한 硏究〉, 《史叢》 44

朴漢濟, 1990, 〈北魏 洛陽社會와 胡漢體制〉, 《泰東古典研究》 6

徐榮洙, 1981, 〈三國과 南北朝交涉의 性格〉, 《東洋學》 11

――, 1987, 〈三國時代 韓・中外交의 展開와 性格〉, 《古代韓中關係史의 硏究》

徐榮一, 2000, 〈中原高句麗碑에 나타난 高句麗 城과 關防體系〉, 《高句麗硏究》 10

成周鐸, 1989, 〈韓・中 古代 都城築造에 관한 비교사적 고찰〉, 《백제연구》 20

송기호, 1989, 〈渤海城址의 調査와 硏究〉, 《韓國史論》 19, 국사편찬위원회

송완범, 2007, 〈'白村江싸움'과 倭〉, 《한국고대사연구》 45

新井宏, 2002, 〈《三國史記・遺事》記事에 의한 新羅王京 復元과 古韓尺〉, 《百濟硏究》 36

신창수, 1995, 〈中古期 王京의 寺刹과 都市計劃〉, 《新羅王京硏究》

――, 1999, 〈분황사의 연혁과 발굴조사〉, 《분황사의 제조명》

신형석, 2000, 〈신라 자비왕대 방리명의 설정과 그 의미〉, 《경북사학》 23

――, 1994, 〈統一新羅의 對日關係〉, 《講座韓日關係史》, 현음사

余昊奎, 2001, 〈신라중대 도성의 공간구조와 국가의례〉, 《한국의 도성―都城 造營의 전통》, 2001 서울학연구소 심포지움 발표문

———, 2002, 〈新羅 都城의 空間構成과 王京制의 성립과정〉, 《서울학연구》 18

禹成勳, 1997, 〈신라왕경 경주의 도시계획에 관한 연구〉, 성균관대학교 석사학위
　　　논문

尹武炳, 1972, 〈역사도시 경주의 보존에 대한 조사〉, 《문화재의 과학적 보존에 대
　　　한 연구》 1

尹武炳, 1987, 〈新羅王京의 坊制〉, 《斗溪李丙燾博士九旬紀念韓國史學論集》

尹善泰, 2002, 〈新羅 中代의 成典寺院과 國家儀禮〉, 《新羅文化祭學術論集》 23

———, 2002, 〈韓國 古代의 尺度와 그 變化—高句麗尺의 誕生과 관련하여〉, 《國
　　　史館論叢》 98

———, 2003, 〈熊津·泗沘期 百濟의 尺度制—泗沘都城의 空間構成과 관련하
　　　여〉, 《고대 동아세아와 백제》, 서경

尹張燮, 1975, 〈韓國의 造營尺度〉, 《大韓建築學會論文集》

王維坤 저/ 金鍾範 역, 1997, 〈中國 古代都城의 構造와 里坊制의 기원에 관하여〉,
　　　《地理敎育論集》 38

李根雨, 2005, 〈新羅의 都城과 日本의 都城〉, 《新羅文化》 26

李道學, 1987, 〈新羅의 北進經略에 관한 新考察〉, 《慶州史學》 6

李凭, 2002, 〈高句麗와 北朝의 關係〉, 《高句麗研究》 14

李成制, 2001, 〈高句麗와 北齊의 關係〉, 《韓國古代史研究》 23

———, 2004, 〈高句麗의 西方政策과 對北魏關係의 定立〉, 《실학사상연구》 26

———, 2004, 〈高句麗 長壽王의 對北魏交涉과 그 政治的 의미〉, 《歷史學報》 181

李宇泰, 1984, 〈韓國古代의 尺度〉, 《泰東古典研究》 1

———, 2002, 〈고대 度量衡制의 발달〉, 《강좌 한국고대사》 6

———, 2006, 〈新羅 金石文과 高句麗 金石文의 借字表記—그 起源과 影響을 중
　　　심으로〉, 《고구려의 역사와 대외관계》, 서경

———, 2007, 〈高句麗尺 再論〉, 《동북아역사논총》 17

李恩碩, 2005, 〈왕경에서 본 나정〉, 《慶州 蘿井—神話에서 歷史로》, 중앙문화재
　　　연구원

이재중, 2003, 〈고구려·백제·신라의 중국미술 수용〉, 《韓國古代史研究》 32

林起煥, 1992, 〈6·7世紀 高句麗 政治勢力의 動向〉, 《韓國古代史研究》 5

———, 2001, 〈고구려 도성제에 관한 연구〉, 《한국의 도성—都城 造營의 전통》,

2001 서울학연구소 심포지움 발표문

──, 2003, 〈南北朝期 韓中 冊封・朝貢 관계의 성격〉, 《韓國古代史研究》 32

李弘稙, 1954, 〈日本書紀 所載 高句麗關係記事〉, 《東方學志》 1・3

張順鏞, 1976 《신라왕경의 도시계획에 관한 연구》, 서울대학교 환경대학원 석사
　　학위논문

장용석, 2006, 〈신라 도로의 구조와 성격〉, 《영남고고학》 38

전덕재, 1998, 〈신라 6부명칭의 어의와 그 위치〉, 《경주문화연구》 창간호

──, 2005, 〈新羅 里坊制의 施行과 그 性格〉, 《新羅文化祭學術論文集》 26

──, 2005, 〈신라 왕경의 공간구성과 그 변천에 관한 연구〉, 《역사와 현실》 57

──, 2006, 〈新羅 王宮의 配置樣相과 그 變化〉, 《新羅文化祭學術論文集》 27

田中俊明, 1990, 〈王都로서의 泗沘城에 대한 豫備的 考察〉, 《백제연구》 21

──, 2003, 〈東아시아 都城制에서 高句麗 長安城〉, 《白山學報》 67

──, 2004, 〈고구려 장안성의 평면구조〉, 《제1회 고구려연구재단 국제학술대회
　　자료집》

鄭雲龍, 1994, 〈5～6世紀 新羅・高句麗 關係의 推移〉, 《新羅文化祭學術論文集》
　　15

정찬영, 1966, 〈평양성에 대하여〉, 《고고민속》 1966-2

車勇杰, 1993, 〈高句麗 前期의 都城〉, 《國史館論叢》 48

채희국, 1964, 〈대성산 일대의 고구려 유적에 관한 연구〉, 《유적발굴보고》 9

──, 1965, 〈평양성(장안성)의 축성과정에 대하여〉, 《고고민속》 1965-3

최성은, 2000, 〈신라 불교조각의 대중관계〉, 《신라미술의 대외교섭》, 예경

한인호, 1981, 〈정릉사 건축의 평면구성에 대하여〉, 《력사과학》 1981-2

──, 1993, 〈우리나라 중세도시 리방제도에 대하여〉, 《조선고고연구》 1993-1

──, 1998, 〈안학궁부근의 고구려 수도 도시면모에 대학 복원〉, 《조선고고연
　　구》 1998-2

한인호・리호, 1991, 〈안학궁터부근의 고구려리방에 대하여〉, 《조선고고연구》
　　1991-4

한인호・리호, 1993, 〈평양성외성안의 고구려도시리방과 관련한 몇가지 문제〉,
　　《조선고고연구》

홍광표, 1999, 〈분황사의 복원을 위한 몇 가지 의문〉, 《분황사의 재조명》

洪淳昶, 1988, 〈7·8世紀에 있어서의 新羅와 日本과의 관계〉, 《新羅文化祭學術
　　論文集》 9

黃仁鎬, 2004, 〈慶州 王京 道路를 통해 본 新羅 都市計劃 研究〉, 동아대학교 석사
　　학위논문

2. 국외

江畑武, 1968, 〈4~6世紀の朝鮮三國と日本—中國との冊封をめぐって〉, 《朝鮮
　　史研究會論文集》 4, 極東書店

高橋誠一, 1983, 〈古代朝鮮の都市〉, 《講座考古地理學》 2

古畑徹, 1983, 〈七世紀末から八世紀初にかけての新羅·唐關係〉, 《朝鮮學報》
　　107

龜田博, 1993, 〈新羅王京の地割り〉, 《關西大學考古學研究室開設四十周年記念
　　考古學論叢》

駒井和愛, 1978, 〈唐長安式都城の起源についての小考〉, 《中國都城渤海研究》

宮崎市定, 1962, 〈漢代の里制と唐代の坊制〉, 《東洋史研究》 21-3

宮川尚志, 1956, 〈北魏孝文帝の洛陽遷都〉, 《六朝史研究》

鬼頭淸明, 1975, 〈新羅 都城制 發達〉, 《朝鮮建築史論集》 上

──, 1978, 〈日本における太極殿の成立〉, 《古代史論叢》 中, 吉川弘文館

關野貞, 1907, 〈平城宮及第內裏考〉, 《東京帝國大學紀要》 工科 第3冊; 1999, 《日
　　本の建築と藝術》

──, 1928, 〈高句麗の平壤城及び長安城に就いて〉, 《史學雜誌》 39-1

關晃, 1955, 〈遣新羅使の文化的意義〉, 《山利大學學藝部研究報告》 6

吉田歡, 1997, 〈隋唐長安中樞部の成立過程〉, 《古代文化》 49-1

金子裕之, 1987, 〈平城宮〉, 《宮都發掘》, 吉川弘文館

今泉隆雄, 1993, 〈律令制都城の成立と展開〉, 《古代宮都の研究》, 吉川弘文館

那波利貞, 1931, 〈支那首都計劃史上より考察したる唐の長安城〉, 《桑原博士還
　　曆記念東洋史論叢》, 弘文堂書房.

逯耀東, 1979, 〈北魏平城對洛陽規建的影響〉, 《從平城倒洛陽—拓跋魏文化轉變
　　的歷程》, 臺北 聯經出版業公司

252

藤田元春, 1929, 〈都城考〉, 《尺度綜考》, 刀江書院

馬得志, 1982, 〈唐代長安與洛陽〉, 《考古》 1982-6

———, 1983, 〈唐代の長安と洛陽〉, 《奈良・平安の都と長安》, 小學館

山中章, 1991, 〈長岡京から平安京へ〉, 《古代の日本》 6(近畿Ⅱ)

森公章, 2002, 〈白村江の戰をめぐる倭國の外交と戰略〉, 《東アジアの古代文
　　　化》 110

三崎良章, 1982, 〈北魏の對外政策と高句麗〉, 《朝鮮學報》 102

三品彰英, 1951, 〈高句麗王都考〉, 《朝鮮學報》 1

森鹿三, 1952, 〈北魏洛陽城の規模〉, 《東洋史研究》 11-4

小澤毅, 1999, 〈古代都市藤原京の成立〉, 《考古學研究》 44-3

宿白, 1978, 〈隋唐長安城和洛陽城〉, 《考古》 1978-6

陝西省文物管理委員會, 1958, 〈唐長安城地基初步探測〉, 《考古學報》 1958-3

岸俊男, 1976, 〈日本の宮都と中國の都城〉, 《日本古代文化探究―都城》, 社會思
　　　想社

———, 1988, 〈日本の宮都と中國の都城〉, 《日本古代宮都の研究》

———, 1988, 〈方格地割の展開〉, 《日本古代宮都の研究》

———, 1988, 〈平安京と洛陽・長安〉, 《日本古代宮都の研究》, 岩波書店

楊寬, 1993, 〈封閉式的里制和坊制〉, 《中國古代都城制度史研究》

鈴木靖民, 1967, 〈奈良初期の日羅關係〉, 《續日本紀研究》 134

———, 1970, 〈日羅關係と遣唐使〉, 《朝鮮史研究會論文集》 7

———, 1980, 〈7世紀中葉において日羅の對外外交〉, 《國學院雜誌》 81-10

———, 1992, 〈七世紀東アジアの爭亂と變革〉, 《アジアからみた古代日本》,
　　　角川書店

王維坤, 1991, 〈平城京の模倣原型〉, 《古代の日本と東アジア》, 小學館

王仲殊, 1982, 〈中國古代都城概說〉, 《考古》 82-5

———, 1983, 〈關于日本古代都城制度的原流〉, 《考古》 1983-4

———, 1983, 〈日本の古代都城制度の原流について〉, 《考古雜誌》 69-1

魏存成, 1985, 〈高句麗初・中期的都城〉, 《北方文物》 1985-2

李成市, 1990, 〈高句麗の日隋外交〉, 《思想》 1990-9

李恩碩, 2002, 〈新羅王京の都市計劃〉, 《東アジアの古代都城》, 奈良文化財研究

所創立50周年記念國際講演會要旨集

李殿福・孫玉良, 1990, 〈高句麗的都城〉, 《博物館研究》 1990-1

仁藤敦史, 1992, 〈倭京から藤原京へ〉, 《國立歷史民俗博物館研究報告》 45

———, 1999, 〈藤原京の京域と條坊〉, 《日本歷史》 619

林部均, 1998, 〈飛鳥淨御原宮から藤原京へ〉, 《古代學研究》 144

張鐵寧, 1994, 〈渤海上京龍泉府宮殿建築復原〉, 《文物》 457

町田章, 1988, 〈中國都城との比較〉, 《季刊考古學》 22

田中俊明, 1984, 〈高句麗長安城の位置と遷都の有無〉, 《史林》 67-4

———, 1985, 〈高句麗長安城城壁石刻の基礎的研究〉, 《史林》 68-4

———, 1991, 〈朝鮮三國の都城制と東アジア〉, 《古代の日本と東アジア》

———, 1992, 〈新羅における王京の成立〉, 《朝鮮史研究會論文集》 30

井上滿郎, 1996, 〈Ⅵ 長安と平安京〉, 《長安―絢爛たる唐の都》, 角川書店

井上直樹, 2000, 〈高句麗 對北魏外交 朝鮮半島政勢〉, 《朝鮮史研究會論文集》 38

中國科學院考古研究所 洛陽工作隊, 1973, 〈漢魏洛陽城初步勘查〉, 《考古》 1973-4

中國科學院考古研究所 西安工作隊, 1989, 〈唐長安城安定坊發掘記〉, 《考古》 1989-4

中國科學院考古研究所 西安發掘隊, 1963, 〈唐代長安城考古紀略〉, 《考古》 1963-2

中國科學院考古研究所 河北省文物研究所鄴城考古工作隊, 1996, 〈河北省臨鄴北
　　　城遺址勘探發掘間報〉, 《考古》 1996-7

中村太一・松田眞一, 1980, 〈藤原京關聯條坊遺構の調査〉, 《奈良縣遺跡調査報告
　　　1979年》

中村太一, 1996, 〈藤原京と周禮王城〉, 《日本歷史》 582

———, 1999, 〈藤原京の條坊制〉, 《日本歷史》 612

齊藤忠, 1936, 〈新羅の王京跡〉, 《夢殿》 15

———, 1978, 〈朝鮮都城と藤原京〉, 《考古學から見た古代日本と朝鮮》

曾武秀, 1990, 〈中國歷代尺度概述〉, 《中國古代度量衡論文集》

曾我部靜雄, 1963, 〈都市里坊制の成立〉, 《中國及び古代日本における鄕村形態
　　　の變遷》, 吉川弘文館

秋山日出雄, 1995, 〈中國都城と日本―建康都城について〉, 《激動の古代東アジ
　　　ア》

片岡直樹, 1993, 〈長谷寺銅版法華說相圖考〉, 《佛教藝術》 208

Ping-Ti Ho, 1966, "Lo-Yang, A.D.495~534: A Study of Physical and Socio-Economic Planning of a Metropolitan Area", *Harvard Journal of Asiatic Studies* 26

護牙夫, 1967, 〈突厥第一帝國におけるqaan號の研究〉, 《古代トルコ民族史研究》

喜田貞吉, 1979, 〈本邦都城の制〉, 《喜田貞吉著作集》 5, 平凡社

黑崎直, 1997, 〈藤原京六條大路の幅員について〉, 《奈良國立文化財研究所年報 1996》

──────, 1998, 〈藤原京の條坊幅再檢討する〉, 《季刊明日香風》 6

찾아보기